사회적 기업의 이론과 실제

Social Enterprise: Theory and Practice

이재정 조영복 공저

이프레스

머리말

사회적 기업, 우리가 이 용어에 익숙해진 지도 어느덧 10여 년이 흘렀다. 2007년 사회적 기업 육성법이 시행된 이후, 수많은 사회적 기업가들이 그들의 기업과 함께 사라져갔다. 그들이 추구하던 사회적 변화, 혁신, 사회적 가치와 성과도 그들의 입안에서 맴돌다 사라져 버렸다. 특히 정부 주도로 시작된 사회적 기업의 미래는 자율성과 민주적 의사결정을 기본으로 하는 사회적 경제의 근간을 흔들었다. 사회적 경제의 성장을 수치로 표기하여 그 성과를 결정하는 행정제도는 사회적 기업의 설립과 창업의 남용을 넘어 오용되는 결과를 가져왔다.

'사회적(social)'이라는 단어의 어원은 고대 라틴어 'socialis'에서 유래된 것으로 동료(associate), 협력(ally), 친구(companion) 등의 의미를 가진다. 현대에서 '사회적'이라는 의미는 사람들로 구성된 조직, 혹은 연합하여(confederate) 함께 일하고 생활하는 독립된 그룹으로 공동체(community) 혹은 사회(society)라는 의미를 가지기도 한다. 그러므로 '사회적'이란 뜻을 같이하는 집단을 의미하기도 하며, 그 의미 자체에 전체가 개인에 우선한다는 뜻도 내포된다. 신영복 선생은 사회적 기업에 대해 '더불어 함께하는 기업'이라고 정의하였다. 여기서 '더불어'라는 의미는 공동체 혹은 이웃, 특히 도움의 손길이 필요한 이웃에 대한 사랑이며, '함께'는 그들에 대한 배려나 공감을 의미하지 않을까?

'사회적'이라는 용어는 이 책의 주제어이며 우리가 주장하려는 뜻이 간결하게 집약되어 있는 동시에 매우 포괄적인 용어라 할 수 있다. '사회적'이라는

umbrella 속에는 공동체, 더불어, 함께, 공감대, 배려, 약자 등의 의미가 함께 존재한다.

이와 같이 좋은 의미를 가진 사회적 기업에 대한 육성법이 제정되어 십년이 지난 오늘, 그동안 우리의 사회적 경제활동에 자부심을 주는 사회적 기업의 이름이 금방 떠오르지 않는 것은 슬픈 일이다. 전 세계 3300여 명의 Ashoka Fellow에 포함된 11명의 한국인 펠로우가 자랑스럽기도 하지만 더 많은 펠로우를 키워내지 못한 우리 사회의 경제시스템과 제도적 장치에 깊은 우려를 하지 않을 수 없다.

지금 이 시점에서 우리는 그동안 진행된 사회적 기업을 비롯한 사회적 경제 시스템을 되돌아볼 필요가 있다. 사회적 기업가정신이 투철하고, 세상을 바꾸기 위해 문제를 인식하고 해결방법을 찾는 사람들이 있다. 그들은 열정적으로 해결책을 제시해 낡은 제도에 갇혀 있던 사람들을 자유롭게 하는 change maker이자 뛰어난 사회혁신기업가이기도 하다. 이런 사회혁신기업가들이 제대로 된 사회적 기업을 경영하는 진정한 사회적 기업가로 거듭나야 한다.

낙관론자들은 사회적 기업의 미래는 어려운 사회적 문제를 해결할 수 있는 혁신과 가능성으로 가득 차 있다고 말한다. 지역사회와 공동체를 배려하지 않는 시장 중심의 영리기업들은 소비자들과 공감대를 형성하기가 어려워 결국은 도태될 것이며, 미래의 조직은 사회적 경제 조직이 시장의 기본적 조직형태가 될 것이라고 주장하는 연구자들도 있다. 또한 진보적 사상을 가진 사람들은 우리 사회가 북유럽의 국가들처럼 복지 중심의 국가가 되는 것이 옳다고 주장하기도 한다.

과연 사회적 가치를 추구하면서 지속 가능한 경영을 근간으로 하는 사회적 기업이 우리 경제의 한 축이 될 수 있을까? 이러한 질문에 답하기 위한 저자들의 목적은 크게 세 가지로 얘기할 수 있다.

첫째, 우리는 사회적 기업의 본질을 독자들에게 전하고 싶다. 사회적 경제, 사회적 기업, 사회적 기업가 그리고 사회적 기업가정신을 처음 네 개의 장에 할애하여 사례와 함께 집중적으로 소개하였다. 특히 공동체를 우선하며, 배려와 공감대를 가지고 사회적 경제활동을 성공적으로 수행한 기업가와 기업가정신을 새로운 관점에서 서술하려고 노력했으며, 우리에게 알려지지 않은 새로운 사례를 검증된 모델과 함께 소개하였다.

둘째, 이 책은 강한 사회적 기업을 구축하기 위한 저자들의 노력이다. 본서에 소개된 사회적 기업을 위한 마케팅 기법, 리더십, 금융, 재무관리, 비즈니스 모델, 사회적 프랜차이징 등은 강한 사회적 기업을 위한 검증된 관리기법이다. 이를 통해 우리의 사회적 기업이 관리적 측면에서 진일보할 수 있기를 바란다.

마지막으로 사회적 기업의 모든 행위에는 사랑과 배려가 담겨 있어야 한다. 선한 마음은 어디에서부터 오는 것일까? 우리는 이에 대한 다양한 이론들을 제시해 보았다. Michelle Foucault나 Rose가 주장하듯이, 육아 · 교육 · 의료 · 환경 · 안전 등 인간의 기본적인 권리까지 시장원리로 덮어버린 신자유주의에 대한 반발로, 통치받지 않을 권리자(art of governmentality)로서 인간에 대한 배려 혹은 접해온 환경(social imprinting)에 의한 결과일까? 아니면 천성적(social identity)으로 타고난 것일까?

G. Dees가 사회적 기업가정신의 교육이 가장 중요하다고 강조한 이유를 이제야 조금은 알 것 같다.

아홉산자락 無類書幹에서

이재정, 조영복

차 례

CHAPTER 03 | 사회적 기업가

CHAPTER 04 | 사회적 기업가정신

CHAPTER 05 | 기업의 사회적 활동

CHAPTER 06 | 사회적 기업의 경영

CHAPTER 07 | 사회적 기업의 생태계

CHAPTER 08 | 사회적 벤처

CHAPTER 09 | 사회적 영향 투자

CHAPTER 10 | 사회적 프랜차이징

CHAPTER 11 | 성과 측정

CHAPTER 12 | 사회적 경제의 새로운 모델

CHAPTER 13 | 사회적 기업의 미래와 전망

Social Enterprise : Theory and Practice

CHAPTER

01 사회적 경제와 비영리기관(NPO)

- 1. 자본주의와 사회적 기업
- 2. 제3 섹터의 등장
- 3. 사회적 경제

Chapter 01

사회적 경제와 비영리기관(NPO)

1. 자본주의와 사회적 기업

베를린 장벽이 무너진 1989년 11월 9일은 마르크스 이래로 대립해온 사회주의와 자본주의 사이의 냉전이 종식된 날로 기억된다. 사회주의의 종주국인 러시아는 사회주의를 포기하고 시장경제를 받아들이기 시작했으며, 중국도 등소평의 지도하에 정치체제는 사회주의를 유지하면서 경제분야에서는 시장경제를 받아들이기 시작했다. 서방 진영은 자본주의의 승리를 축하하고 냉전의 종식과 함께 체제의 우월감을 마음껏 향유했다.

그러나 체제의 우월감은 2008년 리먼 브라더스 사태와 더불어 무너지기 시작했다. 일본의 경제평론가 미즈노 가즈오(水野和夫)는 『100년의 디플레이션』(2003), 『글로벌 경제의 본질』(2007), 그리고 『자본주의 종언과 역사의 위기』(2014)를 통해 자본주의 암울한 미래를 주장하고 자본주의의 주역인 주식회사의 미래는 없다고 주장하였다. Adam Smith 역시 인간의 탐욕에 근거한 시장경제에서 주식회사의 역할에 대해 비판적이었고, 대신 파트너십에 우호적이었다. 국부론에 따르면, 파트너십은 다른 파트너 전원의 동의가 있어야만 지분을 양도할 수 있는 데 비해 주식회사는 주식 양도를 통해 새로운 주주를 영입할 수 있다. 따라서 주주의 유한책임이 전제되려면 소유와 경영이 분리되어 상호 견제가 되어야 함에도 실제는 그렇지 못하고, 주주가 해야 할 일을 경영진이 하기 때문에 도리어 대리비용(agent cost)이 발생하게 된다.

최근 들어, 2% 이하의 초저금리와 마이너스 이자율 역시 자본주의의 부정적인 모습을 나타내는 중요한 근거라 할 수 있다. 마이너스 금리 정책을 펴는 국가는 독일, 일본, 덴마크, EU, 스웨덴, 스위스 등이 대표적이다. 이자율이 마이너스라는 것은 잠재성장률이 매우 낮아졌다는 것을 의미한다. 이는 인구감소와 과잉자본의 결과라 할 수 있으며, 현재의 저성장 고령화 사회를 나타내는 중요한 지표이다.

전 정부의 낙수효과에 반발해 수립된 분수효과를 기대하고 시작한 문재인 정부의 소득주도성장 정책 역시 보완이 시급해 보인다. 실생활에 반영되기까지 시간이 필요하다는 점을 감안하더라도 시행한 지 1년 반이 지난 현재, 소득 하위 20%의 가계소득이 감소하고 상위 20%의 소득은 증가된 것으로 조사되어 소득의 양극화가 사상 최대로 벌어졌다. 주택가격 인상을 담보로 미국의 서브 프라임 모기지(sub prime mortgage), 월 스트리트의 신용부도 스와프(credit default swap: CDS) 같은 금융 하이테크 상품으로 전 세계의 과잉 자금을 세계화 전략 투자자금으로 끌어들여 사상 최대의 금융 버블을 터지게 만든 것이 리먼 브라더스 사태였다. 결국 주식회사로 상징되는 자본주의는 세계 질서를 유지하는 데 실패할 가능성이 매우 높아졌다. 자본주의의 민낯을 보여주는 현상은 이 밖에도 다양하다.

Kaletsky는『자본주의 4.0』(2010)에서 자본주의의 변화 과정을 경제 환경에 적응하거나 이러한 버블을 극복해 내는 과정으로 인식하였다. Kaletsky는 자본주의를 네 단계로 나누어 설명했는데 "자본주의 체제는 무너지지 않는다"고 가정하고, 사회주의처럼 모순에 의해 쇠망하는 것이 아니라 환경을 극복하는 과정을 통해 문제점을 해결하면서 진화해 나간다고 주장하였다.

Kaletsky는 먼저 Adam Smith의 보이지 않는 손에 의한 자유시장경제를 기반으로 한 자유방임형 자본주의를 1세대 자본주의로 정의하고, 1930년대의 미국의 대공황을 극복하기 위해 보이는 손, 즉 정부의 시장개입을 옹호하고 Roosevelt의 뉴딜정책의 이론적 배경을 제시한 케인즈 학파의 수정자본주의를 2세대 자본주의로 분류하였다. 그리고 1970년대 말 석유파동을 계기로 Hayek와 Friedman을 중심으로 한 시카고학파의 이론을 기반으로, 정부의 관여를 최소화하고 자유경쟁을 주장하는 신자유주의를 3세대 자본주의로 분류하고 이를 자본주의 3.0이라 명명하였다.

자본주의 3.0은 정부를 불신하고, 규제를 조롱하고 정부행정을 가볍게 여겼다. 이 시기의 "시장은 옳고 정부는 잘못됐다"는 극단적인 반정부 이데올로기가 2008년의 금융위기를 가져왔다. 결과적으로 "Free market create free people"이라는 그들의 슬로건은 더 이상 받아들여지지 않았다. 그리고 2008년 리먼 브라더스 사태 이후 자금 중심의 자본주의의 문제점을 인정하고 신자유주의의 결과로 야기된 양극화 현상을 완화하며 공동체 정신을 강조한 사람 중심의 공생적 자본주의를 이 시대에 맞는 자본주의라 주장하면서 이를 자본주의 4.0이라 불렀다.

실제로 Kaletsky는 자본주의 4.0을 공동체 혹은 공생적 자본주의라 명명하거나 특정한 적은 없지만 그가 인식한 자본주의 4.0의 특징과 연관지어 유추할 때 자본주의 4.0은 공생적 자본주의와 상당히 유사한 개념이라 할 수 있다. 이에 대해서는 다음의 공생적 자본주의에서 자세히 설명한다.

〈표 1-1〉에서 자본주의의 진화 단계를 요약하여 설명하였다.

표 1-1 자본주의 진화 단계

자본주의	대두시기	특징	대표어록
고전적 자유주의 (자유방임주의) 1.0 시대	18세기 후반	자유롭고 경쟁적인 시장에서 각 주체들이 이윤추구의 원리에 따라 움직이는 경제가 생산성을 극대화한다고 보는 체제	Adam Smith 개인은 자신의 이익만을 추구하지만 그 과정에서 '보이지 않는 손'에 의해 전체 경제의 복리가 증진된다.
수정적 자본주의 (케인즈주의) 2.0 시대	1930년대 대공황 1960년대	독점의 폐해와 빈부격차 등을 국가의 개입으로 완화해야 한다고 주장	John M. Keynes 정부기능의 확대는 현 경제체제의 전면적인 붕괴를 회피하는 유일의 수단이므로 지지한다.
신자유주의 (통화주의) 3.0 시대	스테그플레이션 1970년대	국가권력의 시장개입을 비판하고 자유시장과 자유무역, 규제완화, 국제적 분업 등을 강조	Friedrich Hayek 평등을 실현하기 위해 시장을 내버려두지 않고 간섭하면 시장보다 더 큰 불평등이 초래된다. 이런 불평등은 정치적 불평등이 되고 많은 사람들을 정치적으로 억누를 것이다.
공생적 자본주의 (공동체자본주의) 4.0 시대	2000년 이후 본격화	시장주의 바탕 위에서 사회공헌이라는 부가가치를 생산해야 지속 가능한 발전이 가능하다고 믿는 상생의 체제	Muhammad Yunus 좋은 일을 하면서 돈 버는 기업이야말로 더 나은 세상을 만드는 도구가 된다.

출처: 조선일보 (2007. 6. 12). 신지은. "테레사 수녀의 마음에 대기업의 CEO의 머리로". 참조

Kaletsky는 자본주의 4.0버전의 특징을 적응성 혼합경제라 정의하였다. '혼합경제'는 정부와 시장이 대립이 아니라 동반자 역할을 하는 경제시스템을 의미하며, '적응성'은 변화하는 환경에 맞춰 제도적 구조, 규제, 경제원칙을 적응할 수 있게 하는 변화를 의미한다.

진화론적 관점에서 자본주의 4.0의 개념을 특정하기 위해서는 자본주의 3.0에 대한 분석이 필요하다. 자본주의 2.0에서 3.0으로의 이동은 대처와 레이건의 정치 개혁과 관련되며, 그들은 Keynes가 주장하는 능동적 정부에 대

한 믿음을 버렸다. 자본주의 3.0의 하위국면은 다음과 같다.

- 자본주의 3.0: 1979년, 초기 통화주의와 노동조합 간의 대립
- 자본주의 3.1: 1984~1992년, 볼커, 그린스펀(FRB), 대처-레이건 호황기
- 자본주의 3.2: 1992~2000년, 대 안정기
- 자본주의 3.3: 2001~2008년, 그린스펀과 부시 체제의 시장근본주의

자본주의 3.0이라 명명된 신자유주의는 복지를 위한 공공지출의 삭감, 세금 인하, 노동조합 활동 규제, 통화정책에 입각한 인플레이션의 억제, 그리고 기업과 민간의 자유로운 활동 보장을 주 내용으로 하는 대처리즘(Thatcherism)으로 시작하여 2008년 리먼 브라더스 사태로 막을 내렸다.

자본주의 3.0이 무너지면서 자본주의 3.0과 관련 있지만 구별되는 새로운 자본주의 형태가 떠오르는 것을 볼 수 있다. 이를 자본주의 4.0이라 한다. 자본주의 4.0은 앞서 말했듯이 적응과 혼합의 경제이며 중요한 내용으로는 미국 유럽 중심의 서구적 가치와 중국 중심의 아시아적 가치의 대립 혹은 조화로 인한 새로운 경제 모델이다. Kaletsky 본인도 자본주의 4.0에 대해 "결코 합리적이고 완벽하게 영원한 균형을 이루지는 못할 것이다. 미래는 인간의 삶처럼 언제나 예측하기 어렵고 애매모호하며 일관되지 못하다. 이것이 자본주의 4.0이다."라고 정의하면서 진화의 불확실성을 강조하였다.

자본주의 3.0 혹은 신자유주의로 불리는 세 번째 단계의 자본주의는 1970년대 말 이란혁명 후 원유값이 네 배로 폭등하면서 야기된 스테그플레이션에서 시작되었다. 레이건과 대처가 집권하던 이 시기에 시카고학파의 Milton Friedman을 중심으로, 정부의 개입으로 시장이 왜곡되지 않으면 시장은 경제안정과 완전고용이라는 효율적이고 합리적인 기능을 유지할 것이라는 믿음에서 시작되었다. 이들은 복지예산 삭감, 감세, 노동조합 규제, 민간의 자유경제활동을 보장하는, 정부의 역할을 줄이고 시장의 기능을 확대하는 정책

으로 자유로운 시장 안에서 자유로운 경쟁을 보장하여야 한다고 주장하였다.

그 결과 국가 간의 양극화 현상과 함께 지역 간의 양극화 현상도 심화되었으며, 과도한 통화량 증가와 저축으로 인해 이자율이 2%대에 그치고 심지어 마이너스 이자율까지 등장하게 되었다. 이러한 통화정책은 저성장을 유발했으며 고령화 사회, 인구의 감소 등과 함께 새로운 성장의 동력이 함께 소멸되었다. 과학기술의 발전 역시 경제구조에 큰 변화를 가져와 적응할 수 있는 자와 없는 자 사이의 디지털 양극화 현상이 일어나고 있다. 급기야는 미국 주택시장의 서브프라임 모기지와 CDS로 인한 리먼 브라더스 사태와 같은 금융사태가 촉발되었다. 이러한 위기를 극복하기 위한 새로운 자본주의, 즉 자본주의 4.0은 자유시장 정신을 기반으로 형성된 자본주의 3.0의 진화된 형태라고 인식해야 한다. 앞선 자본주의 버전들처럼 명확하게 정의할 수는 없지만 적응과 혼합으로 성장과 이익보다는 공동체 전체를 위하는 따뜻한 자본주의가 이 시기에 적절한 경제체제라 생각했을 것이다. 프랑스 대통령 Sarkozy가 2010년 다보스포럼에서 주장한 내용을 통해 지금까지의 내용을 요약할 수 있을 것이다.

> "지금 우리는 무엇이 자본주의를 대체할 수 있을 것인지를 묻고 있는 것이 아니라 어떠한 자본주의를 원하는지 묻고 있습니다. (중략) 시장은 항상 옳으며 시장을 거스리는 요소들은 고려할 필요가 없다고 생각하는 순간부터 우리는 세계화를 제어할 수 없게 됩니다. 우리가 지금 할 일은 새로운 성장 모델을 만들고, 공공부문과 민간부문 간의 관계를 수립하는 것입니다. 즉, 현재의 우리에게 필요한 자본주의를 만들어 나가는 것입니다."

Sarkozy가 원하는 새로운 성장 모델과 공공부문과 민간부문 간의 적절한 관계가 수립된 형태의 자본주의가 21세기 사회적 경제조직의 플랫폼인 자본주의 4.0이다.

2. 제3 섹터의 등장

정부와 관련된 공공분야에도 속하지 않고 전통적인 시장 중심의 경제에도 속하지 않는 분야로서 미국에서는 1976년 예일 대학이 주관한 비영리기관에 관한 연구 프로그램과 Filer Committee가 이 분야 연구의 효시가 되었다. 유럽에서는 문화적 차이, 사회 · 정치적 다양성으로 인해 실제로 백년 이상 운영된 사회경제적 조직, 즉 공제회(mutual organization), 협동조합(co-operatives) 등을 통해 제3 섹터에 대한 개념을 인식하기 시작했다.

제3 섹터와 관련하여 그 경제적 중요성과 함께 국제적으로 확산되는 두 가지 개념이 존재한다. 첫 번째 개념은 미국을 중심으로 주장되는 비영리 섹터(non-profit sector)이고, 다른 하나는 프랑스를 중심으로 유럽에서 정립된 개념인 사회적 기업 협동조합(cooperatives), 공제조합(mutual society), 협회(associations) 등을 아우르는 사회적 경제(social economy)라는 개념이다. 이 책에서는 제3 섹터에 대해 사회적 경제와 비영리 섹터를 중심으로 설명하고자 한다.

오늘날 제3 섹터는 명확한 구분 없이 학문적 영역이나 실무적 영역에서 정부와 시장 이외의 부문을 총칭하고 있는 개념으로 인식되고 있다. 지역적 특색이나 특정 요인을 극복할 수 있는 중립적인 성향을 띠고 있지만, 미국식 비영리 섹터와 유럽 중심의 사회적 경제로 구분하여 개념을 발전시켜 나가고 있다.

비영리기관(non-profit organization: NPO)은 미국의 역사와 관계가 깊다. Salamon(1997)은 “자원봉사단체에 대한 미국인들의 열정과 영국에서 탈출하여 신대륙에 살기 시작한 종교적이고 개혁적인 청교도들의 왕실과 귀족 중심의 중앙정부에 대한 적대감에 그 뿌리가 있다.”고 하였다. 비영리조직은 19세기 말부터 미국 사회에 등장하기 시작했으며, 그들은 단순히 정부가 해야 할 일들을 보조하는 것이 아니라 사회적 필요성을 만족시키는 중요한 대체조직으로서의 역할을 수행하였다. 제2차 세계대전 후, 좀 더 정확히는 1960년대와 1970년대 비영리기관의 갑작스런 증가는 이러한 비영리기관을 지원하는 정부와의 파트너십이 가장 큰 원인이라 할 수 있다. 그러나 미국인들의 인식 속에 있는 반정부적인 태도는 이러한 비영리기관을 독립 섹터(independent sector)라 부르는 이들이 증가하는 것을 통해 나타나고 있다. 다음에서 비영리조직의 정의와 특징을 알아보기로 한다.

비영리기관의 정의

미국 사회에 뿌리를 두고 있는 비영리조직의 개념은 지난 40년 동안 미국과 유럽 여러 나라의 비교연구를 통하여 이론적인 발전을 이룩하였다. 1990년 이래 존즈홉킨스 대학을 중심으로 한 국제적 연구협력을 통하여 개념적 정립을 이룩하였다. 그들에 따르면, NPO는 다음과 같은 특징을 가진다.

- NPO는 법인격(legal personality)을 가진 공식적인 조직이다.
- NPO는 정부나 공공단체가 아닌 민간의 조직이다.
- NPO는 자신의 규정을 가지고 이를 바탕으로 의사결정을 하는 자율적 기관이다.
- NPO의 이윤배부 금지조항은 가장 핵심이 되는 운영원칙이다.
- NPO는 자원봉사, 자발적인 기부행위, 그리고 소속 구성원의 자발적이고 자유로운 가입과 탈퇴에 기초하여 구성된다.

학자들은 미국의 비영리기관이 제3 섹터의 가장 큰 부분이라 생각했지만, 1990년대 말 통계 수치에 따르면 네덜란드, 벨기에, 아일랜드 등 유럽 국가의 경우 노동가능 인구의 9%가 이 분야에 속해 있는 반면, 미국은 6.3%가 비영리기관 관련 업무에 종사한다고 보고되었다. 우리나라는 아직도 1% 미만의 노동가능 인구가 이 분야에 종사한다.

비과세

미국에서 비영리기관은 일반적으로 세법에 의해 정의된다. 특히 연방세법은 26가지의 비과세 기관들을 분류하는데 이러한 기관의 수익은 직원, 관리자들의 이익을 위해 사용될 수 없으며, 이러한 사실은 기관의 정관에 명기되어야 한다. 이것을 비영리기관의 이익배부 금지조항(non-distribution of profits constraint)이라 하고 비영리조직 개념의 기본 조항으로 규정한다. 모든 비과세 대상 기관들도 소속 회원이 외부 단체를 지원하거나 사회서비스를 제공할 수 있지만, 대부분 사회 전반에 걸친 봉사기관들은 점차 비영리기관으로 인식하는 경향이다. 병원, 학교, 박물관, 도서관, 사회봉사기관 등과 같이 사회 전체를 위한 서비스기관이 비영리기관의 핵심분야이다.

비영리기관에 대한 연구

1976년 150명의 연구원의 참여로 시작된 예일 대학의 '비영리기관 프로그램'이라는 프로젝트에서 비영리조직과 비영리 섹터에 대한 확고한 개념을 정립하였다. 그로부터 경영학, 경제학, 사회학, 정치학, 역사, 그리고 법학 등 다양한 분야에서 비영리조직에 대한 연구 결과가 발표되었다. 『Non Profit and Voluntary Sector Quarterly』, 『Voluntas』 등과 같은 학술지가 이 시기에 창간되었고 Weisbrod(1977, 1988), Young(1983), James & Ackerman (1986), Powell(1987) 등에 의해 비영리조직에 관한 단행본이 저술되었다. 비영리조직에 관한 연구는 영리기업 위주의 자본주의 시장경제체제에서 비영리기관의 존재 이유(raison d'etre)와 역할에 대한 질문에서 시작되었다.

비영리기관의 존재 이유는 첫 번째, 정부가 제공해야 하지만 정부가 제공하지 않는 공공제 혹은 준공공제를 제공하는 비영리기관의 역할을 강조하고 있다(Weisbrod, 1977). 모든 사람들이 공동으로 이용할 수 있는 재화 또는 서비스에 대한 공급이 제한적일 때 비영리기관이 그 역할을 할 수 있다는 의미이다. 예를 들면, 공원이나 동물원 등과 같은 공공재에 대한 제한은 비영리기관에 기회의 창을 열어줄 수도 있다. 두 번째 존재 이유는 이익배부 금지 조항 등과 같은 엄격한 관리체계와 표준화되지 않은 상황에서 공공제나 사회서비스 시장에 대한 정보의 비대칭으로 인해 불이익을 받을 수밖에 없는 잠재 수혜자들에게 신뢰를 줄 수 있다(Nelson & Krashinsky, 1973; Hansmann, 1980). 이러한 정부나 시장의 실패한 부분을 보완하는 역할 이외에도 공급 측면에서 비영리기관은 긍정적 역할을 할 수 있다. 1980년대 초에 설립된 비영리기관들은 종교 간의 경쟁으로 인해 교육, 환경, 위생 같은 사회 서비스 분야에서 종교적인 기업가들에 의해 많은 NPO가 설립되었다.

3. 사회적 경제

유럽처럼 사회 · 정치적(socio-political), 문화적, 경제적 다양성이 혼재된 지역은 제3 섹터의 존재를 인정하는 포괄적이고 광범위한 분석적인 연구를 인정하기 쉽지 않다. 그러나 제3 섹터로 인식된 경제적 조직은 이미 유럽 여러 나라에서 중요한 역할을 하고 있다. 대부분의 유럽 국가에는 백여 년 전부터 공제조합과 협동조합이 있었다(Birchall, 1997). 연합(association)과 같은 비영리단체도 오래전부터 존재했으며 점점 증가하는 추세이다. 역사와 전통에 깊이 뿌리 내린 이러한 조직들은 영국과 아일랜드에서는 자선단체가 항상 지역사회의 중심에서 중요한 역할을 해왔으며, 평등과 민주주의가 우세한 스칸디나비아 여러 나라에서는 시민사회가 전체 지역사회를 위한 사회봉사단체로서 역할을 수행하고 있다. 독일, 벨기에, 아일랜드, 네덜란드에서는 소수의 의견을 중시하는 보완성(subsidiarity)의 원칙[01]이 봉사단체 운영의 중심이 되었고(특히 교회 중심의 사회단체), 협동조합은 덴마크, 스웨덴처럼 참여와 민주적 운영을 중시하는 자원봉사단체의 발달과 깊은 연관성이 있다. 벨기에, 이탈리아, 프랑스는 기독교 정신에 의한 종교적 영감에 의해 협동조합이 발달하였으며, 스페인, 포르투갈, 그리스, 이탈리아와 같이 가족의 역할을 중시하는 나라는 사회봉사보다 육아, 노인복지와 같은 가족 중심 제3 섹터의 발전에 영향을 미쳤다.

사회적 경제의 정의 및 개념

역사적으로 깊은 뿌리를 가지고 있으나 사회적 경제의 개념은 1970년대 말 프랑스에서 다시 활성화되기 시작하여 벨기에, 스페인, 이탈리아, 독일 등 유럽 여러 나라로 전파되었으며 다시 한국, 일본, 캐나다, 아르헨티나 등의 비유럽 국가로 전파되었다. 누구에게나 인정받는 표준화된 사회적 경제의 정의는 없지만 일반적으로 사회적 경제는 협동조합, 사회적 기업, 공제조합, 비영리협회 등의 조직을 아우르는 개념으로 이들이 공유하는 조직의 목적, 운영방침, 의사결정 과정, 수익의 배부와 관련하여 기본적 원칙을 가지고 있다. 사회적 경제의 기본 원칙은 다음과 같다.

1. 경제적 성과보다 지역사회와 사회적 · 경제적 약자를 위해 봉사
2. 독립적 운영
3. 민주적 의사결정 과정

01 보완성의 원칙: 최소 단위의 공동체가 하는 의사결정권을 존중하고, 상위 단위의 개입을 최소한으로 하려고 하는 것이다. 유럽 통합을 목표로 하는 과정에서 사용한 조어이다.

4. 수익의 배분에서 자본보다 사람과 노동을 우선

첫 번째 원칙이 의미하는 것은 사회적 경제 조직의 활동 목적은 경제적 성과에 중점을 두지 않는다는 것이다. 그들에게 이윤은 목적을 달성하기 위한 수단이지 경영활동의 주된 동기는 아니다. 두 번째 독립적 운영은 사회적 경제분야와 공공기관과의 차이라 할 수 있다. 정부에 의해 설립된 공공기관에 의한 경제 행위는 자발적으로 이루어진 사회적 경제조직의 기본 원칙인 자율적이고 자치적인 활동보다 정부시책에 맞게 운영된다. 세 번째 민주적 의사결정 과정은 협동조합의 기본 원칙인 '1인 1표' 원칙에 근거한다. 자본 중심의 조직이 아니라 사람 중심의 조직이라는 의미로 해석할 수 있다. 네 번째 원칙은 여러 가지 실무적 행위에 의해 규정된다. 대표적인 규정으로 자본에 대한 배당의 제한(limited remuneration of capital), 구성원이나 직원들에게 이윤 배부 제한(profit distribution constraints), 미래 발전을 위한 유보 기금 조성, 사회적 목적을 위한 이윤의 사용 등이 네 번째 원칙을 실행하는 대표적인 실무 규정이다.

사회적 경제는 유럽에서 사용하고 있지만, 제3 섹터의 중심에 있는 영국 정부가 사회적 경제의 모든 부분을 포함하는 정의를 최근에 발표했다. 영국 정부는 제3 섹터를 "자원봉사단체, 마을기업, 자선단체, 사회적 기업, 협동조합, 공제조합 등을 아우르는 사회적, 환경 및 문화적 목적을 달성하려는 가치 중심의 비정부 조직"이라고 규정하였다.

사회적 경제와 비영리조직

제3 섹터에 대한 두 가지 접근방법은 서로 비슷하면서도 다른 점이 많다. 먼저, 사회적 경제는 민주적 의사결정 과정이 핵심 요소이며, 구성원의 참여와 의견 제시가 조직의 목적 달성과 관련하여 중요하다. NPO(non-profit organization) 접근법도 이러한 원칙이 있을 수 있지만, 필수 사항은 아니다. 둘째, NPO 형태의 조직에서는 이익의 분배를 금지하고 있으며, 결과적으로 사회적 경제 조직에 해당되며 회원들에게 잉여이익을 분배하는 협동조합의 원칙이 배제된다. 이러한 차이는 분배금지조항을 가진 비영리조직의 접근방법은 공적인 가치를 중시하는 비영리협회나 재단과 관계가 깊은 반면, 협동조합의 전통적 원칙이 반영된 사회적 경제 조직은 목적을 달성하고 원활한 운용을 위해 구성원에게 제한적이지만 이윤을 분배하고 민주적 의사결정의 원칙을 중시한다. 하지만 이러한 차이도 실증적으로 조사해 보면 별로 유의하지 않은 것으로 분석된다. 실제 민주적 의사결정 과정이 모든 사회적 경제 조직에서 당연하게 받아들여지는 것은 아니다. 개발도상국의 지역사회 NPO의 경우 생활환경 개선이 주목적이기 때문에 잉여이익금을 주민들에게 다양한 방법으로 분배하고 있다. 일반적으로 서비스 중심의 비영리조직(not-for-profit but for service)은 다양한 조직 형태를 가진다. 예를 들면, 신용금고(credit union)는 협동조합의 모델이고, NGO와 신탁재단(trusts)은 비영리조직의 형태를 띠고 있다.

제3 섹터와 다른 영역의 경제

다른 경제 영역과 겹치는 부분이 제3 섹터의 모호한 경계를 수용하게 하는 중요한 역할을 한다. 보다 중요한 것은 바로 이 부분이 제3 섹터가 기존의 영역과 공존하기 위해 그들의 다양한 역할과 위치를 인정받게 한다는 것이다(Defourny & Pestoff, 2008).

먼저 제3 섹터와 시장이 겹치는 부분에 대해 알아보자.

예를 들어, 협동조합은 시장경제에 맞게 운용하며 영리기업들과 다른 그들만의 규정을 가지고 있지만 시장 활동을 통해 이윤을 창출할 수 있다. 사회적 기업도 [그림 1-1]의 복지 트라이앵글에서 보는 것처럼 모호한 경계를 가지고 있다. 대부분의 사회적 기업은 사회적 가치를 추구하지만 시장 중심의 기업이다. 따라서 시장과 겹치는 부분이 당연히 발생한다. 특히 주주에게 배당할 경우는 시장과 사회적 기업의 경계는 더욱 모호해진다. 이와는 달리 사회적 기업이 정부 정책에 의해 장기 실업자와 비숙련 노동자들을 위한 프로그램에 참여한 경우(일자리 제공형 사회적 기업), 해당 사회적 기업은 원 내부 상단에 위치하게 될 것이다. 일자리 제공 프로그램에 참여하게 되면 이는 공공부분과 제3 섹터가 겹치는 경우라 할 수 있으며, 어떤 의미에서는 공공부분과 시장부분이 만나는 지역이기도 하다. 특이한 분야로 제3 섹터와 공공분야가 겹치는 부분으로(Streech & Schmitter, 1985) '시장이 흥미를 갖는 공공부분(private interest government)'이라 특정지은 분야가 있다. 이는 공공부분과 시장부분의 구분이 거의 사라져 버린 섹터이다. 예를 들면, 교육, 위생, 환경분야에서는 관련 사회 서비스를 비영리병원, 학교 등과 엄격한 계약을 통해 정부가 해야 할 사회서비스를 이들 기관이 제공한다. 이와 같은 기관을 유사공

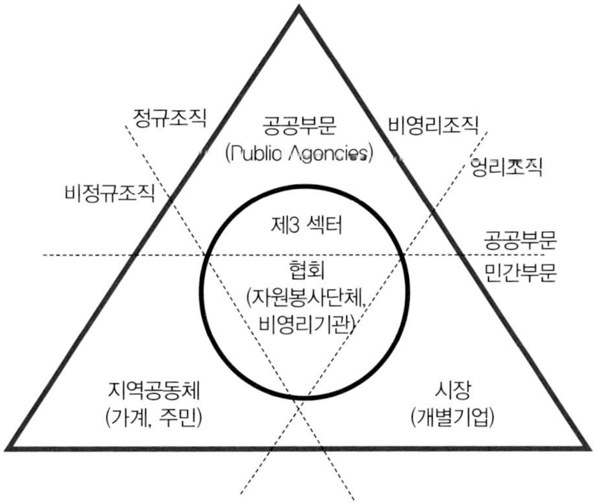

그림 1-1 복지 트라이앵글과 제3 섹터 조직

출처: Pestoff (1998).

공기관(quasi-public organization)이라 하고, 이들에게 부과된 엄격하고 철저한 운영지침은 이러한 제3 섹터 조직(third sector organization: TSO)이 제3 섹터의 중심에 있는 조직보다 공공기관에 가까움을 알 수 있다.

지역사회와 제3 섹터의 비교도 가능하다. 비영리조직은 소속 구성원이 아닌 주위 사람으로부터 봉사 지원을 받을 수 있고 주위 사람들에게 봉사할 수도 있다. 예를 들어, 조직이 제공할 수 있는 도움이 지역사회의 모든 사람에게 열려 있는 경우 이는 지역 내의 비영리조직이라 할 수 있다. 초기의 사회적 경제 조직과 마찬가지로 비영리조직 역시 법적인 틀 없이 지역 자원봉사자들에 의해 만들어졌다고 할 수 있다. 비록 법적 등록이나 법적 지위는 없지만, 그 조직은 실제로 커뮤니티 내에서 이웃에게 봉사하는 제3 섹터의 조직이라 할 수 있다. 정부와 시장을 매개하는 제3 섹터의 역할은 앞서 얘기한 사회적 경제나 NPO가 다르다고 할 수 없으며, 도리어 생산적으로 두 개념이 통합되어 역동적이고 포괄적인 개념(less clear-cut conceptualization)을 제공한다.

사례 연구

사회적 기업 도시(Social Business City) : 비스바덴의 교훈

사회적 기업 도시라는 개념은 독일의 비스바덴의 사례를 중심으로 2010년에 무하마드 유누스에 의해 소개되었다. 유누스는 미소금융(micro-credit)이라는 소액대출을 주로 하는 Grameen Bank를 설립하여 수많은 경제적 약자들의 자립을 지원한 공적으로 2006년 노벨 평화상을 수상하였다. 사회적 기업 도시라는 개념은 "도시 내에서 왕성한 사회활동을 하고 있는 이해 당사자(stakeholders)들의 네트워크"라고 정의할 수 있다.

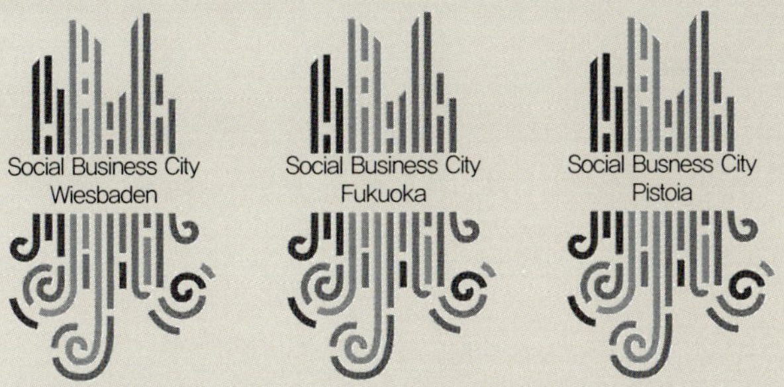

그림 1-2 사회적 기업 도시: 비스바덴, 후쿠오카, 피스토이아

여기서 네트워크의 구성원은 지방정부, 지역대학, 신문, 방송 등 지역의 미디어, 중간지원기관, 사회적 금융재단, 제3 경제 섹터 분야와 지역의 사회적 기업 등을 포함하는 포괄적 개념이다. 2011년에는 일본의 후쿠오카도 유누스의 Grameen Creative Lab과 사회적 기업 도시를 위한 계약을 맺었고, 이탈리아의 피스토이아 역시 유누스의 도움으로 스스로 사회적 기업 도시라 선언하였다. 현재는 비스바덴, 후쿠오카, 피스토이아 세 도시가 공식적으로 사회적 기업 도시로 인정을 받고 있으며, 그들만의 고유한 사회적 문제, 사회적 목적, 문화적 특성에 따라 사회적 기업 도시를 도시 특색에 맞게 운영하고 있다. 이들 외에도 비엔나, 룩셈부르크, 홍콩 등의 도시들이 완성되지 않은 사회적 도시의 모델에 관심을 보이고 있다. 사회적 기업 도시는 조직화되고 공식적으로 인정된 네트워크로 사회적 기업을 통하여 사회적 정의를 실천하는 공감대를 가진 도시의 경계선 안에 존재하는 기관(institution), 연합체

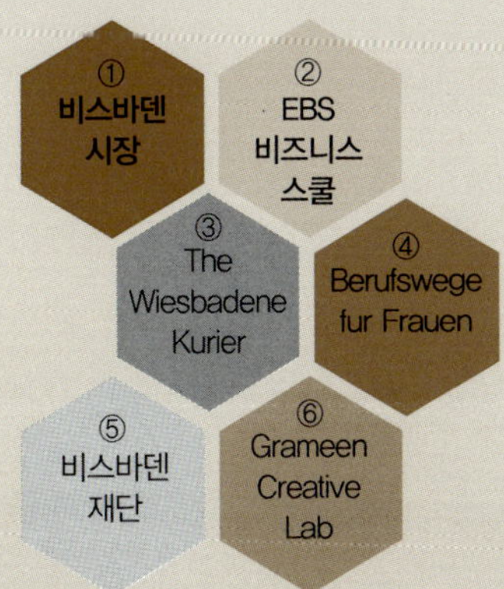

① The Public Face **비스바덴 시장.** 징지적 지원을 제공

② The Think Tank **EBS비즈니스 스쿨:** 인큐베이터와 지도 교수 역할

③ The Messenger **Wiesbadene Kurier:** 미디어 파트너

④ The Live Example **Berufswege fur Frauen:** 소액 대출을 통해 사회사업에 관심 있는 여성을 위한 컨설팅 제공

⑤ The Community Partner **비스바덴 재단:** 제정 고문

⑥ The Leadin Force **Grameen Creative Lab:** 개발 노력, 컨설팅, 조정

그림 1-3 비스바덴: 사회적 기업 도시 네트워크의 구성 단체

(association), 기업(business) 등 모든 조직을 포함하는 상생의 네트워크라 정의할 수 있다. 비스바덴의 사례를 소개하면 다음과 같다. 비스바덴의 사회적 도시 네트워크는 [그림 1-3]과 같이 6개의 기관으로 구성되어 있다.

The Grameen Creative Lab에 의해 주도적으로 연구 · 시험되고 있는 사회적 기업 도시의 모델은 사회적 가치를 추구하는 모든 단체들의 공감대 형성과 자신들의 조직 특성에 맞는 업무구조를 갖는데 있다.

예를 들어, 독일의 비스바덴의 경우, 사회적 기업 도시는 6개의 조직으로 구성되어 있는데 이들은 공통의 비전과 미션을 가지고 있다. 그리고 리더 격인 'Grameen Creative Lab'은 전체 도시의 사업을 설계 및 조정하고, 사회적 문제를 파악하며, 사회적 기업의 개념을 전파하고 창업을 컨설팅한다. 이들이 비스바덴에서 지원한 대표적 사회적 기업으로 Lalaland(유아상품, 가족 community 운영), Variomondo(유아용 shopping portal, 친환경 교구, 패션), Perfect day(유기농커피, 숲 만들기, 여성, 난민 채용) 등이 있는데 모두 다른 사회적 기업과 네트워크화되어 있다. 시장을 중심으로 행정부서에서는 네트워크에 속한 모든 기관들에 대한 정치적 · 행정적 지원을 하고, 사회적 프로젝트 시도를 합법화하고 제도화한다.

THE GRAMEEN CREATIVE LAB
PASSION FOR SOCIAL BUSINESS

- Berufswege fur Fraun는 소액대출(micro-loan) 및 여성 사회적 기업가 지원하고 매년 여성 사업가에 의한 사회적 기업을 위한 별도의 목표와 예산을 지원받아 활동한다.
- EBS Business School는 사회적 기업의 incubating 및 기업컨설팅을 하며 사회적 기업에 관한 지식을 보급하고 여러 교육 과정을 제공한다.
- Wiesbaden Kurier는 지역신문으로 사회적 기업의 미디어 파트너 역할을 하며 사회적 인식을 홍보한다.

• Wiesbaden Foundation은 재정적 · 정치적으로 독립된 기관으로 도시의 사회적 기업을 위한 기금을 마련하여 운영하는 재단이다.

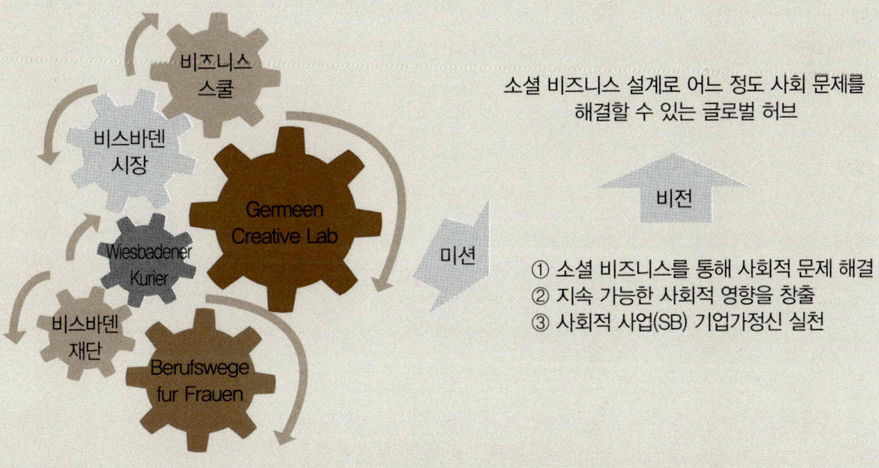

그림 1-4 성공적인 사회적 도시

중요한 것은 사회적 기업 도시를 구성하는 6개의 기관(지방 정부, 미디어, Grameen Creative Lab, Wiesbaden Foundation, Wiesbaden Kurier, Berufswege fur Fraun)이 서로 협조하고 조정하여 도시의 우수한 사회적 기업을 발굴하고 육성하여 비스바덴을 진정한 사회적 기업 도시로 만들었다는 사실이다. 비스바덴의 경우는 Grameen Creative Lab의 기획과 주도로 6개 기관과 지역 내 사회적 기업이 공감과 배려를 통해 도시의 다양한 사회적 문제를 해결하는 진정한 사회적 기업 도시의 표상을 보이고 있다.

참고문헌

미즈노 가즈오 (2007). 글로벌 경제의 본질. 더난출판.

미즈노 가즈오 (2016). 주식회사는 왜 불평등을 낳았나?. 더난출판.

최종태 (2011.12). 자본주의 4.0시대의 사회적 기업과 경영학. 사회적 기업연구, 4(2), 5-49.

Adam Smith. (1776). The Wealty of Nations(국부론).

Kaletsky, A. (2010). *Capitalism 4.0: The Birth of New Economy*. Bloomsberry Publishing, NY: New York.

Nelson, R. & M. Krashinsky (1973). "Two Major Issues of Public Policy: Public Policy and Organizations of Supply" Nelson and Young (eds). *Public Subsidy for Day Care of Young Children*. Lexington, Mass: D.C. Health and Co.

Pestoff, V. (1998). Beyond the Market and State. *Civil Democracy and Social Enterprise in a Welfare Society*. Aldershot, UK and Brookfield, NJ: Ashgate.

Salamon, L. (1997). 'The United States' in Salamon and Anheiser (eds), *Defining Non-Profit Sector: A Cross-National Analysis*. Manchester Universit Press, pp. 280-317.

Weibrod, B. (1977). *The Volutary Non-Profit Sector*. Lexington, Mass: D.C. Health and Co.

Young, D. (1983). *If Not for Profit, for What?*. Lexington, Mass: Lexington Books.

Social Enterprise : Theory and Practice

CHAPTER

02 사회적 기업

- 1. 사회적 기업의 개념
- 2. 사회적 기업의 형태

Chapter 02

사회적 기업

1. 사회적 기업의 개념

1) '사회적'의 의미

서문에서 이야기했듯이 사회적(social)이라는 단어는 라틴어 socialis에서 유래된 말로 동료(associate), 협력(ally), 친구(companion) 등의 의미를 가진 단어이다. 현대에서 '사회적'의 의미는 사람들로 구성된 조직, 혹은 연합하여(confederate) 함께 일하고 생활하는 독립된 그룹으로 공동체(community) 혹은 사회(society)의 의미를 가지기도 한다. 그러므로 '사회적'이란 뜻을 같이하는 집단이며, 전체가 개인에 우선한다는 의미를 내포하고 있다.

우리는 사회적 측면과 경제적 측면을 분리하는 경향이 있으며, 이러한 사실은 경제적 이익 추구는 사회적 문제와 분리되어야 한다고 생각한다는 의미이다. 미국의 경우 이러한 성향이 laissez-faire와 caveat emptor라는 용어에 잘 반영되어 있다. laissez-faire는 자유방임주의라고 해석할 수 있으며, 개인의 이익 추구에 정부는 관여할 수 없다는 의미를 나타낸다. caveat emptor는 매수자 책임이나 위험 부담의 원칙을 의미하며 거래의 책임은 매수자의 의지에 중점을 둔다는 의미로 해석한다.

비록 경제적 위기에 빠진 사람들을 위해 사회안전망을 제공하는 것이 국가의 의무라 할지라도, 경제와 사회의 구분은 우리의 고정된 관념이다. 다행히 최근 들어 이러한 견해는 조금씩 변해가고 있다. 사회적 기업가정신의 저자인 David Bornstein은 "한때 세계를 경제와 사회의 영역으로 나누었던 벽은 이제 무너져가고 있다."고 주장하고 있다. 다보스포럼에서도 사회적 기업이 주제가 되기도 했으며, 우리 주위에 이러한 예를 쉽게 찾을 수 있게 되었다. PepsiCo는 탄소배출량을 줄이기 위해 많은 노력을 하고 있으며, NBC-Universal은 지속 가능한 환경보존을 위한 노력을 기입활동에 반영하고 있다. Bill Gates와 Jeff Skoll 같은 성공한 기업가들이 열정적으로 자선과 공익사업을 수행하면서 유망한 사회적 기업가들을 지원하고 있다. 이외에도 정부와 기업이 협력하여 사회적 · 경제적 약자를 지원하고 비영리기관들이 곳곳에서 그들을 필요로 하는 사람들을 위해 선한 사마리아인의 역할을 수행하고 있다.

사회와 경제를 나누는 인위적 분기점은 점점 사라지고 있으며, 실제로 밀접하게 연결되어 있다. 경제는 사회의 산물이며, 마찬가지로 이 둘이 조화를 이룰 수 있도록 새롭게 관계가 형성되어야 한다. 사회적 기업가정신으로 자연스럽게 사회적 문제를 해결하는 과정에서 사회적 측면과 경제적 측면이 조화를 이루는 새로운 자본주의를 경험하게 될 것이다.

2) 사회적 기업의 정의

사회적 기업에 대한 정의는 학자에 따라 다양하게 정의된다. 그 안에서도 이탈리아와 프랑스를 중심으로 한 유럽 여러 나라들의 견해와 미국으로 대표되는 북미대륙의 개념으로 구분할 수 있다. 미국은 비영리조직의 형태로 기업적 방법을 사용하여 시장에서 일반 기업과 경쟁하면서 지속 가능성을 강조하기 때문에 '사회적 기업가정신'을 강조한다. 유럽에서는 사회적 기업의 시민사회 중심의 사회적 · 경제적 약자를 위한 사회적 경제활동을 중시한다. 여기서는 두 개의 서로 다른 내용을 대표하는 사회적 기업의 정의를 예시하여 설명하도록 한다.

가장 널리 사용되는 사회적 기업의 정의는 EMES(European Research Network)에 의해 정리된 개념이다. EMES의 정의는 본래 경제적 · 기업가적 관점과 사회적 관점으로 나누어져 있었으나 사회적 기업의 법적인 측면에 대한 고려로 지분체계(ownership governance)가 더해져서 세 부분으로 구성되었다.

첫째, 경제적 · 기업가적 관점은 다음의 세 가지 기준을 이행해야 한다.

1. 지속적 제품의 생산과 서비스의 공급
2. 비용이 발생하는 생산요소의 활용(유급노동, 원자재 구매 등)
3. 높은 수준의 자율경영과 경제적 위험 부담

둘째, 사회적 관점에는 다음의 두 가지 기준을 수행해야 한다.

1. 특정 집단의 사람(노약자, 장애인 등)이나 지역공동체에 대한 봉사를 목적으로 명시한다.
2. 자연 친화적 혹은 일반적으로 이해될 수 있는 특징을 가진 재화와 용역의 생산 및 공급(the production of goods/services that are characterized by a general-interest or meritorial nature)

셋째, 지분체계(ownership governance)와 관련하여 기준을 제시한다.

1. 지역사회와 특정 목적이나 요구사항을 공유하는 사람들의 집단적 동력(collective dynamics)
2. 자본 소유에 기반하지 않는 의사결정 과정
3. 다양한 분야의 이해관계자를 포함하는 민주적 관리체계
4. 이익분배의 제한: 이익분배 금지 기업과 부분적 이익분배 기업을 모두 포함

이렇게 세 개의 축으로 구성된 사회적 기업의 기준은 엄격한 사회적 기업의 판단 기준이 아니라 사회적 기업을 유사한 다른 기업과 구별하고, 사람들에게 사회적 기업의 실체를 보여주는 기준이라 할 수 있다(Borzaga & Defourny, 2001; Defourny & Nyssens, 2008).

이와는 달리 사회적 기업가정신을 강조하는 미국의 사회적 기업은 미국사회적기업연합(social enterprise alliance: SEA)과 OECD의 정의에 잘 나타나 있다. 미국 SEA는 "사회적 기업은 상업적 방법으로 경영활동을 하여 사회적 사명을 수행하는 조직"이라 정의한다. 이는 경영행위를 통하여 사회적 가치를 추구하면서 동시에 재무적 건전성을 확보한다는 의미이다.

경제협력개발기구(organization for economic cooperation and development: OECD)는 여러 나라의 다양한 문화와 지역적 특성을 포괄적으로 포함하는 사회적 기업을 말한다.

> "사회적 기업은 다양한 나라의 다양한 법적 형태를 가진 조직으로 기업가정신을 바탕으로 사회적 목적과 경제적 목적을 동시에 추구하는 기업이다. 사회적 목적은 일자리, 사회적 결속 및 소외계층에 대한 해결을 의미하며, 이들 기업은 도시와 농촌 모든 지역에 기반을 둘 수 있다."
>
> OECD (2006).

OECD는 위와 같이 사회적 기업을 정의하고 사회적 · 경제적 가치에 기반을 둔 기준을 다음과 같이 특정하였다.

- 재화와 용역의 생산에 직접 관여
- 시민들의 자발적 참여 및 구성
- 이해관계자들의 참여
- 경제적 위험의 감수
- 최소한의 유급 근로자
- 자본에 기반하지 않는 민주적 의사결정
- 참여의 중요성
- 소득 극대화 지양 및 이익분배의 제한
- 수혜자 집단에 대한 명시

3) 사회적 기업의 진화

사회적 기업이라는 용어는 1980년대 이탈리아의 자원봉사자들이 사회적 · 경제적 약자를 위한 경제행위와 사회서비스를 제공하는 혁신적인 조직을 지칭하면서 처음 사용되기 시작하였다(Borzaga, 2013). 비슷한 시기에 유럽 다른 나라에서도 이러한 기업들이 나타나기 시작하였다. 이러한 조직들은 처음에는 법적으로 비영리조직을 형성하였으나, 때로는 기업가정신과 사회적 사명감이 결합하여 혁신적 사회적 가치를 추구하기도 하였다. 결과적으로 프랑스나 벨기에 같은 나라에서는 연합체(associative)의 형태를 취했고, 이탈리아에서는 협동조합의 형태로 발전하였다. 1990년대 이래로 사회적 기업의 개념은 다양한 분야에서 사용되기 시작하였다. 사회적 기업을 정의하는 특징은 기업이 생산하는 제품이나 용역뿐 아니라 조직의 목적, 생산에 적용되는 방식 등을 포함하는 포괄적인 개념이다. 결과적으로 현재는 윤리투자(ethical investment), 미소금융(micro-credit), 공정무역(fair trade)과 같이 가난, 기아, 장애, 환경, 교육 등의 주제를 위해 노력하는 여러 조직들을 사회적 기업이라고 정의한다(Yunus & Weber, 2008).

사회적 기업가정신에 대해서는 두 개의 서로 다른 개념이 존재한다.

먼저, Dees는 사회적 기업가정신의 중요성을 학문적 차원으로까지 승화시켰는데, 그는 사회적 기업가정신을 "사회적 목적이나 사명을 수행해 나가는 최고의 기업가정신"이라 인식하였다. Boschee(1998)는 이를 바탕으로 사회적 기업가는 "사회적 임무에 대한 성찰, 도덕적 과제와 기업의 이익 사이의 균형을 잃지 않고 시장의 기능과 힘에 의존하면서도 영리를 추구하지는 않는 기업가"라 정의하였다.

Mort, Weerawardena와 Carnegie(2003)는 사회적 기업가정신을 다른 관점에서 정의하였다. 그들에 따르면 사회적 기업가정신은 "사회적 사명을 추구하고, 도덕적 복잡성에도 목적과 행동이 일치하는 논리를 가진, 그리고 사회적 가치 창조의 기회를 파악하는 능력과 미래지향적이고, 위험을 감수하며, 혁신적인 의사결정 능력을 가진 고결한 기업가적 행위"를 의미한다. 이들 역시 Dees나 Boschee처럼 사회적 사명을 수행할 수 있는 기업가적 행위를 강조했지만 비영리조직이라는 표현을 사용하지는 않았다. 이러한 관점에서 사회적 기업에 대한 서로 다른 두 개의 정의는 의미하는 바가 크다.

Dees(1994)는 사회적 기업에 대해 "사회적 문제를 해결하고, 사회적 약자를 위해 정부나 시장이 적절하게 공급하지 못하는 사회적으로 중요한 재화와 용역을 공급하는 기업이며, 이러한 기업은 당기순이익, 시장점유율, 주주지지율 등으로 평가할 수 없다."고 주장했다.

Mair와 Marti(2006)는 오늘날 일반적으로 인정되는 새로운 개념을 더하여 새로운 사회적 기업의 정의를 주장하였다. 그에 따르면 "사회적 기업은 사회적 목적을 위해 거래하는 기업이다. 그들은 혁신, 기업가정신, 사회적 목적을 하나로 연결하여 수익을 창출할 수 있는 거래를 하여 재무적으로 지속 가능한 기업을 경영한다. 그들은 재무적 성과보다 사회적 가치를 우선하며, 이익이 발생할 경우, 수혜자들이나 지역사회의 이익을 위해 사용하며 기업의 이해관계를 통제할 수 있는 사람들에게 분배하지 않는다." Mair와 Marti의 정의는 재무적 안정을 통해 지속 가능한, 오늘날 사회적 기업이 나아갈 방향을 제시하고 있다. 아직도 사회적 기업을 이익과 관계 있는 비영리법인이라 인식하는 학자들도 있지만, 사회적 기업의 개념은 지속적으로 진화하고 있다.

Hockert(2006)는 사회적 기업이 사회적 성과와 경제적 성과를 동시에 추구하는 복합조직(hybrid organization)으로 진화하고 있다고 주장하면서 "사회적 기업은 재무적 안정을 위한 영리기업의 특성과 사회적 사명을 수행해야 하는 공공성을 가진 비영리조직의 특성을 포함하는 복합조직이며, 따라서 사회적 기업은 어느 한쪽의 틀에서 이해하기가 어렵다."라고 주장하고 있다.

사회적 기업에 대한 정의가 다양하고 지속적으로 진화하고 있는 것은 이 분야가 빠르게 변화하고 있음을 의미한다.

2. 사회적 기업의 형태

1) 영리 사회적 기업

법적으로 이익을 추구하는 영리 사회적 기업(for-profit-social enterprise)을 운영하는 것은 사회의 문제를 해결함과 동시에 이윤을 발생시키므로 비영리기업에서는 불가능한 외부 투자가들의 자본 유입을 가능하게 한다. 영리를 추구하는 사회적 기업은 세금, 비즈니스, 정부와의 관계에 따라 여러 종류로 분류된다. 기업이 사회적 가치를 우선적으로 추구하면서 이익을 우선시하지는 않더라도 세금적인 면에서 지속적으로 생산활동을 하면서 이익을 누적시켜 나가면 영리법인이며, 정부 입장에서도 이윤을 추구하는 기업은 영리법인이다. 실제로 영리기관에 의한 사회 변화의 중요성이 점차 커지고 있다.

전통적인 기업이 사회적 기업가에 의해 운영되면서 복합조직(hybrid entity)이 등장하기 시작했다. 대표적인 복합체계조직으로 주식회사형 사회적 기업, L3C Company(low profit limited liability)와 B corporation(benefit corporation)이 있으며 이들 기업은 사회적 가치를 주된 목적으로 삼고, 이익 추구를 다음 목적으로 삼는 법적인 영리기업이다. 지금은 많은 사회적 기업이 두 가지 목적으로 활동을 하고 있다.

유기농 요구르트의 생산과 판매가 주요 업무인 Stonyfield Farms(www.stonyfield.com)는 전형적인 hybrid organization이다. 뉴햄프셔에 본사를 두고 있는 영리 사회적 기업인 Stonyfield Farms는 이익을 추구하는 동시에 사회적 · 환경적 목적을 가지고 있다. 이 사회적 기업은 유기농 생산기준에 맞는 농작물을 농민으로부터 구매하여 두 가지 목적을 만족시킨다. 첫째, 가족농장(family farm)을 지원하고 지속적으로 구매하여 영세 농민을 지원한다. 둘째, 유기농산품을 구매하여 자연을 보존한다. 따라서 이윤을 추구하고 환경을 보호하며 영세농민을 위하는 전형적인 복합기업이라 할 수 있다.

영리 사회적 기업의 형태는 다음과 같다.

(1) 주식회사형 사회적 기업

주식회사는 가장 일반적인 형태의 기업이다. 소유와 경영이 분리되어 있고 기업의 임원들은 주가의 향방이나 이윤의 극대화에 관심이 많다. 실제로 주식회사는 지배체계가 가장 안정적이며 기업활동에 거의 제약이 없고 자금의 조달이 용이해서 자본주의 체재의 대표적인 기업 형태이다. 이러한 장점에도 불구하고 이윤을 최고의 가치로 생각하지 않고 사회적 가치를 중시하는 사회적 기업가에게 주식회사는 문제가 있는 형태라 할 수 있다. 기업의 가치를 최우선시하지 않는 사회적 기업가에게 주식회사 형태의 사회적 기업은 주주에게 손실을 줄 수 있는 기업 형태이며 '경영 판단의 원칙(business judgement rule)'은 주주의 이익과 연관되어 있을 경우에만 관리자들을 보호할 수 있다. 따라서 사회적 기업을 주식회사 형태로 운영하는 것은 도전적인 시도이다.

이익 추구가 가장 중요한 목적이라 할지라도 사회적 기업가는 주주의 이해를 떠나 사회적 가치를 추구하는 다른 이해관계자의 의지를 기업 운영에 반영할 수도 있다. 경영 판단의 원칙은 관리자의 업무와 관련된 판단 시 이윤 창출을 약화시키는 특정한 사항이 없는 한 정당하다고 추정한다. 예를 들면, 대부분의 비즈니스 모델은 환경적으로 안전 기준을 이행하는 제품을 사용하는 것이 장기적으로 수익성을 향상시킨다고 한다.

(2) B corporation

B corporation(Beneft corporation)은 새로운 형태의 기업으로 메릴랜드주와 버몬트주에서만 인정되는 미국식 사회적 기업의 한 형태이다. 주식회사와 달리 B corporation의 임직원은 업무와 관련된 의사결정에서 사회적 목적을 반영할 수 있다고 규정하고 있다. 이윤 추구는 유일한 목적이 아니며, 따라서 임직원의 신의와 성실의 의무는 기업의 사회적 목적에 근거해 법적 책임에 대한 두려움 없이 결정된다. 지배체제의 관점에서 사회적 기업에 적절한 형태이지만 자금의 조달 측면에서는 B corporation의 법적 신분을 얻기 위해서 필요한 사회적 목적의 추구 의지로 인해 전통적 주식회사에 비해 일반 투자

자들이 선호하지 않는 경향이 있다. B corporation 역시 소유와 경영이 분리되어 있으며, 일반 기업과 같은 납세의 의무를 가진다.

(3) 유한책임회사(LLC)형 사회적 기업

회사를 소유자와 경영자로 분리하여 독립된 법인으로 만드는 가장 일반적인 방법이 유한책임회사(The Limited Liability Company: LLC)이다. LLC도 주식회사처럼 소유와 경영을 분리한 형태이긴 하지만 여러 가지 면에서 차이가 있다. LLC는 파트너십의 장점과 주식회사의 특성을 합친 형태이다. LLC에서는 지분 비율이 아닌 비율로 배당이 되기도 하며, 소유주의 배당에 대해 개인의 수익으로 처리해서 세금을 납부한다. 즉, LLC는 주식회사처럼 법인세를 납부하고 남은 돈으로 주주에게 배당금을 지급하므로 주주는 배당에 대한 소득세를 납부해야 하는 이중과세의 논란에서 자유로워진다. 그리고 주주총회, 회의록 제출, 연간 보고서 제출 등의 의무에서 자유롭기 때문에 주식회사의 경직된 지배구조보다 신속하고 유연하며 탄력적인 지배구조를 가지고 있고, 출자자가 직접 경영에 참여할 수 있으며 각 사원이 출자금액만을 한도로 책임을 지는 간편한 운영구조와 지배구조를 갖고 있다. 따라서 고도의 기술을 보유하고 있으며 초기 상용화에 어려움을 겪는 벤처 창업이나 규제에서 자유로워야 하는 사회적 기업에 적합하다.

(4) L3C Company

L3C(low profit limited liability)는 새로운 형태의 복합기업으로 LLC와 비영리기업의 사회적 목적을 결합한 형태이다. L3C도 유한책임회사의 한 형태로 교육이나 자선사업을 위해 설립되었다는 조직 목적을 특정하는 문서가 요구된다. 미국에서 법적으로 L3C로 인증받으려면 국세청 코드 170조(IRS$ 170(c)

(2)(B)) 항목의 자선, 교육, 그리고 구제항목을 기업의 목적에 명시하도록 요구하고 있다. L3C는 이러한 사회적 목적 항목 이외에도 영리를 추구하는 영업 목적을 가질 수 있다. 따라서 L3C는 전형적인 사회적 목적과 영리 목적을 명기한 공식 문서를 가진 복합조직이다. 전통적인 유한책임회사와 달리 L3C가 법적으로 지위를 유지하려면 기업의 주된 목적이 사회적 가치 추구라는 조항이 요구된다. 경제평론가들은 이러한 차이점이 사회적 목적을 갖는 기업의 경영에서 지배체계의 위험(governance risk)을 완화할 수 있다고 한다. 그러나 L3C 역시 영리를 추구하는 기업이기에 전통적 투자가들로부터 투자를 유치하고, L3C의 사회적 목적으로 자선단체나 사회적 금융을 지원받기도 한다.

2) 비영리 사회적 기업

비영리 사회적 기업(Non-profit Social enterprise)은 미국에서 발전한 사회적 기업의 한 형태이다. 일반적으로 비영리법인의 소유자는 영리법인인 주식회사가 주주에게 제공하는 특권을 줄 수 없다. 비영리기업은 주식처럼 팔 수 있는 다른 지분이 없기 때문에 자본적 제한이 따른다. 그러나 비영리 사회적 기업은 면세의 혜택을 받기 때문에 여러 가지 이점이 있다.

먼저 가장 중요한 이점은 중앙정부의 국세를 비롯한 지방세, 소비세 혹은 판매세 등을 면제받을 수 있다. 미국의 비영리 사회적 기업은 국세청 코드(IRC$501(c)(3))에 의해 기부금을 수탁할 수 있는 자선조직의 자격을 인증받음으로써 기업의 사회적 사명감에 동조하는 사람들로부터 기부금을 수령할 수 있다. 면세의 혜택을 받는 비영리 사회적 기업은 자선재단으로부터 기금을 받을 수 있고 정부의 보조금으로 사업을 운영할 수 있다. 미국의 사회적 기업은 주식을 발행하지 않고 주정부가 인증하는 비영리법인의 형태로 운영되는 것이 일반적이며 이사회의 구성원이 경영의 책임을 진다. 비영리법인은 주식을 발행하지 않기 때문에 의결권이 있는 회원과 없는 회원으로 구성되며, 개인이나 재단회원은 기부 조건에 따라 의결권이 주어진다. 기업 분석가들은 비영리기업에 '경영판단의 원칙'을 적용하기는 어렵다고 보지만, 법정에서는 인정하는 것이 일반적이다.

3) 사회적 기업의 역할

사회적 기업은 크게 두 가지 목적을 가지고 있다. 교육, 환경, 일자리 창출, 사회적 · 경제적 약자를 보호하고 그들의 인간적인 삶을 보장함으로써 사회안전망의 역할과 양극화 현상을 해소하는 사회적 목적을 성취한다. 사회적 기업은 또한 상업적 방법으로 기업을 운영함으로써 기업의 가치를 증대하여 지속 가능성을 견지해야 하는 경제적 목적을 추구한다. 이러한 관점에서 EMES에 정리된 사회적 기업의 역할을 소개한다(Borzaga & Defourny, 2001; Defourny & Nyssens, 2008).

(1) 복지제도의 대안

사회적 기업은 복지제도가 가지고 있는 문제점을 해결할 수 있다. 먼저, 정부의 복지제도는 지역사회의 다양성을 고려하지 않고 획일적인 방식으로 전개되는 경향이 있다. 지역공동체의 일원으로 사회적 기업은 지역사회가 원하는 사회적 목적에 맞게 복지제도를 운영할 수 있는 대안이다.

사회적 기업은 민간에 의해 운영된다 해도 정부와 시장에 의해 주도적으로 수행된 자원과 소득 분배의 형태를 개선할 수 있다. 정부 정책이 담지 못하는 소외계층의 욕구에 맞는 사회서비스를 공급할 수 있고, 기부나 자원봉사와 같이 비용이 없는 활동을 통한 소득 및 자원의 재분배를 가능케 하며 이를 통해 지역사회의 신뢰와 지지를 얻을 수 있다. 사회적 기업의 활동은 복지제도를 통한 소득과 자원의 재분배보다 효율적이고 효과적이다. 마지막으로 사회적 기업은 이윤추구를 주된 목적으로 하지 않기 때문에 생산 비용이 낮아진다. 즉, 기업과 고객 사이의 이해관계가 일반 기업에 비해 높은 수준의 동질성을 갖고 있으며, 고객 만족도와 종업원의 임금 역시 일반 기업에 비해 이해의 폭이 크다. 때로는 사회적 기업의 역할이 공공 행정의 목적과 비슷하기 때문에 제품이나 서비스의 공급 측면에서 일반 기업에 비해 교섭이 용이할 때도 있다.

(2) 일자리 창출

사회적 기업 육성법에 따라 인증된 사회적 기업은 일자리 제공형, 사회서비스 제공형, 혼합형, 지역사회 공헌형, 기타형의 다섯 가지 유형으로 분류된다. 한국사회적기업진흥원 자료에 따르면 2017년 3월 기준 1,709개의 사회적 기업이 인증되어 활동 중인 것으로 나타났다. 그 중 일자리 제공형이 1,186개로 전체의 69%를 차지한다. 여기에 취약계층에 대한 사회서비스 제공형과 취약계층을 위한 일자리 제공이라는 두 가지 목적을 모두 만족시키는 혼합형을 포함하면 80%를 넘어선다. 따라서 일자리 제공은 한국 사회적 기업의 가장 중요한 목적이자, 수행하여야 하는 사명이다. 일자리 제공형 사회적 기업은 조직의 주된 목적이 취약계층에게 일자리를 제공하는 것이며, 전체 근로자 중 취약계층의 비율이 50% 이상이어야 한다. 취약계층의 고용이 사회적 기업의 사회적 성과에 대한 핵심적인 기준이며 인증 유형의 근거가 된다.

Davister(2004)와 그 동료들은 일자리 제공형 사회적 기업을 노동통합형 사회적 기업(work integrated social enterprise: WISE)이라 명명하고 주된 목적을 취약계층이 고용을 통하여 영리기업으로의 직업적 통합이나(job integration),

사회화하는 것이라고 정의하였다. 그들은 통합의 형태를 네 가지로 분류한다. 첫째, 취약계층에 교육과 훈련, 근로경험을 제공하는 전환고용, 둘째, 취약계층의 생산성 부족을 보충하기 위한 보조금에 의존하지만 장기적으로 자체 재원조달이 가능한 일자리 창출, 셋째는 영구적인 보조금을 제공하는 취약계층의 고용, 마지막으로 생산활동을 통한 취약계층의 사회화가 목적인 고용 형태를 말한다. 일반적으로 취약계층은 일반 노동자들보다 생산성이 현저히 낮기 때문에 사회적 기업은 이들을 고용하여 생산성보다 높은 임금을 지급함으로써 사회적 가치를 실현한다. 지급받은 임금을 통하여 취약계층 노동자의 개인 복지가 향상되고(1차 사회적 가치), 계속적인 고용의 결과로 일반 기업으로의 직업적 통합이나(job integration) 사회화로 인한 사회 전체에 긍정적인 파급효과(2차 사회적 가치)가 발생하게 된다.

(3) 사회적 자본의 창조 및 사회 통합

사회적 자본은 사회구성원들이 힘을 합쳐 목표를 효율적으로 추구할 수 있는 자본으로서 사람과 사람 사이의 협력과 거래를 촉진시키는 신뢰, 규범, 네트워크 등 사회적 관계에서 발생하는 무형자산을 포괄적으로 의미한다. 이러한 사회적 자본은 국가 간 거래비용을 인하함으로써 국가의 생산성을 향상시킨다. 사회적 자본(social capital)은 곧 구성원 간의 '신뢰(trust)'와 구성원과 사회와의 신뢰를 의미한다. 신뢰는 사회주의적인 요소라기보다는 자본주의 시장경제를 가능케 하는 근원적 동력이다. 경제학에서도 사회 전반의 신뢰 수준이 높아지면 경제 성장을 촉진한다는 실증적 연구 결과가 나오고 있다.

사회적 자본에 관한 논의를 촉발시킨 것은 Robert David Putnum이 대표적이다. Putnum은 동일한 물적 자본과 동일한 인적 자본을 지닌 2개 국가가 있을 때 사회적 자본, 즉 신뢰에 따라 경제성장이 달라진다고 주장하였다. 경제학자들은 "사실상 모든 상업적 거래가 자체적으로 신뢰의 요소를 갖고 있다"는 Arrow(1972)의 말을 자주 인용한다. 이들은 실제로 사회적 신뢰는 경제성장과 관련 있다는 실증적 증거를 제시한 것으로 유명하다. 이들은 사회적 신뢰 지표가 10%p 높아지면 경제성장에서 0.8%p 증가하는 연관성이 있다고 주장한다. 이들은 신뢰는 사유재산권과 계약권리가 효과적으로 잘 보호되는 국가, 계층 간 격차가 덜한 국가에서 더욱 신뢰할 수 있는 관계가 구축되어 있다고 주장하였다.

아주 극단적으로 100% 불신이 팽배한 사회를 한 번 상상해 보자. 불신이 팽배한 이유는 온통 사기꾼과 거짓말쟁이가 판치기 때문이라고 하자. 근로자는 자신이 일하는 기간 동안 실시간으로 임금이 지급되어야지 월급날까지 기다리지 못한다. 사기꾼인 고용주나 회사를 믿지 못하기 때문이다. 물론, 고용주 역시 그 누구도 고용하지 못한다. 사기꾼인 근로자가 제대로 열심히 일할 것이라고 믿지 못하기 때문이다. 소비자는 그 어떤 물건도 살 수가 없다. 시장에 나온 물건이 금방 파손되거나 고장 나거나 부패할 가능성이 있거나 소비자 건강까지 위협할 가능성이 있고, 생산자가 그런 문제를 잘 해결했으리라 믿지 못하기 때문이다. 물건을 사는 소비자가 없으니, 생산자도 있을 수 없다. 제대로 만들어 판매하더라도 물건을 쓰다가 망가뜨려 와서 환불해 달라는 블랙 컨슈머(black consumer)들뿐이다.

이러한 사회적 자본은 사회적 기업 내에서 조직 구성원 간의 상호 작용을 통하여 창출되며, 무형자산으로 사회적 기업의 성과에도 영향을 미친다(강문실 · 양성국, 2016). 사회적 기업은 기업 목표를 성취해 나가는 과정에서 구성원들 상호간의 신뢰, 믿음, 규범, 공공의식 등이 형성되고, 나아가 이렇게 성립된 사회적 자본이 사회 전체에 긍정적 파급효과를 가져온다.[01]

---

01 https://www.hanaif.re.kr/kor/jsp/board/board.jsp?sa=ci&bid=111&pg=1&no=32594

사회적 기업은 사회적 · 경제적 취약자에 대한 배려, 지원, 공감을 통하여 양극화로 초래된 불신과 사회에 대한 불만을 해소함으로써 이들에게 살아갈 수 있는 의지와 경제적 환경을 조성한다. 이러한 사회적 기업의 사회안전망 역할은 정치, 경제, 사회문화적 양극화로 인한 각 계층의 불만을 수용하여 사회적 통합을 가져올 수도 있다. 우리나라도 지방자치제를 통한 분권화 정책을 통하여 지역의 사회적 · 경제적 문제를 많이 해결하였다. 그러나 작금의 흐름을 보면 분권화 정책은 충분조건이 될 수 없다. 취약계층 깊숙이 들어가서 그들의 불만과 이픔을 담아내는 도구로서 사회적 기업의 역할이 더욱 중요해지고 있다.

(4) 지역사회 개발

사회적 기업은 지역 중심의 소규모 조직이 대부분이다. 최근의 세계화, 고령화, 저성장은 고용의 불안을 가져왔고 기업과 지역사회의 유대를 약화시키고 있는 현실이다. 사회적 기업이 낙후된 지역사회를 되살리고 실업이나 복지 문제에 대응할 수 있다고 보는 시각은 사회적 기업이 사회적 경제의 실현을 통하여 공동체를 회복하고, 취약계층에 필요한 일자리를 공급함으로써 사회통합에 기여할 수 있다고 보기 때문이다. 사회적 경세는 민주적 의사결정 과정을 통하여 이윤보다 구성원과 지역사회 공동체의 이익을 우선하고, 자본보다 사람을 우선한다. 또한 사회적 기업은 지역사회에서 활동하고 지역사회 주민을 구성원 및 자원봉사자로 활용하기 때문에 지역사회의 상황과 필요를 잘 알고 있어 정부가 미처 인식하지 못한 사회서비스 수요를 발굴하여 주민의 욕구를 만족시킬 수 있다는 장점이 있다. 대표적인 사례로 사례연구에서 소개한 런던 동부의 Bromey by Bow Center(BBBC)를 들 수 있다.

사례 연구

BBB Center : 텅 빈 교회를 사회적 기업으로

Innovating for a healthy community

The Bromley by Bow Centre has a significant track record of developing and sharing innovative practice, contributing to a number of major policy initiatives and has been cited in a number of recent health policy reports.

The Centre is actively engaged in the current policy development around the transformation of provision, and the reorientation of resources, to more effectively improve the health and wellbeing of our communities. Read our reports on what we have learnt from our services.

Bromley by Bow Center(BBBC)는 런던 동부에 위치한 지역공동체를 기반으로 한 자선단체로서 의료시설과 지역주민이 필요로 하는 욕구와 문제 해결 프로그램을 결합한 혁신적 사회적 기업이다. BBBC는 건강을 단순한 의학적 문제가 아니라 사회적 요인에 의해 발생하는 사회적 문제라고 인식하고 개인에 맞는 다양한 사회서비스를 제공한다. 그들은 다양한 기관 및 재단과 파트너십을 맺고 사람들의 인생을 변화시킬 수 있는 효과적인 프로그램을 디자인하여 개인에게 제공한다. BBBC는 Community Hub, Health Center, 그리고 Insight 팀으로 구성되어 있으며 Community Hub는 지역공동체의 중추로서 가족, 청년, 성인들에게 새로운 기술을 전수하여, 알맞은 직장을 소개하며, 그들의 건강과 복지를 향상시켜 자신감을 고취하여 그들이 삶의 목표를 이루고 그들의 인생을 변화시키는 역할을 한다. Bromley by Bow Health Center는 지역주민이 환자로 등록하여 의료서비스를 제공받게 하고 다양한 지역사회를 기반으로 한 사회 서비스를 지원받을 수 있게 한다. Insight 팀은 소속된 여러 기관과 지역사회가 BBBC의 원칙, 비전, 그리고 활동을 지역 주민이 이해하고, 새로운 모델을 개발하며 이들을 공유할 수 있도록 하는 기관이다.

BBBC는 1984년 Andrew Mawson 목사가 1984년에 런던 동부에 위치한 Bow Church로 부임하면서 시작되었다. 그가 부임할 때 Bow Church는 교인의 숫자가 점점 줄어들어서 문을 닫든지 다른 교회와 합병을 해야만 하는 상황에 놓여 있었다. Andrew 목사는 교회를 폐쇄하는 대신 교회 장로들의 의견을 받아들여 교회를 지역사회에 개방하여 어린이 보육센터, 카페, 댄스 스쿨, 아트 스튜디오와 전시회관 등으로 사용할 수 있게 했다. BBBC의 초기 개척 시기에는 사업의 핵심 역할을 맡은 각 분야의 전문가들이 큰 역할을 하였다. 아트 스튜디오의 조각가 Santiagi Bell, 전시회관을 맡은 지역 미술가 Creber 부부, 카페 전문가 Sue Fox, 그리고 어린이 보육센터를 운영한 Yvonne Begley와 Steeve Goode는 1980년대 BBBC 초기의 성공적인 운영을 가능하게 한 개척자들이다.

1990년대부터 BBBC는 도시재생(gentrification)의 성공 모델로서 평가받기 시작했으며, 이것은 기업가정신, 창의성, 인간의 능력에 대한 신념을 기반으로 한 그들의 혁신과 변화에 대한 열정의 대가라 할 수 있다. BBBC는 이 시기에 커다란 성장을 이룩하였으며, 특히 지역공동체를 유지하기 위한 가족에 대한 지원, 사회복지, 예술, 교육에 중점을 두었다. 이 시기의 중요 구성원은 Helal Uddin, Helen Downe 수녀, Lilu Ahmed, Juanita 그리고 초기 구성원들이다.

1997년은 BBBC의 큰 전환점이 된 한해였나. 영국에서 처음으로 건강한 삶을 위한 지역공동체 Health Center가 설립되어 의료 서비스를 비롯한 다양한 서비스를 지역주민에게 제공하기 시작하였다. 이 시점에 BBBC의 또 다른 중요 변화는 Helen Matthews가 Bow Church의 새로운 목사로 부임했으며 Paul Brickell이 BBBC의 대표이사가 된 것이다. 그들의 리더십으로 BBBC는 새로운 카페와 사무실, 그리고 작업 공간 등을 확장하고 Tudor Lodge, Marner Center, Poplar HARCA와 제휴를 맺었다.

2002년에 Rob Trimble이 새로운 대표이사로 취임하고 BBBC는 많은 관계 기관과 파트너십을 맺어 업무가 더욱 다양해졌으며, 구성원 수도 증가하게 되었다. BBBC는 공동화된 도시를 다양한 업종의 기업을 이용하여 재생시킨 도시재생의 모델이 되었다. 의료시설로 시작하여 다양한 사업으로 발전시킨 BBBC는 성장과 다각화 전략으로 안정된 수익 창출이 가능해졌다. 2010년 Zenith Rahman이 부회장으로 취임하여, 설립자이며 회장인 Andrew Mawson 목사와 BBBC를 가장 성공적인 도시재생을 통한 사회적 기업으로 현재까지 경영하고 있다.

앞서 말한 바와 같이 BBBC는 Community Hub, Health Center, 그리고 Insight 팀으로 구성되어 있다. 이들이 제공하는 사회봉사 서비스는 크게 아홉 가지로 구분된다.

1. 건강과 복지(your health and well being): Health Center 운영, 암환자 치료 및 치료 후 케어, 지역사회 건강 지킴이 역할, 체중관리, 지역사회 공중보건, 개인 건강관리
2. 일자리 및 교육(Looking for work or training): 일자리 창출을 위한 고용 및 기술팀 운용(employment and skills team), 온라인 digital skill 교육(온라인으로 직장 찾는 법, 병원예약, 정보수집 방법 등), 직장 알선(2017년 1200명), 영어 교육(이민자 대상) 등
3. 도움과 충고(Get help and advice): 개인의 자금관리를 위한 1 : 1 상담, 주택/채무/복지 무료상담, 무료 에너지(전기, 수도, 가스) 제공

4. 새로운 기술(Learn new skill): 컴퓨터 교육, 미술/음악 교육, 기술 교환(기술로 다른 사람을 도우면 필요할 때 도움 받을 수 있는 도움 은행), 취업관련 교육
5. 운동과 단체 활동(activity, sports, group): 조경 및 정원관리, 운동관련 자격증 취득, 장애인을 위한 운동 클래스(boccia: 뇌성마비 등 중증 장애인들을 위한 운동, polybat, 체스)
6. 창업(start new business): 현재까지 70여개의 사회적 기업을 창업한 전문팀 운용(370개의 일자리 창출 및 600만 파운드 매출 달성, 개별 회사당 17,000파운드 지원 및 경영교육)
7. 친구 만들기(make new friends): 지역예술가들의 미술/음악 교실, 기술 교환, 정원 및 조경 교육을 통한 인적 네트워크 조성
8. 성인들을 위한 복지(adult social care): 육체적 · 정신적 장애우의 교육을 통한 자립 의지 향상, 조경/정원 가꾸기를 통한 건강회복 및 인적 교류, 정신적/육체적 장애우를 위한 봉사활동을 통한 자립의지 향상
9. 교회, 정원, 카페, 키친, 공원, 만남의 장소(connection zone)를 이용한 즐거운 생활

참고문헌

강문실, 양성국 (2016). 사회적 기업의 사회적 자본이 기업성과에 미치는 영향. 대한경영학회지, 2016년 1월.

박신영 (2012). 지역사회 일자리 창출을 위한 사회적 기업 육성 방안. 특집: 서민이 살기 좋은 지역사회 만들기, 사회복지정책학회, 2012년 6월.

홍현우, 주병기 (2017). 일자리제공형 사회적 기업과 사회적 성과 지원 효과. 한국 경제의 분석, 23(3), 55-106.

Boschee, J. (1995). "Social Entrepreneurship" Across the Board, March, 20-25.

Borzaga & Defourny eds. (2001). *The Emergency of Social Enterprises*. London: Routledge.

Dees, J. G. (2001). "The Meaning of Social Entrepreneurship." Retroeved www.caseatduke.org/document/dees_sedef.pdf

Defourny & Nyssens eds (2008). Social Enterprise in Europe: Recent Trends and Development, EMES Working Paper, 08/01.

David Bornstein & Susan Davis (2010). *Social Entrepreneurship: What everyone needs to know*. Oxford University Press.

Davister, Catherine, Jacques Defourny, & Olivier Gregoire (2004). "Work Integration Social Enterprises in the European Union : An Overview of Existing Models", EMES European Research Network.

Mort, G., Weerawardena, J. & Carnegie, K. (2003). Social Entrepreneurship: Towards conceptualization. *International Journal of Non-Profit and Voluntary Sector Marketing*, *8*(1), 76-88.

Putnum, R. D. (2002). *Democracies in Flux: The Evolution of Social Capital in Contemporary Society* (Edited by Robert D. Putnam), Oxford University

Chapter 03

사회적 기업가

변화 모델의 중심에는 항상 파괴적 혁신(disruptive change)을 추구하는 개인이 존재한다. Muhammad Yunus는 빈곤한 사람들이 대출을 받을 수 있도록 하는 미소금융(micro-credit)의 개념을 도입함으로써 금융업의 변혁을 이루었다. 미소금융의 확산과 함께 은행은 더 이상 부유한 사람들, 담보가 있는 고객만을 위한 금융기관이 아니었다.

Mathis Wackernagel 역시 혁신적 변화의 주창자이다. 그가 소개한 생태발자국(ecological footprint) 개념은 지구의 환경보존을 위한 주요한 도구가 되었다. 생태발자국은 인간에게 필요한 모든 것을 생산하는 데 사용된 비용과 이를 처리하는 데 필요한 비용을 합하여 땅의 면적으로 나타낸 개념이다. 즉 환경을 오염시키는 요소들의 합이라 할 수 있다. 한국은 생태발자국 크기가 4.41ha를 기록해 평균치에 비해 1.7배 높은 수치이며, 현재 한국인이 사는 방식을 유지하기 위해서는 지구가 2.5개 필요하다는 뜻이다. Wackernagel의 생태발자국을 기반으로 탄소배출량을 측정하는 탄소발자국(carbon footprint)이 개발되고, 네덜란드의 Arjen Hoekstra는 물발자국(water footprint) 지표를 개발하여 국제환경단체인 그린피스가 물 사용량을 줄이기 위해 널리 사용하고 있다. 사회적 기업가들은 미소금융이나 생태발자국 같은 혁신적인 아이디어를 통해 보다 나은 세상을 이루려는 change-maker를 의미한다.

1. 사회적 기업가

기업가(entrepreneur)는 그 어원이 '무엇을 쥐고 있는 사람'이라는 뜻으로 Jean Baptist Say는 "낮은 영역의 자원을 보다 높은 영역의 자원으로 전환시키는 사람"이라 정의했다. 혁신적 기업가상을 주장하는 Joseph Alois Schumpeter는 기업가를 "기존의 제품을 혁신적으로 변화시킬 수 있는 혁신가, 기존의 제조방법을 변화시킬 수 있는 설계자, 혹은 기존의 재료를 더 효과적인 물질로 변화시켜 보다 뛰어난 세품을 제조할 수 있는 창조적 파괴자"라 정의했다.

사회적 기업가는 사회적 기업을 운영하여 사회적 목표와 시장에서의 성공을 추구하는 개인을 의미한다. 이들 역시 일반 기업가에 포함되지만 그들은 사회적 가치 창출을 주요 목표로 하고 사회적 영향(social impact)을 행사하며 높은 수준의 윤리의식과 반사회적 행위를 거부하고 사회 지향적 행위(pro-social behavior)를 추구한다(Mair & Marti, 2006). 그들은 혁신적 리더십을 바탕으로 하는 Schumpeter가 지향하는 기업가의 특징을 가지고 있다.

대표적인 사회적 기업가의 정의를 정리하면 〈표 3-1〉과 같다.

표 3-1 사회적 기업가의 정의

구분	정의
The Skoll Foundation	다른 이들이 놓치는 기회를 포착하여 사회시스템을 향상시키고, 사회 변혁을 위한 새로운 방법과 지속 가능한 해결책을 제시하는 사회 변화의 중심에 있는 기업가
The Schwab Foundation	혁신, 조정, 기회 포착의 능력을 가지고 실질적으로 사회 문제를 해결하는 새로운 형태의 리더십을 가진 기업가
The Ashoka Foundation	헌신적인 비전과 굳은 의지로 일시적 문제 해결이 아닌 사회, 국가, 세상을 근본적으로 변화시키려고 노력하는 개인
Light (2006)	위험을 두려워하지 않는 개인이 기업활동을 통해 사회적 변화를 창조하는 기업가

사회적 기업가(social entrepreneur)라는 용어는 Ashoka 재단의 Bill Draton이 처음 사용했으며 그는 사회적 기업가를 단순히 선한 마음으로 좋은 일을 하는 사람이 아니라 사회 변화를 주도하는 개혁가라는 의미로 사용하였다. 사회적 기업가는 고기가 필요한 사람에게 고기를 주는 것은 물론 고기 잡는 법을 가르쳐주는 것으로도 만족하지 않는다. 그들은 수산업을 혁신적으로 바꾸어 일자리를 창출하고 공정하게 분배되도록 사회의 어두운 면을 끊임없이 밝혀나가는 혁신가들이다. 결국 사회적 기업가란 특정 이슈에 집중하되 그 이슈에서 세계를 바꿀 수 있는 시스템 전체의 변화를 꾀한다. 예를 들면, 현재 해결하려는 특정학교의 학교폭력 문제를 해결하는 것이 아니라 모든 학교들이 안고 있는 이러한 이슈와 문제를 해결할 수 있는 변화에 관심을 갖는다. 앞으로 소개할 Muhammad Yunus의 Grameen Bank, Mathis Wackernagel의 Ecological Footprint, Bill Drayton의 Ashoka foundation, Jeff Skoll의 Skoll foundation 등은 특정 이슈를 통하여 세상의 시스템과 문화를 혁신적으로 변화시킨 사회적 기업가와 기업이다.

2. 사회적 혁신주기

Schumpeter는 창조적 파괴이론을 통하여 산업 사이클과 경제성장을 연계시켰다. 혁신적 기업이 신제품이나 새로운 형태의 서비스를 개발하면 이는 새로운 시장이나 새로운 산업으로 발전하게 된다. 하지만 모든 새로운 시장이나 산업은 새로운 기술에 의한 또 다른 혁신적인 제품이나 서비스에 의해 와해된다. 예를 들면, 초기의 VTR(video tape recorder)은 1960년대 말 네덜란드의 필립스사에 의해 개발된 제품으로, 릴테이프를 사용하였기 때문에 사이즈가 크고 기능도 단순하여 방송국이나 기관에서 주로 사용되었다. 이 같은 VTR 기술을 일반 가정용으로 개발한 것은 소니와 마쓰시타 등의 일본 전자업체들이다. 일본 업체들이 발전시킨 기술 중 하나는 커다란 릴테이프를 작은 플라스틱제 케이스 안에 넣은 카세트 제작 기술로서, 카세트테이프는 릴테이프보다 훨씬 이용하기가 쉬웠다. 이후 VTR의 명칭도 자연히 VCR (video cassette recorder)로 바뀌었으며, VCR은 전 세계적으로 통용되는 비디오 녹화기의 명칭으로 자리 잡았다. VCR은 가정에서 영화를 볼 수 있게 하는 기기로 새로운 시장을 형성했으나, 곧 바로 DVD에 의해 자리를 내줘야 했다. 블록버스터에 의해 주도되던 DVD 시장 역시 인터넷 스트리밍에 의한 가정용 영화를 공급하는 Netflix 등에 영화 배급시장을 넘겨 줘야 했다. 기업은 성숙된 시장에서의 경쟁보다 새로운 마켓을 창출하여 시장의 주도권을 쥐고 경쟁하기를 원한다. [그림 3-1]은 앞서 설명한 VCR에서부터 DVD, 그리고 Netflix까지의 파괴와 혁신을 통한 시장 흐름을 설명하고 있다. Wave 1을 필립스의 VTR, Wave 2를 소니의 VCR, 그리고 Wave 3을 DVD라 생각하면 [그림 3-1]의 Schumpeter의 창조적 파괴 흐름도를 이해할 수 있을 것이다.

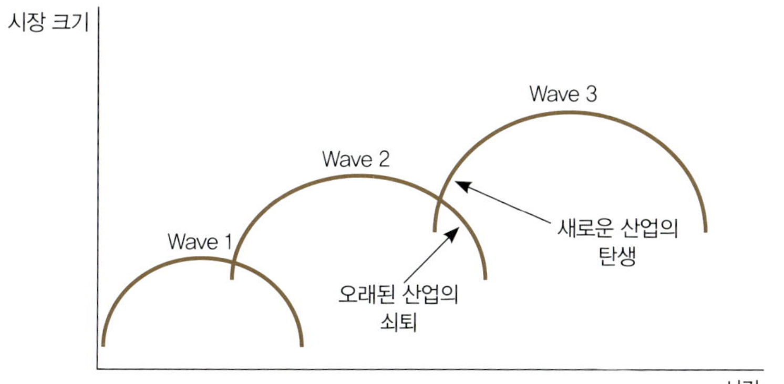

그림 3-1 Schumpeter의 창조적 파괴 흐름도

Schumpeter형의 기업가(Schumpeterian)와 전통적 기업가는 시장과 사회에 미치는 영향력에서 큰 차이가 있다. [그림 3-1]에서 보듯이 Schumpeter는 새로운 시장을 창출해낼 수 있는 새로운 생산방법과 새로운 상품개발을 기술혁신으로 규정하고, 기술혁신을 통해 창조적 파괴(disruptive destruction)에 앞장서는 기업가를 혁신자로 보았다. 그는 혁신자가 갖추어야 할 요소로 ① 신제품 개발, ② 새로운 생산방법의 도입, ③ 신 시장 개척, ④ 새로운 원료나 부품의 공급, ⑤ 새로운 조직의 형성, ⑥ 노동생산성 향상 등을 주장했다.

이 경우 새로운 시장이 활성화되기 위해서는 공공정책의 변화나 행정적인 지원, 그리고 대규모의 시장기반구조에 대한 투자가 있어야 한다. 이들 역시 새로운 제품이나 서비스가 새로운 시장을 창출하는 데 필요한 투자를 감내해야만 하고 결과적으로 전통적 의미의 기업가들이 적은 비용으로 안정된 시장에 진출할 수 있게 하는 역할을 한다. 즉, Schumpeter형 기업가들이 먼저 새로운 시장을 개척하는 역할을 하고 그 이후에 전통적 기업가들이 창출된 시장에 진출하여 그들의 역할을 하게 된다. 사회적 기업가정신은 Schumpeter, Drucker, Say 등이 정립한 혁신적 기업가정신의 개념과 Bill Drayton, Dees 등이 주장하는 사회적 가치 추구의 정신이 통합되어 완성된 개념이라 할 수 있다. 특히 Dees는 사회적 기업가정신을 학문의 대상으로 승화시켰다.

3. 사회적 혁신주기와 사회적 기업가

앞서 설명한 것과 같이 Muhammad Yunus나 Mathis Wackernagel은 그들의 아이디어로 세상을 변화시킨 사회적 기업가이다. Muhammad Yunus 가난한 사람들도 은행을 이용할 수 있도록 한 micro-credit, 즉 미소금융 시스템을 제안하여 그들이 빈곤을 극복할 수 있도록 은행 체계를 변화시켰다. Wackernagel은 환경오염과 자원고갈이라는 사회적 문제에 대처한 사회적 기업가이다. Wackernagel이 소개한 생태발자국은 인간이 살면서 자연에 끼치는 영향을 토지의 넓이로 환산한 지수이다. 인간이 지구에서 삶을 영위하기 위해 필요한 의식주, 에너지, 시설 등의 생산, 폐기물의 발생과 처리에 들어가는 비용을 개인 단위와 국가 단위, 지구 단위로 나타내는 방식이다. 생태발자국은 헥타르(ha) 또는 지구의 개수로 수치화하는데, 그 수치가 클수록 지구에 해를 많이 끼친다는 의미이기 때문에 인간이 자연에 남긴 피해 지수로 이해할 수 있다.

발명을 새로운 아이디어의 창조와 구현이라 한다면, 혁신은 새로운 아이디어를 사회에 널리 전파하는 행위를 의미하고, 이를 통해 사회적 변화가 이루어지는 과정을 사회적 혁신주기(Moore & Westley, 2011)라 한다. 또한 사회혁신은 점진적 혁신(incremental adaptive innovation)과 파괴적 혁신(disruptive transformative innovation)으로 구분하기도 한다. 사회적 혁신주기는 순차적이기보다는 그 순서가 바뀔 수도 있고 어떤 경우는 한 단계를 건너뛸 수도 있다. 〈표 3-2〉는 Moor와 Westley가 제시한 점진적 혁신의 네 단계를 표시한 것이다.

표 3-2 변화를 주도하는 사회적 기업가

사회적 혁신 주기	단 계	기업가
Back loop	1. Release(문제의식)	사회적 기업가
	2. Reorganization(선택)	기관 사업가
Front loop	3. Exploitation(활용, 개발)	No Change-Maker
	4. Conservation(유지)	

변화의 첫 단계인 Release(문제의식) 단계에서는 원칙과 조직의 문제점이 도출되고, 목표가 설정된다. 예를 들면, 활자로 책을 인쇄하기 전에 필사본으로 책을 쓰는 것은 비효율적이므로 누군가 이에 대한 문제를 제기해야 한다. 이것이 바로 사회 혁신의 첫 단계가 될 것이다. Reorganization(선택)이라 불리는 혁신의 둘째 단계는 이러한 문제에 대처할 수 있는 가장 좋은 방법을 선택하는 과정이다. 손으로 책을 쓰는 대신 활자로 책을 인쇄하는 방법이 비효율을 극복하는 선택이 될 것이다. 이 단계의 중요성은 대응방법에 영향을 받은 시스템이 변화하지 않고, 현재의 상태를 유지하면서 적응하고 학습하면서 개선해 나갈 것인지, 새로운 문제 해결방법(innovation)에 영향을 받아 새로운 세상으로 혁신적으로 변화해 나갈 것인지가 중요한 관건이다. 셋째와 넷째 단계, 즉 활용과 유지는 성장의 기간과 자원의 축적을 의미하고, 변화는 일상이 되고 새로운 문제 대응방법을 항상 사용할 수 있게 되어 사회생태학적 시스템이 비로소 균형을 잡아가는 단계를 의미한다.

Moore와 Westley(2011)는 사회적 기업가 중심의 혁신(actor-centered approach)에서 다음과 같이 주장한다. "체계적 혁신 전략은 시장이나 정교한 기획에 의해서는 완성될 수 없다. 혁신의 주체가 항상 이 과정에서 중요한 역할을 한다." 〈표 3-2〉에서 보듯이 변화가 가능한 경우(Back loop)에는 사회적 기업가는 중요한 역할을 한다. Release 단계에서 사회적 기업가는 "새로운 아이디어, 제품의 개발자"이며 Reorganization 단계에서는 "주인공 혹은 주인공 그룹으로 사회적 기업가들은 조직의 체계를 변화시키며 자원을 효율적으로 활용하여 새로운 조직을 구축하거나 혁신을 가져온다."

Muhammad Yunus는 혁신적 솔루션과 기업가정신으로 사회 문제에 대처해 나가는 전형적인 사회적 기업가이다. 1983년 Yunus는 담보도 없는 가난한 사람들을 위하여 최초의 미소금융(micro-credit)을 주 업무로 하는 Grameen Bank를 설립하였다(Back loop_Release). Grameen Bank의 핵심 성공요인은 채무자 다섯 명을 한 조로 하여 그들이 서로 격려하고 도움으로써 같은 팀의 조원들이 할부금을 갚을 수 있도록 팀을 구성해준 것이다.

가난한 자를 금융시장에 접근할 수 있게 하는 미소금융기관은 빈곤에 대처하기 위한 사회적 · 조직적 변화를 가져왔다. Yunus는 사회 문제 해결을 위해 조직의 체계, 운영방법, 그리고 원칙까지도 변화시키는 기관 사회적 기업가(institutional entrepreneur)이기도 하다. 그는 1995년 미소금융의 보급을 위해 세계은행(World Bank)에 가난한 자를 위한 CGAP(Consulting Group to Assist the Poorest)를 설립하였다. CGAP를 통해 사회 혁신의 두 번째 주기에 진입한 Yunus는 1997년 Washington DC에서 미소금융 정상회의를 개최하여 전 세계의 개발도상국 정부와 민간에 미소금융을 전파할 수 있게 했으며, 이로 인해 미소금융이 그 나라의 정책에 반영되기 시작하여 사회 변화의 중심이 되고 가난한 자들도 금융시장의 혜택을 볼 수 있게 되었다.

1996년 브리티시 컬럼비아의 대학원생 Mathis Wackernagel과 지도교수 William Rees는 생태발자국(ecological footprint)이라는 개념을 창안했다(back loop_Release). 음식, 주거, 교통, 소비재, 서비스 등 5개 소비 범주와 에너지 생산 소비, 구조물 환경, 정원, 경작지, 초지, 인공림, 자연림, 비생산적 토지 등 8개 토지 이용 범주로 나누어 총 소비량을 산출하고 이를 생산하는 데 사용된 1인당 토지면적을 추정하는 방식으로 측정 대상지역의 연평균 개인 소비량을 도출하였다. 요점은 생태발자국을 줄이는 것이 하나뿐인 지구에 이롭다는 것인데, 그러기 위해서는 자원낭비를 최소화하고 대체에너지를 개발하여 환경파괴와 자원고갈을 막아야 한다는 것이다.

실례로 세계자연기금(World-Wide Fund for Nature: WWF)이 발표한 〈2014 지구생명보고서〉에 따르면, 지구 생태계가 스스로 회복할 수 있는 생태발자국 한계치는 1인당 1.8ha이다. 그러나 실제 평균 생태발자국은 2.7ha로 조사되어 한계치를 0.9ha나 뛰어넘었다. 인구 100만 명 이상인 152개 국을 대상으로 조사한 결과 생태발자국 크기 1위는 쿠웨이트였다. 1995년을 기준으로 한계치를 넘어선 한국은 31위에 올랐는데, 4.41ha를 기록해 평균에 비해 1.7배 높은 수치를 보였다. 바꾸어 말하면, 현재 한국인이 사는 방식을 유지하기 위해서는 지구가 2.5(4.41/1.8)개 필요하다는 뜻이다. 8위에 오른 미국의 경우 같은 방식으로 살려면 지구가 3.9개나 필요하다. 이 상태로 가면 2050년에는 전 세계 사람들이 평균적으로 지구 3개 정도 규모의 자원을 소비할 것으로 예측되고 있다.

2003년 Wackernagel은 GFN(global footprint network)을 설립하여 자원이 부족한 나라를 돕기 위해 필요한 프로그램과 도구를 제공하고 있다(back loop_reorgazation). GFN과 Wackernagel은 많은 상을 수상하였으며 이는 그들이 제안한 생태지수(ecological footprint)와 GFN이 환경오염과 자원고갈이라는 사회적 문제에 적절히 대처해 나가고 있음을 반영하는 것이다.

사례 연구 1

Bill Drayton과 Ashoka 재단

Bill Drayton은 하버드대와 옥스퍼드를 졸업하고 Yale Law School에서 박사학위를 받았다. 이후 10년간 맥킨지 컨설팅에서 컨설턴트를 일하며 공공 및 민간고객을 대상으로 폭넓은 경험을 하였으며, 1970년대 후반에는 미국 카터 행정부에서 환경보호국에서 정책 보좌관으로 근무하며 공공정책관련 전문성을 키웠고, 또한 백악관에서도 근무하였으며, 스탠포드 로스쿨과 하버드대 케네디 스쿨에서 법률과 경영을 가르치기도 했다. 그는 전 세계의 우수한 사회적 기업가를 발굴하고 양성하는 기관인 Ashoka 재단의 설립자이자 대표로 근무하고 있다. 또한 Drayton은 공익을 위한 전략적 혁신 기관인 'Youth Venture'와 'Get America Working'의 대표로도 활동하고 있다.

ASHOKA

Bill Drayton은 1980년 사회적 기업가들을 돕기 위해 '아쇼카 재단'을 설립했다. 사회적 기업이 시속 가능하려면 사회적 기업가가 앞만 보고 달릴 수 있도록 물심양면으로 도와주는 단체가 필요하다는 판단에서였다. "세상에서 가장 강력한 세력은 기존 시스템을 변화시킬 수 있는 아이디어와 이를 실행할 수 있는 능력을 겸비한 사람이다. 이들을 사회적 기업가라 한다면 나는 그들을 돕는 조직을 만들고 싶었다." 몇몇 인터뷰에서 그가 밝힌 설립 취지다. 아쇼카 재단은 1981년 아시아 활동을 시작으로 인도에서 최초의 아쇼카 펠로우를 선발하였으며, '사회적 기업가(social entrepreneur)'라는 용어를 최초로 사용하고, 그들로 하여금 사회적 기업가정신(social entrepreneurship)을 발휘할 수 있도록 지원하는데 핵심적인 역할을 수행하고 있다.

아쇼카 펠로우로 선발되려면 다섯 단계의 심사과정을 통과해야 되며 이틀간의 면접을 통해 선발된다. 선발 기준은 창의성, 도덕성, 사회적 기업가정신을 중심으로 평가한다. 선발된 아쇼카 펠로우는 삼 년간의 생활지원비 5만 달러와 맥킨지, BCG 등 전문분야의 컨설팅 서비스와 국제적인 로펌을 포함한 수많은 아쇼카 재단 제휴사의 도움을 받을 수 있다. 무엇보다도 아쇼카 펠로우의 가장 큰 혜택은 펠로우들의 커뮤니티 활동을 통하여 그들의 경험과 지식을 공유할 수 있는 것이다. 2017년 현재 한국인으로 아쇼카 펠로우에 선정된 이들로는 청소년 폭력 예방 재단(청예단) 김종기 대표, 제주 올레길 서명숙 대표, 인폴루션(information+pollution) 제로 박유현 대표 등 10명이다. 사회적 기업가에 대한 Drayton의 철학은 사회에서 가장 시급한 사회 문제에 대한 혁신적인 해결책을 가진 개인들이다. Drayton은 "사회적 기업가는 단지 물고기를 줄 수 있는 방법이나 낚시 방법을 가르치는 것에 만족하지 않으며 수산업에 혁명을 일으킬 때까지 쉬지 않을 것"이라고 말하고 있다.

아쇼카 재단의 Change-maker 사회를 만들어 나가는 전략은 아래와 같다.

첫째, Leading Social Entrepreneur의 발굴과 지원

둘째, Social Entrepreneur 네트워크와 커뮤니티 형성

셋째, 시민섹터의 새로운 인프라 구축이다.

아쇼카 재단은 1980년 5만 달러의 자본으로 시작하여 현재 연간 예산 규모 3천만 달러 이상으로 성장하였고, 아시아, 유럽, 아프리카, 미주, 중동 지역 등 30여 개 국가에서 400여 명의 직원이 근무 중이며, 전 세계 70여 개 국에서 약 3,000명의 아쇼카 펠로우를 선발하였다. 아쇼카 펠로우들의 궁극적인 목표는 사회의 패턴과 시스템을 변화시켜 사회 문제를 근본적으로 해결하는 것이다. 아쇼카 재단의 사회적 변화를 추구하는 주요 글로벌 프로그램은 다음과 같다.

첫째, 전 세계의 사회적 기업가들을 대상으로 아쇼카 펠로우를 발굴, 선발, 지원하는 벤처 및 펠로우십(Venture & Fellowship) 프로그램

둘째, 온라인을 통해 전 세계의 혁신적인 아이디어를 주제별로 선별하여 다양한 방식으로 사회 변화를 꿈꾸는 이들의 온라인 커뮤니티를 형성하는 Change-makers 프로그램

셋째, 기업과 시민 섹터 간의 경계를 허물고 각 섹터가 가지고 있는 강점을 결합하여 모든 이들이 공정하고 경쟁력 있는 경제활동을 할 수 있는 세상을 만들어가는 Full Economic Citizenship(FEC) 프로그램

넷째, 청소년과 젊은이들이 스스로 팀을 구성하고 아이디어를 내어 사회 문제를 해결해 나가는 경험을 통해 리더십, 팀워크, 공감능력, 기업가적 자질 등 체인지 메이커가 되기 위해 필요한 자질들을 연마하고 체득할 수 있도록 돕는 유스 벤처(Youth Venture) 프로그램

다섯째, 사회적 기업가정신 관련 지식을 공유하고 대학과 사회적 기업가들 간의 협력을 촉진하여 대학 교육의 초점을 훌륭한 체인지 메이커의 양성으로 바꾸어 나가는 아쇼카 유(Ashoka U.) 프로그램

여섯째, 급변하는 현대 사회에서 체인지 메이커가 되기 위해 필요한 자질인 공감능력을 조기 배양하고 확산하는 공감의 시작(Start Empathy) 프로그램

일곱째, 펠로우 중 전 세계로 확산 가능한 혁신적인 아이디어를 가진 펠로우들의 전략적 성장을 지원하는 글로벌라이저(Globalizer) 프로그램

여덟째, 엄선된 파트너십과 현지화를 통해 아쇼카 펠로우의 혁신적 사업이 타 지역, 문화권 확산을 돕는 로컬라이저(Localizer) 프로그램이다.

1. https://en.wikipedia.org/wiki/Bill_Drayton
2. https://web.archive.org/web/20080225103911/http://www.ashoka.org/about/leadership
3. http://blog.naver.com/PostView.nhn?blogId=wogus8844&logNo=220313038464
4. 사단법인 아쇼카 코리아 홈페이지(http://ashokakorea.org)

사례 연구 2

Muhammad Yunus와 그라민 뱅크

사회적 기업가들은 이런 혁신적인 아이디어를 통해 보다 나은 세상을 이루고자 한다. 이런 변화의 중심에는 항상 파괴적 혁신(disruptive innovation)을 추구하는 개인이 존재한다.

Muhammad Yunus는 사회 문제를 혁신적 방법과 기업가정신으로 해결한 대표적인 사회적 기업가로 자주 인용된다. 여기서 기업가정신이란 Schumpeter형의 창조적 파괴의 정신과 위험을 감수하며 도전하는 기업가정신을 의미한다. Muhammad Yunus는 빈곤한 사람들이 대출을 받을 수 있도록 하는 미소금융(micro-credit)의 개념을 도입함으로써 금융산업의 변혁을 이루었다. 은행은 더 이상 부유한 사람들, 담보가 있는 고객만을 위한 금융기관이 아니다. 은행은 자금이 필요한 경제적 약자들에게 새로운 도전을 할 수 있도록 지원하는 미소금융을 도입함으로써 그들이 스스로의 가능성을 성취할 수 있는 기회를 제공한다.

1983년 Yunus는 담보가 없는 가난한 사람들을 위한 소액 대출 은행인 그라민 뱅크를 설립한다. 대부분이 여성인 소액 채무자들은 다섯 명을 한 그룹으로 원금에 대한 할부금을 매달 규칙적으로 갚을 수 있도록 서로 책임의식을 갖는 관계로 연계되게 하였다.

가난한 사람들과 금융시장을 연결할 수 있는 방법을 제시함으로써 미소금융은 사회적 변화와 동시에 전형적인 파괴적 창조를 금융시장에 가져오게 했다. 그리고 1995년에는 세계은행에 미소금융을 기반으로 하는 CGAP(Consulting Group to Assist the Poorest) 팀을 조직하는 데 역할을 하였다. Yunus는 작은 혁신으로 시작했지만 이후 세계은행(World Bank)이 참여하게 되고 세계은행 주도로 1997년 워싱톤에서 Microcredit Summit을 개최하게 되었다. 결과적으로 미소금융 프로그램은 선진국에서 개발도상국가를 원조하는 중요한 역할을 하게 되었으며, 가난한 사람들과 금융시장을 연결하는 사회변혁의 대표적인 사례가 되었다.

2006년 노벨상위원회는 경제적 약자들을 위해 세상을 변화시킨 그의 공적을 인정하여 노벨 평화상을 수여했다.

사례 연구 3

Mathis Wackernagel

캐나다 경제학자 Mathis Wackernagel 역시 성공적인 변화의 주창자이다. 그는 William Rees와 함께 환경의 오염과 자원의 고갈에 대한 문제를 해결하기 위해 새로운 방법을 제시하였다. 그들이 소개한 생태발자국(ecological footprint)은 지구의 환경보존을 위한 주요한 개념이 되었다.

1996년 Mathis Wackernagel과 William Rees는 인간이 살면서 자연에 끼치는 영향을 토지의 넓이로 환산한 생태지수인 생태발자국 개념을 제안했다. 생태발자국은 '탄소발자국'과 '물발자국'을 포괄하는 개념으로, 생태발자국을 통해 한 사람이 지구 환경에 어느 정도 영향을 끼쳤는지를 한눈에 알 수 있게 한다. 생태발자국 지수가 높을수록 환경 파괴가 심각하기 때문에 생태발자국은 생태파괴지수로 이해할 수도 있다. 2014년 우리나라 생태발자국 순위는 세계 20위로, 세계자연기금(WWF)에 따르면 지구엔 생물학적 생산성을 지닌 표면적이 1인당 1.8gha(글로벌 헥타르)에 불과하지만, 우리나라는 이에 3배가 넘는 발자국을 남기고 있다. 세계 70억 인구 가운데 80%가 지구의 재생능력을 초과해 자원을 사용하는 '생태 채무자'들이다. 예컨대 현재의 이탈리아를 유지하려면 4개 넓이의 이탈리아가 필요하다. 일본은 7.1개의 일본이, 그리스는 3.1개의 그리스가, 이집트는 2.4개의 이집트가 각각 필요하다. 이런 국가들은 자신의 생태자원 소비량을 대폭 줄이거나 부족분을 다른 곳에서 얻어다 채워야 한다.

(http://www.hani.co.kr/arti/society/environment/600504.html#csidx36e1d2dd94f6b648e8e38cdf60f4e02)

생태발자국

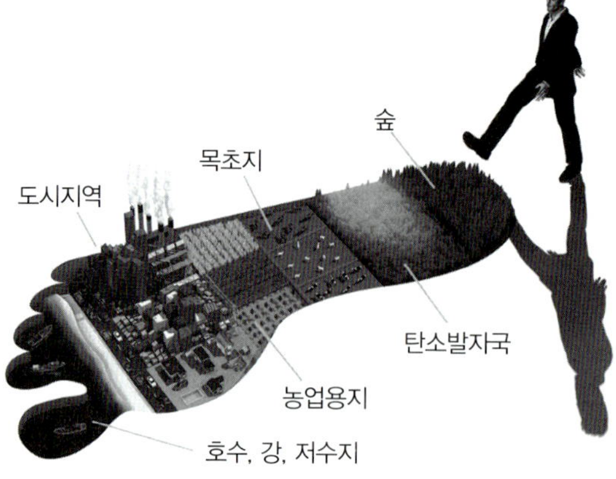

Wackernagel은 2003년에 자원고갈과 환경오염에 시달리는 국가를 돕기 위한 프로그램을 제공하는 GFN(Global Footprint Network)을 창립하였으며, 국제기구와 국가는 Wackernagel과 GFN에게 생태발자국을 활용해 지구 생태계 보호, 환경오염 방지, 자원고갈 예방 등의 공적을 인정하여 수많은 상과 명예를 수여하였다.

생태발자국과 관련된 생태 지표는 다음과 같다.

1. 탄소배출량을 측정하는 탄소발자국(Carbon Footprint)

탄소발자국이란 생태발자국에서 파생된 개념으로, 기후변화에 초점을 맞춰 인간이 생활 속에서 얼마나 많은 탄소를 발생시켰는지를 측정하는 환경지표이다. 면적 단위로 표시하는 생태발자국과 달리 탄소발자국은 'kg'으로 표시하며, 우리나라는 2016년 기준 세계 탄소배출량의 1.7%를 기록하고 있어 앞으로 주의해야 할 지표이다.

2. 물발자국(water footprint)

물발자국은 네덜란드의 Arjen Hoekstra 교수가 처음 도입한 개념으로, 단위 서비스 생산 전 과정에서 직 · 간접적으로 사용되는 물의 총량을 나타내는 지표이다. 물발자국 지표가 높으면 그만큼 사용하는 양이 많다는 뜻이며, 국제환경단체 그린피스가 무분별한 물 사용량을 줄이기 위한 목적으로 사용하면서 널리 알려지게 되었다.

많은 사람들이 체감하지 못하지만 우리나라는 OECD 국가 가운데 유일한 물 부족 국가이다. 환경부에 따르면 우리나라 국민은 하루 평균 280ℓ의 물을 사용하는데, 이는 독일 국민이 150ℓ, 덴마크 국민이 188ℓ를 쓰는 것에 비해 두 배 가까이 많은 양이다. 호주를 포함한 일부 나라는 물발자국을 줄이기 위해 가전제품에 물발자국 표시 라벨을 의무화하는 등 국가적인 차원에서 다양한 노력을 하고 있다.

특히 물발자국의 글로벌 가이드라인을 제공하고 있는 'Water Footprint Network'에 따르면, 파스타 한 접시가 나오기까지 사용되는 물은 끓이고 세척하고, 밀 생산과 가공, 수송 등 총 200ℓ에 달한다고 한다. 또 커피 한 잔을 만들려면 무려 140ℓ가 필요하고, 소고기 500g의 물발자국은 7700ℓ, 피자 1판에는 1260ℓ, 초콜릿 1개에는 1200ℓ, 우유 한 잔에는 255ℓ가 필요하다.

출처 : http://blog.fujizerox.co.kr/14785

사례 연구 4

Jeff Skoll과 Skoll Foundation

2012년 포브스지가 선정한 세계를 움직이는 400인 중 120번째로 선정된 Jeff Skoll은 e-bay 공동창업자를 거쳐 사회적 기업가와 기업들을 지원하는 Skoll Foundation을 설립하였다. Jeff Skoll은 1965년 캐나다 토론토의 평범한 중산층에서 태어났으며 사회 문제에 많은 관심을 갖고 성장하였다.

Jeff Skoll은 사회 문제를 해결하기 위해서는 일정규모의 자산이 필요함을 인지하였다. 필요한 자산규모를 만들기 위해 토론토 대학에서 전자공학을 전공하고, 1987년에 컴퓨터 임대회사를 창업하고, 시스템엔지니어링 컨설팅사업도 운영하였으나 원하는 자산규모를 만드는 것에는 실패하게 된다. 1993년 스탠포드 대학 MBA과정에 입학, 1995년 수료 후 신문사인 Knight-Ridder에 입사하여 인터넷 프로젝트 관련 업무를 경험하게 된다. 이러한 전공, 직업의 경험을 거쳐 Pierre Morad Omidyar e-bay 공동창업자의 제안으로 온라인경매회사를 운영하면서 e-bay의 전체 운영시스템 운영총괄도 함께 맡은 Jeff Skoll은 1998년 e-bay가 IPO를 통해 초고속 성장을 하게 되자 억만장자 대열에 합류하게 되고, Omidyar와 함께 백만 달러를 들여 e-bay재단을 설립하였다. e-bay처럼 작은 스타트업을 세계적 기업으로 성장시킨 경험을 토대로 실질적 사회 문제를 해결하고, 지속적으로 성장하는 세계를 꿈꾸는 그의 비전을 추구하고자 1999년에 사재 3,400만 달러를 들여 Skoll Foundation을 설립하기에 이른다.

Jeff Skoll은 2001년 e-bay 사직 후 스콜재단 확장에 집중하게 되고, The Giving Pledge(세계 재벌들이 살아 있을 때나 사후에 재산의 50% 이상을 기부하겠다고 서명하는 운동)에 2010년 동참하면서 사회적 기업가로서의 영향력을 더욱 발휘하였다. 2017년 6월에는 자선사업에 대한 탁월하고도 혁신적인 리더십을 기리는 카네기 자선메달의 수상자로 지명되어 사회적 기업의 가치를 널리 알리고 있다.

Jeff Skoll은 사회적 기업가정신이 생소했던 2000년대 초반부터 사회적 기업가들에게 가장 필요한 자금, 홍보 채널, 그리고 협업 네트워크를 바탕으로 재단의 활동을 펼치고 있고, 현재까지도 사회적 기업가와 관련 조직에 대한 활동지원뿐만 아니라 사회적 기업이 양적, 질적으로 성장하는 데 큰 영향을 끼치고 있다.

Skoll Foundation의 미션은

첫째, 긴급한 사회 문제들을 해결하기 위해 헌신하고 있는 사회적 기업가들과 사회혁신을 도모하는 기업가들에 대한 투자

둘째, 사회적 기업가들과 사회혁신을 도모하는 기업가들의 연계

셋째, 사회적 기업가들과 사회혁신 기업가들을 널리 전파하는 것이다. 이런 미션을 통해 대규모의 변화를 이끌어낼 수 있는 글로벌 문제를 해결하면서 지속 가능한 솔루션을 추진하는 사회적 기업가와 혁신가들을 지원하고 돕는다.

Skoll Foundation의 비전은 지속적으로 성장하는 평화와 번영하는 사회이다.

이러한 미션과 비전을 달성하기 위해 여러 가지 프로그램을 운영하고 있는데 대표적인 3가지 프로그램은 다음과 같다.

1. Skoll World Forum

2003년 11월 약 8백만 달러를 기부하여 옥스퍼드 대학교에 'Skoll Centre for Social Entrepreneurship'을 세우고 센터와 재단의 협력으로 매년 포럼을 개최한다. 포럼은 전 세계의 다양한 사람들을 모아 사회적 기업가정신에 대해 의논하고, 그 해의 사회적 기업가를 선정하여 스콜 어워드(Skoll Award)를 시상함으로써 이들의 활동을 널리 알리고 기념한다. 어워드를 수상한 조직은 3년에 걸쳐 최대 2백만 달러에 이르는 펀딩과 함께 여러 전략적인 조언, 투자를 받게 되고, 수상한 기업이나 기업가들은 재단을 통해 홍보후원과 지속적인 마케팅 도움을 받게 된다.

2. Participant Media

사회적 기업의 필요성과 활동들을 널리 알리고 전파하기 위해 2004년 1월 'Participant Productions'을 만들었다. 사회적 메시지를 품은 영화, 다큐멘터리, TV 프로그램, 책 등을 생산하고 배급하는 것을 주요 사업으로 한다. 2005년 'Participant Media'로 이름을 바꾸고 2005년 10월부터 12월까지, 〈굿나잇 앤 굿럭〉, 〈시리아나〉, 〈노스컨트리〉 세 편의 영화를 연달아 제작하였는데, 언론의 자유, 중동 지역의 석유 패권, 여성 인권 등의 이슈에 대한 메시지를 담아 사회적 이슈를 이끌어 내며, 2006년 1월 아카데미 시상식에서 총 11개 부문 후보에 오르는 등 대중문화에서 특별한 위치와 신뢰를 얻게 된다. 이러한 사업을 통해 사회적 기업활동과 역할을 효과적으로 알리고, 사회적 기업을 알지 못하는 대중들에게 긍정적인 메시지를 전달하는 역할을 하고 있다.

3. Skoll Global Threats Fund

Skoll Global Threats Fund의 미션은 인류를 위협하는 전 세계적인 위험에 대해서 미래를 보다 안전히 지킬 수 있는 해결책을 찾고, 협력을 강화하며, 행동을 취하는 것이다. Skoll 글로벌 위험 펀드가 해결하려 하는 다섯 가지의 최우선 위험 요소는 기후 변화 · 물 부족 · 전염병 · 핵무기 확산 · 중동 지역 내 갈등이다. 펀드를 통해 다양한 섹터와 플레이어들의 협업을 이끌어내며, 정보를 생산하고, 혁신적인 모델에 대한 인센티브를 지급하는 등의 방법으로 사회적 문제를 해결하는 활동을 펼쳐 나가고 있다.

Skoll Foundation은 세상의 가장 심각한 문제를 해결하고 있는 사회적 기업가와 혁신적인 기업가들에게 투자 및 지원을 통해 세상의 거대한 변화를 이끌어 내는 역할을 하고 있다.

참고문헌

이미숙 (2012). 자선으로 리드하라. 김영사.

Mair, J. & Marti, I. (2006). Social Entrepreneurship Research: A Source of Explanation, Prediction, and Delight. *Journal of World Business*, *41*, 36-44.

Moor, M. & Westley, F. (2011). Surmountable chasms: Networks and Social Innovation for resilient systems. *Ecology and Society*, *16*(1).

Muhammad, Y. (2009). Grameen and microcredit: A Tale of corporate Success. *Economic and political Weekly*, XLIV(35).

Schumpeter, J. A. (1942). *Capitalism, Socialism and Democracy*. London and New York: Routledge.

skoll.org

Impact Business Review (2011년 겨울호)

The Giving Pledge (2010년 7월 20일)

You Tube - Skoll Foundation: Our History, Our Vision

Social Enterprise : Theory and Practice

CHAPTER

04 사회적 기업가정신

- 1. 사회적 기업가정신
- 2. Dees와 사회적 기업가정신
- 3. 사회적 기업가와 사회적 기업가정신
- 4. 사회적 기업가정신의 원천
- 5. 21세기를 위한 사회적 기업가정신

Chapter 04

사회적 기업가정신

사회적 기업의 시장 경쟁력은 늘 논란의 중심에 서 있다. 사회적 기업은 경쟁력에서 태생적 한계를 가진다. 이는 사회적 기업 내의 조직관리 측면에서 두 개의 서로 다른 관행적 논리가 공존하기 때문이다.

사회적 기업은 경쟁하는 다른 기업과 마찬가지로 경제적 가치를 추구해야 하지만 동시에 지속적으로 사회적 가치를 추구해야 하기 때문에 경쟁력이 둔화된다. 기업이 사회적 책임을 수행하는 행위 자체가 시장에서의 경쟁력을 약화시키는 요인이라 주장한 Hayek 같은 극단적인 자유주의 경제학자도 있는데, 이를 극복하고 지속적으로 사회적 가치를 실현해야 하는 사회적 기업의 부담은 이보다 더욱 클 것이다. 특히 창업 초기의 사회적 기업은 초기의 불리함(liability of newness)과 사회적 가치 추구의 부담으로 경쟁력을 더욱 약화시킨다.

이러한 불리한 상황을 감수하면서 사회적 기업을 창업하고 운영하는 사회적 기업가정신은 무엇이며 그 원천은 어디에 있는 것일까? 사회적 기업가정신은 무엇으로 구성되어 있나? 그들의 사회적 기업가정신은 어떠한 방법으로 전개되어야 할 것인가?

이에 대한 답은 사회적 기업의 경쟁력에 중요한 의미를 부여할 수 있으며 우리가 추구하는 강한 사회적 기업의 해답이 될 수도 있을 것이다.

1. 사회적 기업가정신

사회적 기업을 설명하면서 '사회적'이라는 개념에 대해서도 설명하였다. '사회적'이라는 단어는 이 책의 주제어이며 각 장의 주제이기도 하다. 용어의 중요성을 생각할 때 '사회적'이라는 어휘는 아무리 강조해도 지나치지 않다.

사회적 기업가정신(social entrepreneurship)이란 용어는 1980년대 초 Bill Drayton이 처음 사용하기 시작했으며, 1990년대 들어 Greg Dees가 대학 교육과 전문가 교육으로 사회적 기업가정신의 개념을 강조하였다. 그로 인해 사회적 기업 전문가들 사이에만 통용되는 사회적 기업가정신이 세상 밖으로 나왔다고 할 수 있다.

사회적 기업가정신은 한마디로 정의하기 쉽지 않지만 Ashoka 재단, 그라민 뱅크, TFA(Teach For America), Skoll 재단 등 혁신적 사회적 기업을 보거나 Bill Drayton, Muhammad Yunus, Wendy Kopp, Jeff Skoll 등과 같은 사회적 기업가를 살펴보면서 개념을 이해할 수 있을 것이다. 사회적 기업가정신을 설명하기 전에 기업가정신에 대한 학자들의 정의를 살펴볼 필요가 있다.

Peter Drucker는 기업가정신을 "업종, 매출액, 조직형태에 관계없이 핵심은 혁신이다. 다시 말하면, 기업가정신은 기업의 경제적 · 사회적 잠재력을 극대화시킬 수 있는 변화에 중심을 두는 노력이다."라고 정의하였다. 이미 이 경영학의 대가에게 기업가정신은 경제적 혁신뿐 아니라 기업의 사회적 혁신을 포함하고 있었다고도 할 수 있다.

경제학자의 정의로는 "기업가란 창조적 파괴(creative destruction)를 통해 생산성의 향상을 제공하는 사람으로 생산의 방법, 재료, 유통 등의 변화를 통해 이를 실천해야 한다고 주장하는 Joseph A. Schumpeter와 Jean Baptiste

Say를 들 수 있다. 혁신과 변화를 기업가정신의 핵심 구성요소라고 정의했던 학자들의 주장을 근간으로 사회적 기업가정신에 대한 다양한 개념을 소개한다.

다음은 사회적 기업가정신 교육의 아버지라 불리는 Dees가 Schumpeter, Drucker, Say 등이 정립한 기업가정신의 개념을 통합하여 정의한 것으로 사회적 기업가의 역할을 수행하는 데 필요한 속성을 통하여 사회적 기업가정신을 정의한 것으로 그동안 가장 많이 인용된 정의이다.

사회적 기업가는 사회 변화를 주도하는 주인공으로서 다음의 역할을 수행한다.

① 사회적 가치를 창조하고 지속적으로 유지하는 역할
② 사명을 수행할 수 있는 새로운 기회를 추구하고 찾아내는 역할
③ 끊임없는 혁신, 응용, 배움의 과정에 참여
④ 현재의 상황에 굴하지 않는 담대한 행위
⑤ 수혜자와 결과물에 대한 높은 책임 의식

Dees의 사회적 기업가정신은 기업가정신에 사회적 가치, 사명, 목적을 더한 것이다.

그밖에 사회적 기업가정신의 개념을 몇 가지 더 소개한다.

> 사회적 기업가정신은 사회적 사명을 완수하고, 사회적 가치를 창조하는 기회를 포착하는 능력, 그리고 미래 지향적이고 혁신적이며 위험을 두려워하지 않는 의사 결정의 특성을 가진 기업가의 실질적 행동양식으로 구성된다.
>
> Mort, Weerawardena, & Carnegie (2003)

> 사회적 기업가는 근간이 되는 사명감을 잃지 않고 시장에 지속적 관심을 기울이고 도덕적 당면과제와 경제적 가치 사이의 균형을 잃지 않는 비영리기업의 경영인이다.
>
> Boschee (1998)

> 사회적 기업가정신은 정부나 시장에 의해 해결되지 못하는 사회적 문제와 사회적 요구에 대해 이를 근본적으로 해결하려는 시민에 의한 사회적 가치 실현에서 시작된다.
>
> Brooks (2009)

사회적 사명감의 실현에 대한 의지라고 정의되는 사회적 각인(social imprinting)의 개념은 어려운 환경에서 지속적으로 기업을 경영해 나가는 사회적 기업가정신의 핵심이다. 일반적으로 두 개의 다른 가치관이 공존하는 혼합형 기업(hybrid organization), 즉 사회적 기업 내에는 두 개의 관행적 논리들이 공존한다. 사회적 기업은 사회적 가치와 경제적 가치를 동시에 추구하는 기업이며, 또한 경제행위의 대상인 고객과 사회적 행위의 대상인 수혜자(beneficiary)를 동시에 만족시킬 수 있어야 한다.

이러한 가치관의 공존은 혁신적 전환의 원동력이 되기도 하지만 지속 가능한 조직으로 살아남는 데 심각한 위협이 되기도 한다(Jay, 2013). 다시 말하면, 사회적 기업은 경쟁하는 다른 기업과 마찬가지로 경제적 가치를 추구해야 하지만 동시에 지속적으로 사회적 가치를 추구해야 하기 때문에 경쟁력이 둔화된다고 할 수 있다.

조직 이론에 따르면, 조직이 다양한 계층의 고객을 가질 경우 그들이 필요로 하는 핵심자원을 제공할 수 있는 고객에게 우선적으로 의지한다고 주장한다(Oliver, 1991; Wry, Cobb, & Aldrich, 2013). 따라서 사회적 기업의 경우, 사회적 행위의 대상인 수혜자보다 경제적 자원을 제공하는 고객 중심의 경영이 예상된다. 이는 사회적 성과의 한계 및 사회적 기업의 존재 이유(raison d'etre)에 대한 이론적 근거를 약화시키는 논리이기도 하다. 그러나 사회적 각인(social imprinting)이나 사회적 정체성(social identity)의 역할을 주장하는 학자들은 사회적 행위를 지속적으로 유지하고 지속 가능한 기업으로서 사회적 기업의 존재의 근간을 구성하는 사회적 각인과 사회적 정체성의 역할을 중시한다(Marquis & Tilcsik, 2013).

따라서 다양한 사회적 기업가정신의 배경을 이해하기 위해서는 그 바탕이 되는 사회적 각인(social imprinting)과 사회적 정체성(social identity)의 개념을 인식할 필요가 있다.

먼저 사회적 각인은 사회적 사명감에 중심을 두고 경제적 성과보다 사회적 성과를 기본으로 하는 사회적 기업가의 사회적 사명에 대한 의지라 정의할 수 있다. 사회적 각인이란 용어는 생소한 어휘지만 social imprinting을 우리말로 번역한 단어이다.

사회적 기업의 성과와 사회적 각인의 관계는 모순적인 부분이 있다. 먼저 사회적 각인으로 인해 기업은 사회적 가치에 중점을 두고 경영함으로써 사회적 성과에 영향을 줄 수 있다. 특히 일자리 창출형 사회적 기업에서 사회적 각인이 시사하는 바는 크다. 초기 사회적 기업의 설립자들의 사회적 각인을 통해 사회적 사명을 중시하는 조직문화가 형성되고, 복지와 사회적 사명감을 바탕으로 하는 정규직 채용을 원칙으로 함으로써 사회적 성과를 향상시킨다(Battilna et al., 2015). 하지만 기업가의 내면에 존재하는 사회적 각인이 경제적 생산성을 저하시키고 결과적으로 사회적 임무를 수행할 수 있는 자원을 감소시켜 역으로 사회적 성과를 저하시킨다는 사회적 각인의 모순(social imprints paradox)을 주장하는 연구자들도 있다.

사회적 정체성 개념은 Tajfel(1981)에 의해 도입되었는데, 사람의 사회적 정체성은 그가 "어떤 정서적 가치와 함께 특정 사회집단에 속한 개인의 판단 근거"라고 정의한다. 따라서 사회적 정체성은 개인에게 사회적 지향, 집단의 운명에 대한 심리적 연결성, 자기 가치를 확립하기 위한 기준 틀을 제공한다(Tajfel, 1981). 나는 누구인가 혹은 사회에서 나의 역할은 무엇인가 같은 질문은 플라톤, 아리스토텔레스 같은 그리스 철학자들이 추구한 자신(self)에 관한 정체성을 파악하기 위한 시작이었으며 이것이 오늘날 정체성에 관한 연구의 기원이기도 하다. 사회심리학에서 시작된 사회적 정체성 이론은 사회적 관계에서 개인의 심리적 구조나 기능을 분석하고, 특히 개인이 속한 집단의 특성에 대한 연구를 중시한다. Fauchart(2011) 등은 기업가들의 사회적 정체성을 darwinian 정체성, communitarian 정체성, missionaries 정체성 등 세 가지 유형으로 분류하여 이들의 의사결정에 미치는 영향과 기업가들이 어느 유형에 속하는지에 대한 연구를 발표하기도 했다. 전통적인 기업가로서 기업의 이익과 성장에 중심을 두는 기업가는 darwinian 정체성을 가진 경영자라 할 수 있다. communitarian 정체성을 가진 기업가는 혁신적인 제품이나 서비스로 지역공동체를 위해 헌신하며, 공동체의 발전과 기업의 발전을 동일시한다. 마지막으로 missionaries 정체성을 가진 기업가는 기업이 사회 변화의 원동력이 되어야 하고, 기업의 설립 이유가 일반적으로 환경이나 사회적 가치 추구인 기업가들이다.

2. Dees와 사회적 기업가정신

Drayton의 social entrepreneurship이란 용어는 사회적 기업가들 사이에서 주로 사용되는 용어였지만 1990년대 초부터 Greg Dees가 대학에 사회적 기업에 관한 연구센터를 세우고 이를 강의하면서부터 널리 알려지기 시작했다. Dees는 '사회적 기업가정신의 아버지'라고 불리는데, 그가 재직한 하버드, 스탠포드, 듀크, 예일 대학 등에서 사회적 기업가정신에 관한 강의를 개설하고 연구소를 설립하였다. 그 공로로 2007년에 Ashoka 재단과 Aspen 재단은 사회적 기업가정신 교육분야에서 그의 개척자적인 헌신과 업적을 기려 첫 번째 Lifetime Achievement Award를 수여했다. Dees는 1995년 하버드에 ISE(Initiative on Social Enterprise)를 설립하였고 사회적 기업 관련 공로로 하버드의 Apgar Award를 수상하였다.

Dees는 2001년 스탠포드 경영대학에 Center for Social Innovation을 설립했는데, 이 연구소는 지금도 사회적 기업 관련 가장 권위 있는 학회지인 스탠포드 사회적 혁신 저널(Stanford J. of Social Innovation)을 발행하고 있다. 듀크의 경영 대학에서는 CASE(Center for the Advancement of Social Entrepreneurship)를 설립하여 이 연구소를 사회적 기업가정신의 교육과 연구의 중심지로 발전시켰다. 그리고 Greg Dees는 다보스포럼의 사회적 기업가정신과 사회적 혁신 분과위원회의 위원장을 맡아 사회적 기업이 주요한 시대정신으로 인정받게 하는 업적을 남겼다. 사회적 기업가정신에 대한 Dess의 생각은 몇 가지 행위로 분류할 수 있다.

Dees의 정의는 Schumpeter, Drucker, Say 등이 정립한 기업가의 개념을 통합하여 재정리한 것으로 실천하는 행동을 중심으로 표현하여 가장 널리 인용된 정의이다. 앞서 1절에서 설명했듯이 Dees의 정의는 사회적 기업가의 역할을 중심으로 사회적 기업가정신을 역할 속의 특성으로 정의하였다.

제2절은 사회적 기업가정신의 교육을 위한 G. Dees의 헌신과 업적을 기려 독립된 절로 구성하였다. 참고로 Dees는 2013년 타계하였으며 그의 미발표 논문 「The Meaning of Social Entrepreneurship」은 이 분야에서 가장 많이 인용되는 논문이다(centers.fuqua.duke.edu/case).

3. 사회적 기업가와 사회적 기업가정신

사회적 기업과 사회적 기업가정신의 기본 개념으로 2차원(two dimensional)의 매트릭스를 만들 수 있다. 사회적 아이디어는 사회적 사명감과 함께 재무적 지속 가능성과 결합시키고, 사회적 기업가정신은 사명감과 함께 혁신의 측면과 관련지우면 2차원의 매트릭스가 된다. [그림 4-1]에서 보듯이 사회적 기업가정신과 사회적 기업은 서로 다른 독립된 개념이다. 다만 사회적 벤처가 혁신적이면서 동시에 재무적 지속 가능성이 있으면 겹치는 경우가 발생할 수도 있다(BOX II). 초기 단계의 그라민 뱅크가 여기에 속한다. 가난한 사람에게 무담보로 대출을 해주는 것은 커다란 변화이자 혁신이며, 작은 금액이지만 그들에게 주어진 자금은 당시에는 빈곤을 단절할 수 있는 유일한 수단이다.

이와는 대조적으로 Box I과 Box IV는 사회적 기업과 사회적 기업가정신의 차이점을 나타내고 있다. Box I은 혁신성은 떨어지지만 시장에서 이윤을 창출할 수 있는 사회적 기업을 의미하며, Box IV는 사회적 변화를 가져오고 혁신성은 높지만, 재무적으로 지속 가능성이 약한 사회적 기업을 의미한다. Box I의 대표적 사례로 지금의 그라민 뱅크를 들 수 있는데, 현재의 그라민 뱅크는 초기의 혁신성은 사라지고 일반 미소금융 은행과의 차이도 없으나 아직 사회적 기업이라는 명칭은 가지고 있다.

또 다른 예로 오늘날의 유치원을 예로 들 수 있는데 18세기에 Montesori나 Fröbel 같은 사회적 기업가정신으로 무장된 이들에 의해 최초로 비영리 유치원을 설립할 때는 사회에 엄청난 영향을 미치는 혁신적인 사업이었다. 당시에는 가족 이외의 사람들에게 자기의 아들과 딸들을 맡긴다는 것은 상상하기 힘든 일이었다. 지금의 유치원이나 어린이집은 일반 영리기업과 다를 바 없이 운영되고 있다. Box IV의 대표적 기업으로는 사회적 기업인 Wikipedia가 있다. Wikipedia의 설립자인 Jimmy Wales는 아쇼카 펠로우이며 사회적 기업가이다. 그는 Wikipedia를 어느 누구에게도 영향을 받지 않는 독립된 지식을 인류에게 공급하기 위하여 광고도 받지 않고, 앱도 팔지 않으며 Wikipedia의 순수성을 지키기 위해 기부에만 의지하여 운영하고 있다. Box III에 속하는 기업들은 사회적 기업도 아니면서 리더의 사회적 기업가정신도 발견하기 어려운 기업들이다. 하지만 이들이 사회와 공동체를 위하여 존재한다는 것은 부정할 수 없다. Box III에 속하는 대표적인 기업은 구세군의 Thrift store, Amnesty International 등이다.

그림 4-1 사회적 기업가정신과 사회적 기업의 차이 매트릭스

출처: Grove & Berg (2014).

4. 사회적 기업가정신의 원천

사회적 기업가정신의 출현은 정부와 시장의 실패에 따른 반작용이라는 데 이견이 없다. 정부나 시장의 손길이 닿지 않는 곳에 뜻 있는 사람들이 사회적 기업과 기업가에게 자금, 지식, 노력을 끊임없이 제공하고 있다. 실제로 시민사회 단체, 대학, 기업에서 많은 인재들이 사회적 기업가정신을 실천하고 있다. 영국 같은 경우, 정부가 중심이 되어 사회적 기업가정신을 지원하고 있으며, 실제로 영국 정부는 사회적 경제분야의 조직과 시민들을 지원하기 위해 주요 자원들을 사용하고 있다. 많은 연구자들(Mason, 2012; Nicholls & Young, 2008; Curtis, 2008)은 진정한 사회적 기업가정신은 경제적 자원을 목적에 맞게 사용할 수 있는 활동가들의 인식과 행위에 의해 구현된다고 주장하고 있다. 어떤 이들은 신자유주의적 자본주의 정신에 의해 사회적 기업가정신은 자본주의적 색채도 점차 짙어지고(Edward, 2008) 있으며 이러한 사회적 기업가정신이 시장 중심적 사고와 결합하는 것은 사회적 사명을 수행하는 심각한 위협이 되고 있다고 주장하기도 한다(Seanor & Meaton, 2008).

사회적 기업이 social sector에서 활동할 수 있는 가장 중요한 수단 중 하나이기 때문에 사회적 기업가들이 시장의 영역으로 나아가 활동하는 것을 비판하는 경우도 있다. 이렇게 편협된 주장은 사회적 기업가정신을 배타적이며 부정적 용어로 만들기도 한다. 사회적 기업가는 수혜자들이 살아가는 시장과 떨어져서는 존재의 이유가 없다. 사회적 기업가정신이 힘을 가진 자들에 의해 시민사회분야의 민주적 정신을 손상시키는 담론이 되는 것을 막기 위해서는 철학자 Michel Foucault의 논리가 필요하다. 특히 시민사회분야의 논리를 주장해야 하는 사회적 기업가정신의 역할을 강조하기 위해 Michel Foucault의 통치의 기술(art of governing) 이론이 필요하다. 사회적 기업가정신을 연구하는 학자들 중에서도 통치학파(governmentality school)에 속하는 학자들의 연구는 진보주의 철학자인 Foucault에 의해 시작되어 Rose 등에 의해 발전되었다. 콜레주 드 프랑스 강의에서 Michel Foucault가 '안전, 영토, 인구, 생명관리정치의 탄생'이라고 주장했듯이 신자유주의는 제2차 세계대전 직후 패전국 독일에서 형성된 질서자유주의(ordo-liberalism)학파에 의해 주창되었다. 이후 1960~1970년대 미국의 시카고학파에 의해 확장 적용된 새로운 통치성의 모델이다. 그 핵심은 전통적으로 시장논리에 의해 지배될 수 없다고 여겨졌던 육아, 교육, 의료, 환경, 안전 등의 모든 영역에 경쟁 논리를 도입함으로써 전 사회를 시장화하는 것이다. 이를 통해 신자유주의는 우리가 '순수 자본주의'라고 할 만한 것을 실현하는데, 그것은 전(前) 자본주의 사회에서는 공동체적 유대를 통해, 그리고 자본주의적 사회에서는 사회적 시민권의 제도화(복지국가)를 통해 주어진 개인성 실현을 극단적으로 파괴한다. 이로써 부정적 개인들(negative individuals)을 양산하게 된다.

Michel Foucault의 통치의 기술(art of governmentality)은 "통치란 무엇인가?"라는 개념이 아니라 "어떻게 하면 통치받지 않을 수 있을까?"라는 질문에 대한 답으로 인식할 수 있다. 이것은 전혀 통치를 받지 않는다는 의미가 아니라, 다만 이러저러한 방식으로, 이러저러한 원칙들에 따라, 이러저러한 목적을 위해, 이러저러한 과정을 거쳐 통치받는 것은 싫다는 의미이며, 소위 '비판적 자세'인 것이다. 즉, 비판을 통해 잘못된 규범을 바로 잡고, 잘못된 권력 체계의 허물에 대해 질문할 수 있는 권리를 스스로 획득하는 것이다.

현재의 상황에 대한 불복종, 자유와 주체의 가능성들을 옥죄는 규범과 권력에 대한 저항은 역사적 · 정치적 분석의 출발점이며 발전의 첫걸음이다. '반성적 불복종'이라는 개념은 '현재를 진단'하고 더 나아가 역사-비판적(historique-critique) 의식을 가지고 현재를 변혁하는 것이 철학자의 역할이라고 그가 정의했던 이유도 좀 더 잘 이해할 수 있다(Eribon, 1989). 이러한 관점에서 Foucault의 비판을 통한 권력 획득은 중요한 의미를 갖는다. 사회적 경제는 독점적 권력에서 출발하는 것이 아니라 시민사회의 비판을 통해 그 시작점을 찾아야 한다.

"만일 통치화가 실제 사회 안에서 진실을 독점한 경제적 권력의 메커니즘에 의해 개인들을 복종시키는 것이라면, 시민은 비판을 통해 권력에 대한 진실 효과, 또는 진실에 대한 권력 효과를 질문할 수 있는 권리를 스스로 획득해야 한다. 이것은 자발적 해방과 반성적 불복종을 이끌어내는 기술이다. 본질적으로 비판의 기능은 진실의 정치라고 하는 게임 속에서 예속을 해체시키는 것이다."(Foucault, 1982).

사회적 기업가정신은 진보적 자유주의와 신자유주의와 자연스럽게 관계를 맺고 있다. Mair(2011)는 사회적 기업가정신은 신자유주의 경제에서 발생하기 쉬우며, 특히 뉴질랜드의 사회적 기업들은 1980년대 신자유주의 혁신에 영향을 받아 많이 설립되었다고 하였다. 많은 사람들이 사회적 기업가정신은 사회적 서비스를 제공하는 데 신자유적 전략을 사용하고 있다고 비난해왔다. 특히 활동가들로부터는 사회적 기업가정신이 정부에 의해 만들어지고 유포되면서 진정한 사회적 섹터의 현실을 차단하는 위장막(smoke-screen)으로 이용되고, 진정한 의미의 공공복지는 사라지고 정부 몫의 책임을 숨기는 역할을 하고 있다고 주장하기도 한다. 그러나 사회적 기업가정신의 이념적 전략은 가능한 한 많은 시민들이 혜택을 받기 위하여 관련된 기업가적 행동, 경제적 신중함, 그리고 기업가정신에 맞는 집단주의를 유리하게 활용해야 한다.

사회적 기업가정신은 제3의 길(third way)을 주장하는 사람들에게는 "복지사회를 이룩하는 방법이며, 시장을 공적 목적의 이해관계에 이용하여 공적 분야와 사회적 분야, 그리고 시장과의 사회적 파트너십을 형성하는 수단이다."(Cook, Dodds, & Michell, 2003). 여기서 제3의 길이란 유럽의 사회민

주주의와 신자유주의를 절충한 새로운 정치 이념을 말한다. 여기서 제1의 길은 기존의 사회민주주의를 말하며, 제2의 길은 신자유주의를 말한다. 제3의 길의 사회민주주의와 신자유주의를 절충한 이념으로 그 핵심 내용은 의무와 책임의 균형, 생산적 복지, 소외와의 투쟁, 개인의 창의성 존중, 사회세력 간의 합의에 근거한 발전 등에 있다. 제3의 길은 영국의 블레어리즘(Blairism)을 비롯한 1990년대 서유럽의 독일, 프랑스, 이탈리아 등의 집권세력에 이론적 기초를 제공한 이념이다.

5. 21세기를 위한 사회적 기업가정신

사회적 기업가정신 역시 변화가 필요하다. 사회적 기업가정신이 4차 산업 시대나 경제 민주적, 공생적 자본주의 등 새 시대가 요구하는 시대정신을 가지려면 리더십 역시 이에 맞는 변화가 필요하다. 21세기에 들어서도 사회적 기업가정신은 우리 역사와 정치 · 경제적 측면에서 여전히 두 번째 순위로 받아들여지고 있다. 고령화, 저성장 시대에 경제성장에 집착하는 정부와 이기적이고 무한경쟁의 시장에서 벗어나, 공동의 목적과 선을 위한 변화된 제3섹터의 진정한 사회적 기업가정신이 요구된다.

Bill Draton, Wendy Kopp, Alan Khazei, Yunus 등 지난 세대의 위대한 사회적 기업가들의 사회적 기업가정신은 "창조적 파괴(creative destruction)를 통해 생산성의 향상을 가져오는 사람으로 생산의 방법, 재료, 유통 등의 변화를 통해 이를 실천해야 한다."고 주장하는 Schumpeter와 Say의 기업가정신에 사회적 가치, 사명, 목적을 더한 것이었다. 사회적 기업의 발전에 원동력인 사회적 영향 투자가들은 사회 변화의 과정에서 사회적 기업가들의 역할을 중요시하고 있다.

e-Bay의 설립자이며 사회적 영향 투자자인 Pierre Omidyar가 주장한 사회적 경제의 비전으로서 경제민주화(economic democracy)는 그의 기술적 세계관과 일관성이 있다. 시장은 개인의 선택과 선호에 달려 있으며 기업가는 산업구조를 혁신적으로 변화시킬 수 있는 중요한 요인이라는 그의 자본주의 이념과도 일치한다. 이제는 이러한 기업가정신으로 무장한 개인이 미래 사회의 주역이 될 것이다. 앞으로의 사회적 기업가정신은 경제에 정치적 근거를 제시한다. Kauffman 재단의 이사장인 Carl J. Schramm은 "미국의 건국 초기는 백지상태였기에(tabula rasa), 미국 경제 시스템에 민주주의적 요소가 반영될 수 있었다."라고 주장하기도 했다. 미국 건국의 아버지인 Benjamin Franklin은 "개인의 의지가 새로운 과학기술의 활용에 핵심이며, 귀족주의에서 탈피함으로써 새로운 시도와 혁신이 미국의 전통이 되었으며, 민주화를 통하여 역사상 없었던 새로운 경제 시스템과 미국 정치의 신념을 창조할 수 있었다."고 미국의 정치와 경제 시스템에 대한 자부심을 표현한 적이 있다. 유럽의 귀족주의와 달리, 미국은 사회적 기업가정신의 전통적 뿌리를 건국 당시의 시민정신에 두기 때문에 미국식 사회적 기업가정신에는 공화주의적 시민의식이 반영되어 있으며, 미래의 사회적 기업은 민주적 자본주의 모델 안에서 운용되어야 한다고 Schramm은 주장하였다.

최근에 우리는 미묘한 개념의 사회적 기업가정신을 볼 때가 있다. 우리나라는 역사상 드물게도 민주화와 산업화를 동시에 이룩한 나라이다. 우리의 사회적 기업가정신은 어디에서 시작되었으며 앞으로 어떤 방향으로 진행될 것인가에 대한 담론이 필요할 때이다. 산업화 과정을 지나면서 형성된 양극화 현상에 대한 반발과 민주화 과정을 지나면서 생성된 시민사회정신의 결합으로 문민정부(2007년) 때 제정된 「사회적 기업 육성법」을 시작으로 지난 10년 간 지속적인 발전을 해왔다. 지난 10여 년간 쌓아온 사회적 기업 및 기업가정신에 관한 노하우는 우리의 사회적 경제가 앞으로 나아갈 중요한 에너지이며 자산이다. 그리고 우리 역사 속 약자들의 조직인 두레, 품앗이 등과 같은 협동의 전통은 오늘날 사회적 경제와 맥을 같이한다. 우수한 사회적 기업가, 중간지원단체, 혁신적인 행정관료, 더불어 함께하는 사회적 경제 정책 등 우리가 그동안 쌓아온 협동과 협치의 결과물을 바탕으로 한국형 사회적 기업가정신을 기대해 본다.

사례 연구

Grameen Creative Lab : 사회적 기업을 위한 사회적 기업

Grameen Creative Lab은 Muhammad Yunus가 설립한 'Grameen Family Organization'의 하나로 사회적 기업의 확산과 성장을 위한 인큐베이팅/컨설팅/PR 등을 진행하는 기관이다. Grameen Family Organization은 그라민 뱅크를 모태로 사회 문제 해결을 위하여 금융, 통신, 교육, 식품, 의료 등 다양한 분야에서 약 40개의 영리/비영리기관 및 사회적 기업으로 구성된 조직이며, 혁신적인 사회적 기업가의 리더십을 바탕으로 한 다양한 자원연계, 조직 간 시너지를 유도하는 유연성, 이를 통한 사회적 기업의 경쟁력 제고 등 지속 가능한 사회 혁신의 모델이 되고 있다.

1. Grameen Creative Lab의 비전과 사명

부자와 가난한 사람들의 차이는 부가 아니라 기회의 차이이며, 창의력을 지속 가능한 소득으로 전환할 기회가 없기 때문에 가난한 채로 남아 있는 것이다.

Grameen Creative Lab은 우리가 살고 있는 경제체제가 가난한 사람들을 위한 충분한 기회를 창출하지 못하고 있다고 믿는다. 우리 모두가 경제적 이익을 추구한다면 사회 전체가 이익을 얻고, 경제성장이 있다면 성장은 궁극적으로 가난한 사람들에게도 도움이 될 것이라고 확신한다. 이는 사적 이익에 관한 것이 아니라 집단 이익, 즉 모든 사람의 건강, 행복 및 안전, 특히 특권이 없는 유형의 사업을 창출하는 것이다.

Grameen Creative Lab의 사명은 사회 혹은 도시 전체에 걸친 사회적 기업화라고 할 수 있다. 특히 2010년부터는 사회적 기업 도시(social business city) 구축에 힘쓰고 있다. 현재까지 독일의 비스바덴,

일본의 후쿠오카, 이탈리아의 피스토이아 등 세 개의 도시가 사회적 기업도시로 성장하였다.

이외에도 Grameen Creative Lab은 ① 소셜 비즈니스에 대한 폭넓은 인식, ② Grameen을 세계적 브랜드로 구축, ③ 전 세계 소셜 비즈니스를 위한 운동 만들기, ④ 대학과 사회적 기업 육성을 위한 연계, ⑤ 기업 지식에 대한 액세스 기능, ⑥ 소셜 비즈니스 자금 지원, ⑦ 소셜 비즈니스를 위한 품질 관리 보장 등의 활동들을 진행하고 있다.

THE GRAMEEN CREATIVE LAB
FOR YOU IN SOCIAL BUSINESS

As our Founder Professor Muhammad Yunus says,
We can create a world without poverty, because it is not the poor that create poverty

The Grameen Creative Lab's vision is to serve society's most pressing needs. We achieve this vision by promoting Prof. Yunus' concept of Social Business. Unlike traditional business, a social business operates for the benefit of addressing social needs that enable societies to function more efficiently. Social Business provides a necessary framework for tackling social issues by combining business know-how with the desire to improve quality of life.

〈GCL의 로고와 비전〉

2. Grameen Creative Lab 소개

Hans Reitz의 주도로 창립되어 현재 새스키아 브러이스텐(Saskia Bruysten, 전 보스턴컨설팅그룹 컨설턴트)이 대표로 운영 중이며, 독일의 비스바덴에 근거지를 두고 있다.

Grameen Creative Lab(GCL)은 도시의 사회적 기업화 계획들의 성장을 위한 엔진이 되고 있으며, 특히 지도적 위치에 있는 기업과의 합작사업같이 세계적 수준의 사회적 기업을 시작하는 데 필요한 서비스를 충족시키고자 구성된 매우 효과적이고 헌신적인 팀이다.

Grameen Creative Lab은 개념을 현실로 바꾸기 위해 조사하고 분석하는 역할을 수행하는 일종의 싱크탱크인 '액션탱크'라고 불리고 있으며, 주요 과업은 사회적 기업과 의사소통, 사회적 기업들을 육성, 새로운 사회적 기업의 창업 지원 등이다.

1) 창립자 Hans Reitz

창립자 Hans Reitz는 빈곤퇴치운동을 성공적으로 이끈 자수성가한 열정적인 기업가로 Yunus의 친구 겸 조언자이자 Yunus를 도와 사회적 기업의 7원칙을 제시한 인물이다. 그는 인도 케랄라에 있는 임업회사, 독일의 커피 전문점, 창의적인 커뮤니케이션 기구, 기업책임 자문회사를 포함한 많은 기업들에 참여한 경험이 있는 기업가이며, 그라민의 다양한 활동을 담은 책 『존엄의 힘(The Power of Dignity)』의 저자이기도 하다. Hans Reitz는 유누스센터의 창의력 이사에 임명된 후 유누스센터와 합작

사업으로 Grameen Creative Lab을 설립했다.

유누스센터는 사회적 기업 개념 및 실천과 관련된 모든 정보와 자원을 한 곳에서 얻을 수 있는 정보센터로 그라민과 관련된 전 세계의 사회적 기업들은 물론 세계 곳곳에 있는 많은 사회적 기업 단체들의 정신적 지주 역할을 하기 위해 2008년 8월 설립된 단체이다.

2) Grameen Creative Lab의 운영

Grameen Creative Lab은 방글라데시 바깥에서 이루어지는 그라민의 모든 사회적 기업 프로젝트의 원동력이 되고 있으며, 동시에 Grameen Creative Lab에서는 여러 나라에서 온 다양한 배경을 가진 젊은 사람들의 팀이 계속 확대되고 있다.

Grameen Creative Lab은 지속 가능한 운영이 가능해지는데 거의 1년이 걸려 2009년 하반기에 손익분기점에 도달하였으며, 사회적 기업으로서 빈곤을 근절시키는 대의를 추구하면서도 스스로 경제적으로 자립하고 있다.

또한, 사회적 기업에 대해 배우고 싶어 하는 인턴들에게 3개월까지 자원봉사를 할 수 있는 기회를 제공하고, 그들이 고객들을 찾아내거나 Grameen Creative Lab을 확장할 수 있는 프로젝트를 개발하면 급여를 받는 정규직으로 고용되기도 한다.

Grameen Creative Lab의 주된 수익은 사회적 기업을 설립하려는 기관이나 개인들을 위해 자문하고, 참석비용이 부과되는 세미나나 기타 이벤트를 조직하는 수입창출 활동 등으로 수익을 창출하고 있다. 처음에는 자문소득을 창출하기가 어려웠지만 시간이 지나면서 Grameen Creative Lab의 전문지식을 이용하는 것이 사업을 진행하는 데 좋고, 가치를 가진 전문지식이 장래의 수혜자들에게 이용될 수 있다면 이용에 따른 금액을 지불하는 것이 마땅하다는 기업들의 인식의 변화를 이끌어냄으로써 수입을 창출할 수 있었다.

Grameen Creative Lab은 기존 사회적 기업들에 관한 많은 경험과 지식, 전문적인 프로세스를 지원하여 사회적 기업 아이디어를 개발하는 데 중요한 창의적인 자극을 제공하고 있다.

3. Grameen Creative Lab의 활동

1) Grameen Creative Lab 서비스 및 활동

Grameen Creative Lab은 전 세계적으로 사회적 기업 운동을 가속화하고 보급하고 있다.

Grameen Creative Lab 그 자체로 사회적 비즈니스이며, Interact, Incubate, Create의 3가지 제품과 서비스를 통해 자금을 조달하고 있다. 수익은 소셜 비즈니스를 가속화하고 기업, 대학, NGO, 학생, 투자자 등과 Grameen과 Yunus의 개념과 아이디어를 공유하는 데 재투자되고 있다.

2) Interact, Incubate, Create의 3가지 축

비전: 사회의 가장 절실한 필요에 대한 제공
사명: 사회적 기업 운동을 전 세계적으로 확장시켜 나간다.

1. 상호교류(Interact)	2. 배양(Incubate)	3. 창조(Create)
• 회의와 교육을 통한 교류 • 네트워크와 연결 • 출판과 연설	• 대학과 협력하여 사회적 기업의 연구 및 실행 • 사회적 아이디어의 실험과 토론	• 사회적 기업의 설립의 주도 및 지원 • 사회적 기업 간의 파트너십 형성 • 사회적 기업 자금 조성

(1) Interact : 소통

- 공공 행사를 조직하고 협의, 소셜 비즈니스에 관한 서적과 기사를 출판
- 상급 직원들은 컨퍼런스에서 연설을 하여 사회적 사업에 관한 끊임없는 교류
- 관심 있는 지역 사회와 네트워크 형성

(2) Incubate : 배양

- 독창적인 워크숍을 통해 소셜 비즈니스 아이디어를 브레인스토밍
- 소규모로 자체 소셜 비즈니스를 실험
- 파트너 대학과 협력하여 학술 연구를 시작하고 지원

(3) Create : 창조

- 전 세계에 사회적 사업 합작 투자를 설립하는 방법에 대해 기업과 협의
- 투자자와 공공 부문을 지원하여 사회적 사업으로 자금을 조성
- 사회적 기업을 위한 인증 방법론을 만듦

3) GCL의 7가지 원칙

Grameen Creative Lab은 사회적 기업의 7가지 원칙을 근간으로 하여 전 세계적으로 사회적 기업 운동을 전개하고 있다.

- 사회적 기업의 목표는 이윤을 극대화하는 것이 아니라 사람들과 사회를 위협하는(가난, 교육, 건강, 기술 접근, 환경 등과 관련된) 여러 문제들을 극복하는 데 있다.
- 사회적 기업은 재정적, 경제적 지속 가능성을 달성한다.
- 사회적 기업의 투자자들은 투자원금만 회수한다. 투자원금의 회수를 넘는 어떤 배당금도 받지 않는다.
- 사회적 기업의 이윤은 확장과 개선을 위해 회사에 유보한다.
- 사회적 기업은 환경 문제에 특별한 관심을 갖는다.
- 사회적 기업의 모든 근로자는 시장임금을 받고 표준 근로조건보다 나은 대우를 받는다.
- 즐겁게 일하라.

참고문헌

Boschee, J. (1995). "Social Entrepreneurship" Across the Board, March 20–25.

Dees, J. G. (2001), "The Meaning of Social Entrepreneurship." Retrieved www.caseatduke.org/document/dees_sedef.pdf

Didier Eribon (1989). *Michel Foucault 1926–1984*. 박정사 역. 그린비 출판사.

Fauchart, E. & Gruber, M. (2011). "Darwinians, communitarians, missionaries: The role of founder identity in entrepreneurship." *Academy of management Journal, 54*(5), 935–957.

Grove, A. & Berg, A. (2014). Social Business: Theory, Practice, and Critical Perspective. Springer, California, USA.

Jay, J. (2013). Navigating Paradox as a mechanism of Change and Innovation Hybrid Organizations. *Academy of Management Journal, 56*(1), 137–159.

Mair (2014). "Front–Stage and Back–Stage Convening: The Transition fromOpposition to Mutualistic Coexistence in Organizational Philanthropy." *Academy of Management Journal, 57*(4), 1174–1200.

Mason, J. (2012). "Up for Graps: A Critical Discourse Analysis of Social Entrepreneurship Discourse in the United Kingdom. *Social Enterprise Journal, 8*(2), 123–140.

Mort, G., Weerawardena, J. & Carnegie, K. (2003). Social Entrepreneurship: Towards conceptualization. *International Journal of Non–Profit and Voluntary Sector Marketing, 8*(1), 76–88.

Nicholls, A. (2008). Preface to the payback edition. In Nicholls (Ed). *Social Entrepreneurship: New Models of Sustainable Social Change*. Oxford:

Chapter 05

기업의 사회적 활동

고래 로마시대부터 자본주의의 꽃이라 불리는 주식회사와 비슷한 형태의 기업이 존재했다. 그러나 최초의 공식적인 주식회사는 1602년 네덜란드에 세워진 동인도회사이다. 이들은 신대륙과의 교역을 통해 거대한 자본을 축적할 수 있었지만 그보다 먼저 교역을 할 수 있는 거대한 선박이 필요했다. 이들은 선박을 만들 투자자금을 마련하기 위해 주식을 발행하였다. 자본, 주식, 그리고 투자자의 유한책임을 특징으로 하는 주식회사는 주주들의 태만과 낭비를 부추겼고, 주주 중심의 주식회사는 현대에 와서는 노동자에게 적절한 임금을 지급하지 않고, 공급업자에게 부당한 권리를 행사하고, 소비자를 기만하여 이익을 내어 주가를 올리는 현상을 가져왔다.

가계 소득의 하락은 구매력의 하락으로 이어지고, 결과적으로 기업 성장의 한계로 나타난다. 일본의 대표적 진보 경제학자인 미즈노 가즈오(水野和夫)는 이러한 문제의 원인을 끊임없이 시장을 확대해야만 하는 주식회사의 구조적 한계와 주주의 유한책임제도, 현금배당제도, 전자금융, 맹목적인 성장전략이라 규정하였다. 또 다른 진보 경제학자인 Thomas Piketty는 주식회사의 이러한 일탈을 "주주와 경영자가 부당하게 금전등록기의 돈을 빼가고 있는 것과 같다."고 주장했다. 그의 저서『21세기 자본』은 지난 3세기에 걸친 20개국 이상의 경제학적, 역사적 데이터를 수집해 자본소득이 노동소득보다 우위에 있음을 밝힌 참신하고 실증적인 연구로 세계적인 주목을 받고 있다.

21세기의 기업은 대항해시대의 '더 멀리, 더 빨리, 더 효율적으로'라는 과거의 패러다임에서 벗어나, '더불어, 이웃과 함께하는' 새로운 패러다임의 기업시대를 열어야 할 것이다. 참고로 제5장 1절 기업의 사회적 책임 부분은 삼성전자 뉴스룸의 스페셜 리포트 CSR을 부분적으로 발췌 요약했음을 밝힌다.

제5장에서는 사회적 기업 탄생의 계기가 된 기업의 대표적 사회적 행동인 기업의 사회적 책임(corporate social responsibility), 공유가치 창출(creating shared value), 기업시민정신(corporate citizenship)에 대해 알아본다.

1. 기업의 사회적 책임

1) 사회적 책임의 개념과 배경

기업가의 사회적 책임이라는 개념을 처음으로 제시한 미국의 경제학자 Howard Bowen은 그의 저서에서 "기업의 사회적 책임은 사회 전체의 목적이나 가치에 알맞게 기업가들이 의사결정을 해서 사회에 바람직한 방향으로 기업활동을 해야만 하는 의무"라고 정의하였다. Peter Drucker 역시 "기업은 지역사회에서 경제적 이익을 추구할 뿐 아니라 조직으로서 권력을 행사하는 만큼 그에 따른 책임도 있어야 한다."고 주장한다. 그러나 기업의 사회적 책임론은 Hayek나 Milton Friedman을 중심으로 하는 신고전학파 경제학자들의 격렬한 반대에 직면하게 된다. 신고전파 학자들은 "기업은 이윤의 극대화를 통해 고용 창출과 국가 재정 증대에 기여하는 것이 기업의 사회적 책임을 수행하는 것"이라는 논란에 휩싸이게 된다. 그러나 곧 이해관계학파 학자들은 "기업은 이익만 추구하는 조직이 아니며, 기업을 둘러싼 이해관계자들의 만족을 추구해야 하며, 기업도 사회 속의 기업시민(corporate citizenship)으로 사회적 가치를 추구해야 한다"고 반론을 제시한다. 기업은 과연 사회와 단절되어 존재할 수 있을까?

기업의 사회적 책임에 대한 논의는 1953년 Bowen의 『기업가의 사회적 책임』이라는 저서에서 시작되었으나, 역사적으로 우리는 정부나 조직이 개인이나 공동체를 위해 책임 있는 행위를 자주 발견할 수 있다. 고대 히브리 사람(교회)들은 종교적 의무인 십일조라는 세금제도를 실시하여 소득이 많은 사람이 적은 사람에게 자원을 나누는 '소득의 재분배'를 실현했다. 로마제국 초대 황제인 아우구스투스는 빈곤층에게 경제적 지원을 제공하여 그 수혜자가 매년 20만 명이 넘었다고 전해진다. 가까운 예로는 1600년대 후반, 청나라 지배를 받게 된 한족 상인들은 중국의 주변부로 상권을 옮길 수밖에 없었다. 이 과정에서 주위 사람들에게 경제적 혜택을 주는 자선(滋善)이 중요한 역할을 했으며, '하오시(好施)'라 불리던 이 자선활동은 한족 상인들의 미덕인 동시에 상인들 간의 네트워크 형성에 근간이 되었다. 이외에도 Andrew Carnegie는 카네기 재단을 설립하여 미국 전역에 2811개의 도서관을 기증하였고, 뉴욕 카네기 재단, 카네기 교육진흥재단, 워싱턴 카네기협회, 카네기 국제평화기금 등을 운영하고 있다.

John Rockefeller 역시 자신이 세운 재단을 통하여 현재까지 20억 달러를 기부하여 기아 근절, 인구 문제, 문화발전과 아프리카 신흥국의 원조를 하고 있으며, Henry Ford 역시 포드 재단을 통하여 사회적 책임을 하고 있다. 현재 약 1000억 달러의 자산을 보유하고 있는 포드 재단은 민주주의 가치 보존, 가난과 부정의 일소, 인류복지 증진을 위한 국제적 협력에 중점을 두고 사업을 하고 있으며, 이를 위해서 학문연구 활동에 장학금 · 보조금 및 융자금을 지원하며 국제교류 등을 추진한다. 최근에는 환경 · 자원 문제에도 협력하고 있다. 특히 창업주 헨리 포드가 일자리 창출을 위해 공장을 확장하고 많은 사람들이 자동차를 이용할 수 있게 가격을 내림으로써 이해관계가 상충되는 주주들과 소송이 일어난 일은 유명한 일화이다. 1919년 당시 소송에서 창업주 Henry Ford는 주주들에게 패했지만 1999년 그의 손자인 포드 주니어가 할아버지와 비슷한 결정을 했을 때, 그의 결정에 주주들은 동의하고 기업은 고객만족과 일자리 창출을 할 수 있었다.

많이 가진 사람이 가지지 못한 사람과 나누는 것은 문명의 시작과 궤를 같이한다. 기독교의 성경, 마호메트교의 코란, 힌두교 경전인 베다와 수트라, 불교의 불경에서도 고리대금업을 경계하고 경제적 약자에게 자산을 나누는 것을 미덕이라 하였다. 수천 년 내려온 이 전통은 자원을 나누는 것에서 시작된다. 이는 제로섬(Zero-Sum) 사회에서 많은 것을 누리는 사람이 타인의 것을 가진 것에 대한 암묵적 합의는 아닐까?

17세기 중엽, 유럽 중심의 경제활동 무대가 전 세계로 확장하기 시작하면서 이러한 '암묵적 합의'에 대한 생각이 변하기 시작하였다. 신대륙을 개척하고 그들과의 교역을 통하여 사람들은 누구라도 새로운 부(富)와 기회를 가질 수 있다는 확신을 갖게 되었다. 이들이 획득한 부와 재산은 좁은 세상 안의 제로섬 게임의 결과가 아니라 새로운 부의 창출인 것이다. 산업사회로 진입하기 전 유럽 사회는 경제적 약자를 돕는 도덕적인 행위가 제도로 정착되기 시작하였다. 대표적인 예가 1601년에 영국의회가 제정한 '자선행위법'이다. 이로부터 유럽과 신대륙에서 자선행위를 전문으로 하는 단체와 기관이 설립되기 시작했다(SAMSUNG NEWS ROOM, https://news.samsung.com/kr/csr/b4).

산업사회의 등장은 자본가와 노동자들을 철저하게 분리시켰다. 농경사회의 봉건영주와 농노의 관계가 그대로 산업사회로 옮겨진 것이 자본가와 노동자와의 관계이다. 봉건영주의 영지에서 농업에 종사하던 농노들이 공장의 일자리를 찾아 대거 도시로 이동하였다. 그러나 이 시기에는 이미 기계 한 대가 여러 노동자의 몫을 했기 때문에 노동의 공급이 수요를 초과하는 시기였으므로 초기 산업사회의 기업문화는 영주와 농노의 관계 같은 봉건적 논리를 극복할 수 없었다. 산업혁명은 많은 사회 문제를 초래하였다. 그 중에서도 기계를 사용하는 공장의 열악한 노동조건과 생활환경이 많은 문제점을 갖고 있었다. 노동의 과잉공급과 나폴레옹 전쟁의 영향으로 경제는 불황에 빠져 고용 감소와 실업자가 증가하고 임금의 체불(滯拂)이 성행하였으며, 물가는 나날이 올랐다. 산업사회의 문제점은 러다이트 운동(기계 파괴운동)으로 표출되기 시작했다. 이와 비슷한 시기에 공장노동자에 의해 소비자 협동조합이 설립되었다. 최초의 소비자 협동조합은 1844년 영국의 소도시 로치데일(Rochdale)의 면방직공장에서 만들어졌다. 동맹파업에 실패한 28명의 직공들이 궁핍한 생활에서 벗어나기 위해 조합을 구성하였는데, 이것이 소비조합의 효시이다. 이 조합은 운영방법이 우수하여 오늘날까지 소비조합의 모범이 되었으며, 세계 각국에 전파되어 상업기관으로도 중요한 지위를 차지하게 되었다.

진정한 의미의 기업의 사회적 책임의 효시는 Robert Owen이 주도한 협동조합운동이라 할 수 있다. 공상적 사회주의자라 비판받기도 하지만, Owen은 산업혁명 최초의 실천적 비판가이며 협동조합운동가라 할 수 있다. 웨일즈에서 태어나 맨체스터 최대의 방적공장의 지배인을 거쳐 1800년부터 25년간 스코틀랜드의 뉴 라나크(New Lanark)의 면사 방적공장을 경영하였다. 노동조건과 생활조건이 개선되면 노동자의 노동 능력과 의욕이 높아져 이윤이 증대된다는 것을 증명하기 위해 당시로는 획기적인 10시간 노동, 휴업 시의 임금지불을 실행하고 노동자를 위한 생활용품 판매소도 설치하였다. 이러한 협동주의적인 경영이념, 노무관리, 교육에 기초한 운영은 큰 성공을 거두어 Owen의 사상은 공장법 창설, 구빈법(救貧法) 개선의 운동으로 확대되어 농공일체의 협동사회의 건설운동으로 진전되었다. 그러나 사유재산, 종교, 결혼제도를 비판하여 영국 사회에서 배척됨으로써 1824년 미국 인디아나주 뉴하모니(New Harmony)로 이주하여 노사공동체(communal experiment)의 유토피아를 건설하였지만 실패하고 3년 후에 영국으로 다시 돌아왔다. 일부 학자들이 Owen의 노력을 공상적 사회주의라 폄하하기도 하지만 그의 공동체에 대한 애정은 오늘날 협동조합의 모태가 되었고 기업가의 사회적 가치 추구의 효시가 되었다.

Owen이 추구한 노사공동체와 로치데일(Rochdale)의 소비자 협동조합은 구조적으로 큰 차이가 있다. Owen이 추구한 것은 자본가로서 노동자들을 위한 노사공동체 건설로시 사회적 책임을 다하는 자본가로서 새로운 시도라 할 수 있지만 로치데일의 소비자 협동조합은 협동조합의 정의에 표현되어 있는 노동자(경제적 약자)가 스스로 자신들을 지키기 위한 노력이라 할 수 있겠다.

2) 사회적 책임의 진화

이제 CSR은 기업의 문화로서 단순한 자선과 기부에서 벗어나 전략으로 발전해 나가고 있다. 사회적 책임에 대한 시대의 요구가 강해지면서 기업도 이에 맞게 CSR에 대한 개념, 방법, 추구하는 가치관이 변화되어야 한다. 이론적인 측면에서 기업의 사회적 책임에 대한 연구를 제공한 대표적인 학자로는 Howard Bowen(1953), Carroll(1999), Sethi(1975), Levitte(1958), Friedman(1970), Porter and Kramer(2006)를 들 수 있다. Bowen은 최초로 저서를 통하여 기업의 사회적 책임을 정의하였고, Carroll은 CSR을 경제적 책임, 법적 책임, 윤리적 책임, 그리고 자선의 책임 등 4개의 영역으로 구분하였다. Sethi는 CSR을 사회적 의무의 단계, 사회적 책임의 단계, 사회적 감응의 단계로 구분하고 적극적인 수행의 필요성을 강조하였다. 그러나 Levitte

와 Friedman은 CSR에 반대하여 기업 본연의 임무에 충실한 것이 사회적 책임을 다하는 것이며, CSR의 적극적 실행은 기업의 경쟁력을 약화시키고 경영자의 권력을 강화하여 지역사회에까지 영향력을 행사할 염려가 있다고 주장한다. Porter와 Kramer는 전략적 CSR은 비용이 아닌 경쟁의 원천이므로 적극적 실행을 강조했으며, 이를 기반으로 CSR의 비용 부분을 상충할 수 있는 공유가치의 창출에 관한 논문을 2011년에 발표하였다. 그들은 기업이 추구하는 경제적 가치와 사회가 필요로 하는 사회적 가치를 조화시키면서 동시에 두 개의 서로 다른 가치를 창출하여 기업이 추구하는 지속 가능성을 갖게 된다고 주장하였다.

글로벌 마켓이 형성되기 시작하면서 국제기구들도 CSR에 대한 입장을 제시하고 가이드라인을 제시했다. UN은 Global Compact, OECD는 다국적기업 가이드라인을 제정해 CSR을 기업의 핵심의무로 규정했으며, 국제표준기구(ISO)는 사회적 책임의 국제표준지침인 'ISO 26000'을 공표하였다.

기업의 사회적 책임이란 용어는 의무나 이행하지 않을 경우 제재를 가할 수 있는 법적 용어는 아니지만 사회적 용어로서 이제 단순한 기업의 선택 사항이 아니라 지역사회와 함께 더불어 살아가는 새로운 패러다임이 되었다. 기업은 변화를 주도할 수도 있지만 일반적으로 시장의 변화에 반응하는 존재다. 사회에서 기업의 사회적 책임을 요구하는 분위기가 점차 강화되면서 기업의 CSR 활동도 진화하고 있다.

그림 5-1 CSR의 진화 단계

출처: 삼성전자 뉴스룸 스페셜 레포트 CSR

기부자로서의 기업

기부자로서의 기업은 가장 오래된 유형의 CSR이며, CSR의 기원이다. 이 범주에 속하는 기업이 가장 크게 달라진 점은 기업의 기부가 '뭔가 요구를 받으면 기부행위를 하는' 수동적 형태에 그치지 않고, 기업이 적극적으로 사회적 가치를 추구하고 개발할 뿐 아니라 기부까지 하는 복합적 형태로 진화하고 있다는 점이다. 예를 들면, 매출액의 0.1%를 지구사랑기금으로 출연하는 풀무원식품, 순이익의 5%를 지역사회 발전에 기부해온 미국의 대형마트 타깃(target), 스마트 스쿨을 운영하여 지역주민의 IT교육을 수행하는 삼성전자,

역경에 처한 사람에게 극복할 수 있도록 용기와 지원을 하는 미국의 주얼리 브랜드 브레이블렛츠(Bravelets) 등이 있다.

시민으로서의 기업: 공동체 구성원으로 '공동선' 실천

선한 시민으로서의 기업은 자신이 속한 공동체를 위하여 의미 있는 활동을 하는 조직을 의미한다. 이 단계에서의 CSR은 '지속 가능한 경영'과 관련 있으며, 환경을 보호하거나 교육 문제를 해결하고 보건 위생 관련 활동이 여기에 속한다. 이처럼 공동체의 '공동선'을 실천하는 활동은 산업혁명의 결과로 개인주의가 일반화된 서구사회보다 농경사회를 근간으로 형성된 지역공동체의식이 강한 동양권 국가에서 활발하다. 우리나라에서도 예로부터 전해온 향약, 두레, 품앗이 등이 이러한 공동체 정신에서 유래한다. 다산 정약용이 『경세유표(經世遺表)』에서 주장한 정전제나 여전제 역시 봉건 지배층의 토지를 실제 농민들이 공동 소유하며, 공동 경작하는 농업경영방식으로 공동체 정신을 근간으로 하는 한 '농민의 경제적 평등'을 주장하는 제도이다.

생산자로서의 기업

생산자로서의 책임 있는 기업은 원료부터 제품의 생산 그리고 유통과 폐기물의 처리까지 사회 전반에 걸쳐 윤리와 도덕성을 가진 기업으로서 의무를 다해야 한다. 아동 노동을 금지하고, 장애인의 고용을 적극 지원하고, 유해물질의 관리, 에너지 절약 등 생산자로서의 기업이 지켜야 할 의무를 해야 할 것이다. 예를 들어, 맥도날드는 포장지를 바꾸는 전략만으로 폐기물을 30% 이상 줄였으며, 수소자동차의 개발이나 전기자동차의 개발 역시 지구 환경보호를 위한 생산자로서 기업의 노력이라 할 수 있다. 공정무역을 통한 원두만을 사용하는 사회적 기업인 '아름다운 커피'나 공공기관에서 재생용지를 사용하고 이면지를 활용하는 것, 사회적 기업에서 장애인이나 경제적 약자를 우선적으로 채용하는 것 역시 생산자로서 기업의 사회적 책임이다.

전략가로서의 기업

제로섬 게임에서 탈피하여 윈-윈 게임으로 기업가치가 증대되고 동시에 사회적 성과를 달성하려는 목적으로 CSR을 기업 전략의 근간으로 삼는 기업이 늘어나고 있다. '기부자로서의 기업', '시민으로서의 기업', 그리고 '생산자로서 기업'의 역할에 한계를 깨달은 기업들이 최근에 와서 CSR을 전략으로 활용하기 시작했다. CSR을 연구하는 대표적 학자인 마이클 포터는 CSR의 4대 기준으로 (1) 도덕적 의무, (2) 지속 가능성, (3) 사회 적합성, (4) 평판을 제시하였다. 그는 기업이 네 가지 기준을 지키면 CSR은 단순히 긍정적 기업 이미지 관리 수준을 넘어 전략적 CSR의 단계로 승화할 수 있다고 주장한다.

바셀린, 도브, 립톤 홍차 등을 생산하는 영국과 네덜란드의 합자회사인 유니레버는 전 세계 190개의 국가에 다양한 제품을 판매하고 있다. 2010년 CSR을 전략적으로 활용하기로 하고 '지속 가능성을 위한 10개년 계획'을 발표하였다. 이 계획의 주된 내용은 (1) 고객의 건강과 웰빙, (2) 환경영향 감축, (3) 시민의 생활수준 제고이다. 유니레버는 2016년 한 해 동안 사용한 농산물의 55% 이상이 친환경적인 방법으로 재배되었고, 2020년까지 이 비율을 100%로 끌어올리는 목표를 세웠다. 유니레버는 환경보호에서 힘을 써 2008년 이후 기업 전체의 탄소배출량과 물 사용량이 37%, 32% 감소했다. 유니레버 CEO인 Paul Poleman은 이 계획의 성과에 대해 "우리 회사는 2014년 이래 동종업계 대비 두 배의 속도로 성장하고 있으며, 그 요인 중 50% 이상이 CSR 전략 때문이라고 믿는다."라고 발표한 적이 있다.

3) CSR과 지속 가능성

해마다 1월 말이면 스위스의 작은 도시 다보스에서 세계경제포럼이 열린다. 이곳은 더 나은 세계를 만들기 위해 기업가, 정치인, 학자 등 사회지도자들이 모여 경제 현안을 의논하는 자리이다. 이들은 도시 곳곳에서 노상연설, 시위, 퍼포먼스를 벌인다. 대기업에 대한 불평, 불만, 불공정의 문제는 다보스포럼이 시작된 이래 영원한 주제이며, 분쟁을 없애고 거래의 투명성을 높이려는 노력이 지금껏 계속되고 있다. 최근 이들의 관심은 '지속 가능성'으로 전환되었다. '지속 가능한' 삶을 위한 경제활동은 구체적으로 무엇을 의미하며, 이를 위하여 우리는 무엇을 해야 하는가?

1987년 노르웨이 환경부 장관 Gro Harlem Brundtland의 주도로 작성된 「우리 공동체의 미래(our common future)」라는 보고서에서 지속 가능성을 "미래 세대의 필요를 충족할 능력을 손상시키지 않고 현재의 필요를 충족시키는 것"이라고 정의하고 "지속 가능성은 인류에게 중요한 문제다."라고 주장하고 있다. '이기적 유전자'의 저자 Richard Dawkins를 비롯한 많은 사회 생물학자들이 인간을 '자신의 성공적인 삶을 위해 노력하는 동시에 자신의 후손이 번영할 수 있도록 노력하는 존재'로 정의하고 있다. 즉, 현재 아무리 풍족한 삶을 살아도 그 성공이 다음 세대의 가능성을 훼손한다면 현재의 활동을 긍정적으로 볼 수 없다는 뜻이다.

기업의 사회적 책임과 지속 가능한 발전의 개념은 매우 밀접한 관계가 있다. 기업의 사회적 책임은 기부, 자선 그리고 도덕적 분배와 제도적 나눔까지 기업이 사회를 위해 마땅히 해야 할 의무에 관한 것이다. 물론 여기 책임이라는 용어는 이행하지 않을 경우 그에 대한 대가를 지불하게 하는 법적인 용어가 아니라 기업의 자율적인 의지에 바탕을 둔 사회적 용어이다. 지속 가능한 발전이란 개념은 세계환경개발위원회(WCED, 1987)의 보고서에 등장한 개념으로 무분별한 개발에 따른 환경 문제에 초점을 두고 지속적 환경보호를 의미했다. 이러한 좁은 의미의 지속 가능한 발전은 1980년대 엑손 발데즈호의 원유 유출사건 등 유난히 환경관련 문제가 많이 발생하던 시절의 환경문제 중심으로 개념이 인식되어 제한된 의미를 내포하고 있다. 21세기의 지속 가능한 발전의 개념은 환경 문제뿐 아니라 경제 문제와 사회적 문제까지 아우르는 보다 포괄적인 개념으로 발전하고 있다.

지속 가능한 발전의 개념과 유사하게 사용되는 용어로 트리플 보텀 라인(triple bottom line)이라는 개념이 있다. 트리플 보텀 라인은 기업이 경제적으로 생존 가능하고 환경적으로 건전하며, 사회적으로 책임 있는 행동을 하는 조화로운 상황을 의미한다(Elkington, 1997).

트리플 보텀 라인을 주장하는 이들은 지속성의 세 가지 측면 모두를 기업에서 관심을 갖고 책임 있는 경영활동을 해야 한다고 주장한다. [그림 5-2]는 Marrewijk(2003)가 주장하는 사회적 책임의 정의와 기업의 지속 가능 경영을 도표화한 것이다.

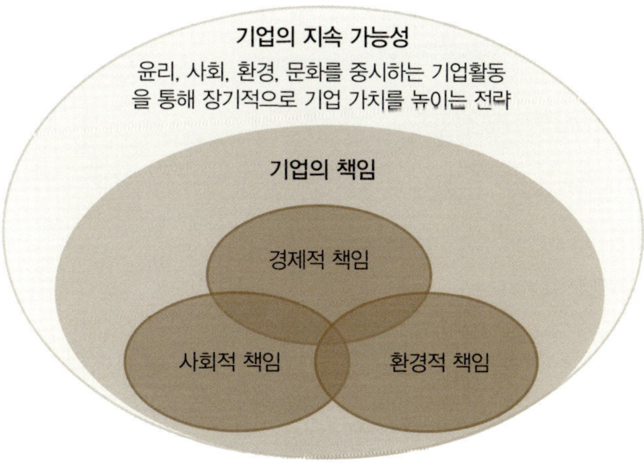

그림 5-2 CSR의 정의와 기업의 지속 가능성

출처: Marrewijk (2003).

그는 기업의 지속 가능성을 궁극적 목표로 보고 기업의 책임을 경제적 측면, 사회적 측면, 그리고 환경적 측면으로 분리하여, 이 세 가지 측면의 책임을 이룩하는 과정을 통해 기업은 사회적 책임을 다하고 결과적으로 지속 가능한 기업으로 성장할 수 있다고 주장한다. 다시 말하면 CSR 활동은 지속 가능한 경영을 위한 중간 단계의 활동이라 규정하고 있다.

이제 CSR과 지속 가능 경영은 기업경영의 중요한 화두이며, 사회적 기업이나 지속 가능한 경영 등을 가능하게 하는 경영활동의 한 부분으로 자리매김을 하고 있으며 이 시대 기업 경영의 새로운 패러다임이다.

2. 공유가치 창출

공유가치 창출(creating shared value)의 개념은 Michael Porter와 Mark Kramer가 2006년에 Harvard Business Review에 "전략과 사회: 경쟁우위와 CSR의 연결"에서 소개한 이후 2011년 발표한 "How to fix the capitalism?"이라는 제목의 논문을 통해 그 개념을 확장시켜 나갔다. CSV 활동은 공동체와 가치를 공유하는 기업이 새로운 경쟁우위를 가질 수 있다는 Porter와 Kramer의 주장에서 시작된 개념으로 기업이 사회적 이슈나 문제를 비즈니스 영역으로 끌어들여 경제적 가치 창출과 사회적 성과를 동시에 추구하는 경영 방식이다. 따라서 CSV는 기존의 CSR이 갖고 있는 기업의 기회비용에 대한 부분을 상충할 수 있는 해결방안으로 제시되었다. 그러나 앞서 얘기했듯이 신자유주의 경제학자들은 기업이 제품을 생산하고 이윤을 추구하는 과정에서 이미 일자리를 창출하고, 세금을 납부하는 과정에서 재정의 증대에 기여함으로써 이미 기업의 사회적 의무를 하고 있다고 주장한다. 이들 주장의 가

부를 떠나 자본주의의 여러 가지 문제가 노출되는 현 시점에서 Anatole Kaletsky의 '자본주의 4.0'이나 다보스 포럼의 주제이기도 한 '지속 가능한 발전' 혹은 Bill Gates가 주장하는 '창조적 자본주의' 등에 대해 생각할 필요가 있다.

이제 기업의 사회적 책임은 단순히 이웃을 배려하는 기부나 자선에서 진화하여 지속 가능 경영을 가능하게 하는 하나의 전략으로 인식되고 있다(McWilliam, 2015). CSR을 전략이란 장기적인 관점에서 볼 때 기업은 규모를 지속적으로 유지해야 하고, 비용효과를 분석해야 하며 CSR의 내용을 계속적으로 개선해야 하기 때문에 CSR 활동의 확상에는 기업 자체의 의지만으로는 한계가 있다. 이러한 관점에서 공유가치 창출(CSV)는 CSR의 비용적인 측면을 보완하고 기업이 추구하는 경제적 가치와 사회의 요구인 사회적 가치를 동시에 창출하여 지속 가능한 경영을 가능하게 하는 전략이라 할 수 있다. 이는 사회적 가치에 의해 경제적 가치가 창출되고 역으로 경제적 가치에 의해 사회적 가치가 창출될 수 있다는 의미로 궁극적으로 지역공동체에 유익한 것이 기업에도 유익하다고 할 수 있다. CSR과 CSV는 모두 법과 윤리적 기준을 준수하면서 지역공동체를 위해 공헌하는 기업의 활동이다. 〈표 5-1〉은 CSR과 CSV를 비교 설명한 것이다.

공유가치 창출의 사례로 선진국의 기업들이 개발도상국에서 사회적 책임의 일환으로 시작된 사업 프로젝트가 사회적 경제적 가치를 창출하여 공유가치 창출로 이어진 경우가 있다.

예를 들어 프랑스의 식품회사 '다농'은 방글라데시에서 현지법인인 다농그라민을 설립하여 어린이들에게 영양이 풍부한 요구르트를 저렴한 가격으로 공급하고 있으며, 일본 아지노모토 역시 어린이 영양상태가 열악한 신흥국에 맞춤형 이유식과 급식용 영양식을 공급하고 있다. 스위스계 제약사 노바티스는 신흥국 빈곤층의 질병 예방을 위해 의약품 가격을 현실화했으며, 사회적

표 5-1 CSR과 CSV

구분	CSR	CSV
가치	선을 행하는 것	비용에 비해 경제적이고 사회적인 성과 추구
요구	시민의식, 자선활동, 지속 가능성	회사나 사회의 가치 생성을 묶음
경쟁	자유재량에 의하거나 외부의 압력에 따라	경쟁이 필수적임
이익	이익을 극대화하는 것과는 구분되어 있음	이익극대화와 구분지을 수 없음
결정	외부의 보도나 개인적인 선호에 의해 CSR 안건이 결정됨	CSV는 회사의 의사결정이고 그 안건은 회사 내부에서 만들어짐
예산	기업의 입지나 CSR 예산에 의해 영향력이 제한됨	CSV가 회사의 예산을 조정함
예시	공정무역 구매	품질과 산출을 높이기 위해 조달 방법을 변경하는 것(특정 농장을 통한 지속적 구매)

기업 새니베이션은 야외 재래식 화장실이 일반적인 아프리카에 박스 형태의 화장실을 집안에 설치할 수 있도록 했다. 이러한 공유가치 창출의 사례는 모두 철저한 현지화가 있었기에 가능한 사업 모델이며 이를 위해서 사회적 수요 발굴, 수요 제품개발, 원료 확보 및 생산 현지화, 유통채널 확보 등 단계별로 현지화 전략이 필요하다.

Michael Porter 교수는 CSR과 CSV의 차이를 공정무역의 사례를 통해 설명한다. 지역 농부가 재배한 농작물을 기업이 일반적인 농작물보다 높은 값에 구매하는 것은 일시적으로 경제적 지원을 하는 CSR 관점으로 볼 수 있다. 반면 CSV는 농작물 재배 환경을 개선하고 농부를 위한 협력체계를 구축하여 농부들이 효율적이고 지속 가능한 방법으로 작물을 재배해 수확량과 품질을 개선하도록 도움을 주고 동시에 지속적인 구매를 보장해 준다. 이는 궁극적으로 기업의 이미지를 개선하고 소비자에게 제공되는 상품의 질을 높이는 데 기여하여 수익을 창출하는 선순환 구조를 가진 전형적인 CSV라 할 수 있다.

이와는 반대로 CSV 활동에 실패하여 치명적인 영향을 받은 기업도 있다. 네슬레의 킷캣 초콜릿은 포장지에 공정무역 로고를 사용하고 있었다. 그러나 네슬레의 최대 거래처인 인도네시아의 시네마스는 오랑우탄의 서식지인 열대우림지역을 심각하게 훼손하며 팜유를 생산하고 있었다. 2010년에 그린피스에 의해 시작된 킷캣 불매운동 영상은 24시간 만에 150만 건이 넘는 조회를 기록했고 결국 네슬레가 시네마스와 같이 환경을 훼손하는 기업과는 거래를 않는다는 약속을 한 후에야 그린피스의 불매운동이 끝났다.

3. 기업시민정신

기업시민정신(corporate citizenship)은 Matten과 Crane(2005)이 소개한 개념으로 CSR의 일부로서 "시민으로서 기업의 역할"이라 규정하였다. 다시 말하면 기업 역시 개인과 마찬가지로 지역사회의 구성원으로서 일정한 책임과 권리를 가진다는 의미이다. 이 같은 기업시민정신에 대한 정의는 그들이 오랫동안 다국적기업을 관찰한 결과, 과거의 사회적 규정이나 정책은 개별 국가에 의해 만들어지고 시행되었으나 글로벌 시대에는 기업과 사회적 동의로 형성되고 시행되는 것을 발견하면서 CC에 대해 정의하였다. 따라서 기업시민정신은 글로벌 시대 기업의 사회적 역할이라고도 할 수 있다.

기업시민정신에 대한 개념은 오래전부터 존재해 왔다. 일반적으로 CC의 주요 내용은 CSR의 네 가지 측면을 그대로 적용하여 경제적 의무, 법적 의무, 윤리적 행동, 그리고 자선 등 네 가지로 구성되며, 기업시민정신을 추구하는 기업은 네 가지 구성요소가 유기적으로 결합된 행위를 하여야 한다고 주장하였다(Carroll, 1998). 1990년대 초만 해도 기업의 사회적 책임과 기업시민정신은 유사한 의미로 사용되었으며, 이후 기업시민정신의 개념은 사회적 가치, 경제적 성과와 환경보존 등 트리플 보텀 라인(triple bottom line)을 추구하고 이러한 활동을 실천하는 기업을 '시민기업'(civil corporate)이라 부르기 시작했다(Zadec, 2001). 다보스포럼(2002)에서는 경영활동을 통한 사회적 투자, 사회공헌 프로그램과 공공정책과 연계를 통해 사회적 성과를 추구하는 것을 기업시민정신이라 정의하였다.

2000년대 중반 이후 기업의 CC와 CSR을 구별하기 시작했는데 기업을 한 명의 시민으로 인식하고 지역공동체의 일원으로서 시민의 역할을 요구하는 관점이 CC의 개념으로 인식되기 시작했다. 기업에게 지역공동체를 위한 의식 있는 시민으로서의 역할을 요구하며, 기존의 CSR에 더하여 이해관계자 이론(stakeholder theory)을 바탕으로 포괄적 의미의 사회적 책임을 다하는 것이 진정한 의미의 기업시민정신이라 주장하였다(Waddock, 2004). 따라서 기업시민정신은 CSR의 일부분이 아니라 CSR의 발전된 형태로 인식하여야 할 것이다.

위에 언급한 내용을 포함하여 박세호와 나인강(2013)은 "기업시민정신은 경영활동에서 강조된 사회적 책임과 이윤 추구의 두 가지 측면을 모두 고려하여, 관련된 모든 이해관계자들과 기업이 함께 윤리적이며 지속적인 성장을 추구하는 정신"이라고 주장한다.

기업시민정신 역시 지속 가능 경영과 관계가 있다. 기업시민정신은 기업이 사회를 이끄는 중요한 요소로서 역할을 하고 지속 가능한 발전을 위하여 사회적 책임과 환경보호 의무를 하는 새로운 경영방식이다.

끝으로 기업시민정신의 사례로 한국에서도 경영활동을 하고 있는 독일계 건축자재 기업인 레하우(REHAU)의 기업시민정신을 소개한다. 글로벌 기업인 레하우는 책임 있는 고용주로서 전 세계의 생태계를 보존하고, 경제적, 문화적, 사회적 가치를 추구하고 지속적인 가치를 가져올 수 있는 것을 목표로 장기적인 사회적 책임을 수행하고 있다. 레하우 그룹의 Jobst Wagner 회장은 "원칙적으로 모든 기업가는 공공부문을 위한 헌신을 해야 하며, 나의 헌신은 주로 예술과 예술가들에 대한 것"이라 하였다. 다음은 레하우의 기업시민정신의 문화적 그리고 과학적 결과물을 요약한 것이다.[01]

1. REHAU ART 박물관 설립 및 후원
2. 모스크바의 레이첼 니노프 트리오 후원
3. 스위스 베른 미술 박물관 후원
4. 독일 Hof 국제 영화제 지원
5. REHAU 경제상, REHAU 기술상 제정 및 수상식
6. REHAU 과학기술 심포지엄

사례 연구

한국 사회적 경제의 전통: 두레

두레는 우리의 전통적 사회적 경제조직으로 '마을에서 노동이 필요한 일에 주민들이 공동으로 작업을 하던 작업공동체'이다. 개인적인 산업공동체와 달리 공동으로 일을 하는 농경민족의 작업방식이라 할 수 있다. 비슷한 형태의 노동 공동체로 품앗이가 있지만, 이는 노동을 교환하던 제도로서 일의 시기와 계절에 관계없이 이루어지고 농번기 등에 주로 품을 빌리고 갚아주는 형태로 이루어지며, 노동 대가가 지불되는 것이 차이점이다. 품삯이란 말도 품앗이로 받은 대가를 의미하는 것으로 마을 공동체를 위하여 노동을 제공하는 두레보다 거래의 성격이 강하다. 두레는 공동작업 형태로 마을 전체를 위해 무상으로 노동을 제공하는 것으로, 이를테면 농업용수를 끌어오기 위해 수로를 내는 일, 수재에 대비해 방죽을 쌓는 일, 길을 넓히고 고치는 일, 모내기, 벼 베기, 풀 뽑기, 지붕 갈기 등을 예로 들 수 있다. 두레는 비록 우리 농촌에서 사라졌지만 우리나라 고유의 사회적 경제의 전통이다.

01 https://blog.naver.com/hanwha_rehau/221317822775

두레의 원천은 삼한시대의 하늘굿(祭天義式)에서 찾고 있다. 통일신라 이후의 향도(鄕徒)와 한가위의 기원인 6부 아낙들의 두레 길쌈겨루기가 그것이라고 한다. 통일신라시대에는 배타적 토지소유권이 확립되지는 않았으나 이제까지의 씨족 또는 부족 단위 공동생산이 해체되고 토지 점유와 생산이 개별 가족단위가 중심이 되기 시작된 일대 전환기다. 이 같은 공동생산 양식의 해체에도 불구하고 농업의 본질적 공동성의 필요에 따라 가족별 생산의 한계를 극복할 대안으로써 이 공동 농사일 조직이 발생했다는 것이다.

두레: 중남부 지방 논농사 지대에서 한 마을의 성인 남자들이 협력하며 농사를 짓거나, 부녀자들이 서로 협력하여 길쌈을 하던 공동노동조직

이런 원시적 두레는 논농사의 확산과 더불어 논농사 집중지역인 남한 지역에서 정착되기 시작했고, 특히 전래의 직파 대신 모를 길러 논에 옮겨 심는 조선 후기(14세기)에 가서야 두레다운 두레가 제 모습을 갖춘다. 그러니까 본격적인 두레는 이앙에 따른 벼농사의 산물이다. 벼농사는 음력 5월부터 10월까지의 고온 다습한 여섯 달 동안의 비교적 단기간에 단위면적당 다른 작물의 추종을 불허하는 생명열량을 생산해 주지만, 그만큼 집중과 강도가 높은 노동이 요구된다. 더구나 논물을 거의 천수(天水)에 의존했던 전통사회에서 언제 내릴지 모르는 비와 5월을 넘길 수 없는 영농시한에 맞추어 신속하게 모를 내지 않으면 일 년 농사를 망치는 이앙법은 노동의 조직화가 절실한 과제일 수밖에 없게 했다. 게다가 모내기 뒤 보름 전후부터 열흘쯤의 간격으로 세 번쯤 거듭하는 논매기는 바로 삼복더위와 거의 같은 기간에 논바닥에 엎드려 기며 풀을 매야 하는 중노동이다.

두레조직은 통치권의 행정조직과는 별개로 일차적으로는 자생마을 단위의 생산조직이다. 마을공동체 시절에는 마을마다 있었던 두레 답과 동답으로 불리는 공유 답은 의무적인 두레 공동경작으로 마을 재정의 기본으로 삼았다. 두레 구성원 중 가장 많은 비중을 차지했던 소 · 중농 경작지는 상호부조로 공동 경작한다. 본인 대신 머슴만 두레에 참여시키는 지주의 넓은 사유지의 경작은 두레노동의 반대급부로 두레 유사의 계산에 따라 현물 또는 현금으로 지불받아 경작지가 없거나 적은 두레 구성원에게 분배해 주고 나머지는 두레 재정에 보탰다. 두레에 일꾼을 보낼 수 없는 과부나 노약자의 경지는 공공 부조로 무상경작해 주는 것이 원칙이었으나, 경우에 따라서 가벼운 반대급부를 두레에서 요구했다. 두레조직은 항구적이었으나 마을 대동굿 기간이 끝나고 농번기가 다가오는 정월 보름에서 2월 중에 16세부터 55세까지의 신입회원을 받는 신참의식, 조직역원 선출, 마을 대소사 논의, 각자의 호미를 두레 청에 걸며 공동작업 의지를 결속하고 조직에 활력을 불어넣는 두레 총회로써 조직을 재가동시켰다. 이 의식을 지역에 따라서는 호미 모둠 또는 동회라고 불렀다.

본격적인 농번기인 모내기나 김맬 때는 두레 구성원 모두가 작업장 책임자인 숫총각이 든 농기를 앞세우고 북, 장구, 꽹과리, 징 등 이른바 기본적인 노작풍물만 치며 일터에 나간다. 일터 도착 뒤에는 농기는 전답 가에 세워두고, 풍물은 사설과 목소리 좋은 두레꾼 한두 사람만 잡는 북 또는 장구 외에 나머지는 역시 전답 가에 그냥 둔 채 두레 우두머리인 영좌까지 전원이 작업에 참가한다.

몇 개의 논배미를 순식간에 휩쓸고 넘어서면 아침밥이 나오고 또 얼마 뒤에는 새참과 농주가 나오고 걸판 진 점심이 나온다. 점심 뒤에는 각자가 나무그늘을 찾아 보통 오후 4시경까지 자는 낮잠으로 포식한 점심을 삭히고 한낮 더위를 식혔다. 일하는 시간이 이른 아침부터 해질 때까지라지만 네 차례의 참시간과 낮잠시간을 빼면, 노동법과 시계가 없던 그 시대였는데도 자율적인 두레관행에 따라 8시간을 넘기지 않는다.

이런 식의 두레 일이 끝날 때마다 농청에 모아 걸어두었던 호미를 깨끗이 닦아 각자의 집으로 가져가는 두레 해단식을 치른다. 이 의식을 지역에 따라서는 호미씻이 또는 백중놀이라 부른다.

어쨌든 두레는 3인이 개별로 따로 일하면 3일 몫인 농사일을 세 사람이 두레로 하면 이틀에 마칠 수 있을 만큼 효율적인 공동노동조직임에 틀림없지만, 두레의 기능이 이에 한정된 것은 결코 아니다. 마을 자치시대의 그것은 마을 자치의 의회기구였고, 동시에 집행조직이었다. 또 그것은 마을공동체의 흐트러지는 기율을 바로세우는 엄정하고도 민주적인 사법기구이자, 공동체 삶에 필요한 모든 지혜와 덕목을 전인격적으로 전수하는 교육현장이기도 했다. 가장 특징적인 것은 고달프고 소외되기 쉬운 노동을 신명나는 놀이로 승화시킨 탁월한 문화예술 조직이라는 데 있다.

그러나 이런 두레는 이제 완전하게 흔적을 감췄다. 두레 쇠퇴의 일차적 원인은 일제의 조선 지배의 기초사업인 동양척식회사의 토지조사와 경계 확정, 그에 따른 소유권의 제도화로 인한 소유권과 이용권의 배타적 독점화, 화폐경제의 농촌지배로 지금까지 공동체적이었던 두레노동의 개별 임금 노동화, 민속성체성과 마을 공동체성을 파괴하기 위한 일제의 식민문화정책 등 때문이라는 데는 누구도 이견이 없다. 그리고 근대화, 공업화로 얻은 비료와 농약, 농기계 등이 농촌과 농업을 지배하면서, 두엄 대신 비료를 사고, 농약이 논매기보다 논풀, 밭풀을 더 말끔히 죽여주고 농기계가 땅 갈고, 모 심고, 가을 걷이까지 할 수 있는 환경이 되고 나서부터 마을 공동체에 의한 협동 노동의 필요성이 점차 줄어들게 되고 결과적으로 전통적 두레도 우리 농촌에서 사라지게 되었다.

지금은 진정한 농촌이 없고 도시 변두리만 있다. 두레의 부활도 농촌두레 대신 도농두레를 통해 부활할 수 있을 것이다. 그 부활의 단계도 전통두레에서 가장 마지막으로 사라져간 두레농지를 가장 앞서 복원하는 것으로부터 시작하여 두레노동, 두레경영, 두레문화 등으로 하나하나 재도입하고 재창조해 가야 할 것이다.

출처: 공생농 두레 대표 천 규석의 "우리 역사 속에 나타난 공동체의 현재적 의미"를 수정 게재

Chapter 06

사회적 기업의 경영

1. 사회적 기업의 형태

Bill Drayton에 의해 사회적 기업가정신이란 용어가 회자되기 시작하면서부터 사회적 기업의 '사회적'이라는 개념에 대한 의견이 다양하게 정의되었다. 사회적 기업이라는 스펙트럼의 한쪽 끝을 차지하고, 기업가정신을 중시하는 북미 지역의 일부 기업가들에게 사회적 기업(social business)은 경영전략이나 미디어 전략의 결과이다. 즉 기업 내부와 외부의 이해 관계자들의 소통과 이해를 쉽게 하는 기술들을 통합한 접근방식으로 마케팅과 조직차원의 전략으로 그들은 사회적 기업을 이해한다. 다국적 기업인 IBM은 그들이 공급하는 제품과 서비스의 포트폴리오를 설명하기 위해 사회적 기업이라는 용어를 사용하기 시작했다. 즉, 원가를 줄이고 수익을 증대시킴으로써 경쟁력을 강화시키는 제품과 서비스의 구성에 사회적 기업이라는 개념을 반영시킨 것이다. TOMS Shoes는 자사 제품 한 켤레를 구매하면 한 켤레의 신발을 어려운 상황에 처한 아프리카나 남미의 아이들에게 제공한다는 One for One 전략을 펼쳤다. 그동안 기업의 공적인 활동을 연구해온 학자들은 이 전략이 사회적 가치를 추구하기 위한 행동인지 고도의 마케팅 전략인지 판단하기 어려웠다. 또한 미국의 소프트웨어 회사인 Salesforce.com(CRM)은 2012년부터 그들이 제공하는 서비스를 표현하고 상표로 삼기 위해 '사회적 기업'이란 용어를 전 세계 모든 국가에서 사용하기 시작했다. 이에 대한 반발로 영국의 사회적 기업청은 사람들에게 사회적 기업에 대한 개념을 명확히 전달하고, 사회적 기업이 기업의 목적으로 사용되지 않도록 하기 위해서 'Not in Our Name'이란 슬로건을 사용하기 시작했으며, Salesforce.com 사장에게 이러한 노력을 중지할 것을 요청하는 편지를 보내기도 했다. 사회적 기업은 영리기업으로 이해 당사자들의 이익을 최대화한다는 목적은 결코 주된 목적이 될 수 없으며, 경제적 가치와 동시에 사회적 · 환경적 가치를 추구하는 것이 주주들의 가치에 부합된다는 사실을 인식하는 기업이다.

2011년 유럽연합회(European Commission)에서도 사회적 기업에 관한 연구를 시작했으며, 여기서 social enterprise와 social business를 동일한 개념으로 인정했다. social business를 "기본적 목적이 소유주나 주주들을 위하여 이윤을 창출하기보다는 사회의 긍정적 변화를 이룩하는 기업"이라 정의하고, social business를 시장과 시민사회에 공통으로 존재하는 통합기업(hybrid organization)이라고 표현하였다.

Yunus에게 있어서 사회적 기업은 또 다른 의미와 정의를 가지고 있다. 그는 "사회적 기업은 오로지 사회적 가치를 추구하기 위해서만 존재한다. 따라서 투자자를 위한 어떤 이윤도 창출하면 안 된다."(A social business designed exclusively to deliver social benefit, there is not thought of creating profit for any investor. Yunus, 2010)고 하였다. 실제로 Yunus는 social business라는 용어를 주로 사용한다.

이러한 관점에서 우리는 최소한의 사회적 기업의 요소를 제시해야 할 것이다.

[그림 6-1]은 영리 사회적 기업과 비영리 사회적 기업의 다양한 형태를 기

업환경과 관련하여 다섯 가지 형태로 구분하여 설명한 것이다.

먼저, 1과 2로 표기된 사회적 기업은 사회적 기업가정신과 일치하는 부분이 많다. Yunus의 사회적 기업은 사회적 사명감에 대한 열정, 혁신, 그리고 실리콘 밸리의 개척자들과 같이 기업가정신이 투철한 사회적 기업가에 의해 시작된다(Dees, 1998). 이 타입의 사회적 기업가는 기업가정신이 투철하며, 투자자에게 사회적 가치(영향)보다 더 높은 투자수익률을 제공할 수도 있을 것이다. 공유가치는 CSR과 비슷하지만 '가치 창출'이라는 점에서 가장 큰 차이가 있다. CSR은 선행을 통해 기업의 이윤을 사회에 환원하기 때문에 기업의 수익 추구와는 무관하다. CSV는 기업의 사업 기회와 지역사회의 필요가 만나는 지점에서 사업적 가치를 창출해 경제적 · 사회적 이익을 모두 추구한다. 그룹 4가 여기에 속한다.

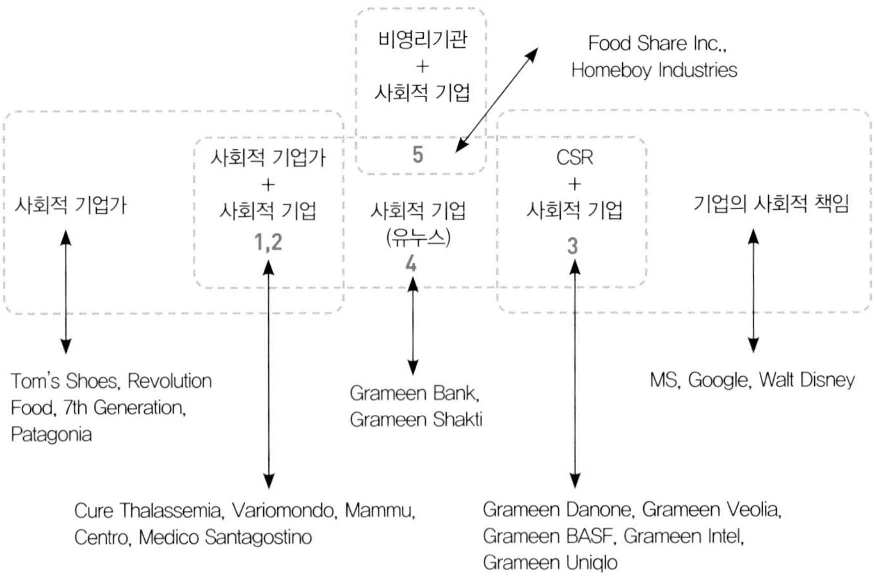

그림 **6-1** **Yunus의 사회적 기업의 형태**

출처: Maria Ballesteros-Sola (2014).

셋째 형태는 이 그룹의 사회적 기업과 겹치는 부분이 많은데 예를 들면, Danone, Veolia, Mcain 혹은 BASF 등과 같은 기업으로 그동안의 사회적 책임 활동을 새롭게 정의하여 사회적 기업활동을 하게 된 기업이다. 프랑스의 다국적 식품업체인 다농의 경우 Grameen과의 합작으로 어린 아이들에게 요구르트를 싼값에 공급하여 성공적으로 조직의 문화적 가치를 방글라데시 전 지역에 전파할 수 있었다. 그룹 3이 여기에 속한다.

마지막으로 남은 사회적 기업의 형태는 이윤을 바탕으로 지속성을 확보하기 위하여 비영리법인 형태의 사회적 기업을 의미하며, 그룹 5에 속한 사회적 기업들이 이에 포함된다(Bell et al., 2010).

2. 사회적 기업과 일반관리

1) 사명감과 목적

'사명 선언문(mission statement)'이란 한 개인이나 단체가 이루고자 하는 핵심 가치를 설명하고, 그것을 달성하기 위해 단계적으로 어떻게 해나갈 것인가를 명료하게 기록한 글을 말한다. 사명 선언문에는 개인이나 조직의 세계관과 가치관, 과거 · 현재 · 미래에 대한 통찰 등 삶의 전 영역이 포함된다. 또한 세상에 알리고 싶은 자신만의 미래상과 현재의 존재 이유(raison dêtre)가 명확하게 표현되어야 한다. 사명 선언문은 각자의 사명감과 의욕 및 자긍심을 높여주며, 공동체의 역량과 협동심 등을 결집시켜 주는 역할을 한다.

사회적 기업의 사명은 말 그대로 사회의 가치관에 반영되어 긍정적 영향을 미칠 수 있는 것이다. 사회적 사명감은 자연적 긴장감을 가져오고 끊임없이 변화를 가져온다. 구체적이고 정확한 사명 선언문은 목표와 성과측정에 관한 정의가 명확하게 기술되어 있다.

Yunus는 사회적 기업을 사회적 문제 해결을 목적으로 하는 기업이라고 설명하고 있다. 따라서 사회적 문제 해결이 항상 최우선순위에 있으며, 문제의 이슈를 파악하고 원인과 결과를 명확히 분석하는 것이 비즈니스 모델 개발에서 우선되어야 한다.

Yunus와 Danone CEO인 Franck Riboud이 서명하여 합작한 Grameen Danone Foods Ltd.의 목적은 지역 기반의 기업을 이용하여 식품을 공급함으로써 어린이들이 건강을 회복하고 빈곤에서 헤어날 수 있도록 하는 것이다(Yunus, 2007). Grameen Shakti는 신재생에너지 기술을 이용하여 농어촌 지역 주민들에게 에너지를 공급하고 환경을 보호하며 동시에 삶의 질을 향상시키는 것을 목적으로 설립되었다.

사회적 기업가는 본인이 해결하려고 하는 사회 문제에 대한 명확한 이해를 필요로 한다. 이탈리아의 기업가 Eugenio La Mesa는 친구 Pietro Sodani를 통하여 지중해 빈혈증(thalassemia)라는 병에 대하여 알게 되었다. 지중해 빈혈증은 혈액과 관련된 병으로 현기증을 동반하고 계속 수혈을 해야 하는 유전성 혈액질병이다. 실제로 선진국에서는 거의 발병하지 않아 희귀병이지만 전 세계적으로 300,000명의 환자가 있으며, 지금도 매년 60,000의 어린이가 이 병을 가지고 태어난다. Eugenio는 어린이들의 희귀암과 혈액 관련 병을 연구하고 치료하기 위한 어린이 전용병원 Cure2Children을 이탈리아에 설립하였다. 이러한 사회적 문제를 해결하기 위한 사회적 벤처의 잠재력을 예견하고 설립한 Cure2Children을 기부금과 정부 보조금으로 운영하였다. 그리고 Eugenio는 세계에서 가장 큰 어린이 병원인 Narayana Hrudayalaya Multispecialty Hospital의 Mazumdar Shaw 암센터와 제휴를 통하여 Cure Thalassemia를 공동으로 인디아에 설립하였다. Cure Thalassemia의 사명은 후진국의 지중해 빈혈증을 근절하여 더 이상 고통받는 어린이가 없도록 하는 것이다. 그들은 골수 이식 수술을 통하여 빈곤층의 어린 지중해 빈혈 환자를 치료하기 시작했으며 아직도 이들의 활동은 계속되고 있다. 사회적 기업은 사명감에 의해 운영되는 기업이며, 그들의 사명이 사회적 기업의 정체성을 구성하는 중요한 요인이 된다.

2) 전략과 비즈니스 모델

사회적 기업가에게 비즈니스 모델은 사회적 사명을 수행하면서 조직의 지속 가능성을 유지할 수 있도록 하는 경영의 방법을 그림으로 표현한 것이다. 일반적으로 비즈니스 모델은 조직구조, 프로세스, 시스템 등을 통하여 경영 전략을 구현하는 청사진이라 정의할 수 있다. 다시 말하면, 비즈니스 모델이란 어떤 제품이나 서비스를 어떻게 소비자에게 제공하고, 어떻게 마케팅하며, 어떻게 수익을 창출할 것인가 하는 계획 또는 사업 아이디어이다.

사회적 기업가들은 블루오션 전략(blue ocean strategy)을 사용하기도 한다. 본래 블루오션 전략은 본질적 차이와 가치 혁신을 통하여 경쟁이 없거나 심하지 않은 시장을 창출하는 전통적 영리기업의 시장전략이다. 이러한 시장의 참여자는 원가를 낮추면서 새로운 이익을 창출하여 전통적으로 받아들여지는 차별화와 원가절감의 적절한 균형을 거부한다. 이러한 관점에서 Grameen Shakti는 사회적 기업의 블루오션 전략의 대표적 사례이다.

1990년대 방글라데시는 도시들이 서로 단절되어 있고, 전기와 물을 공급하는 기반시설이 부족하여 도시 경제의 성장과 개발의 한계로 인식되고 있었다. 그러나 도시 주민에게 물과 전기를 공급하는 사업은 수익이 되는 사업이 아니고 결과적으로 상업적 잠재력도 낮아서 아무도 수백만 도시 주민에게 전기와 물을 공급하려는 시도가 없었다. Yunus와 그의 동료들은 처음 시도하는 에너지 사업에 대한 위험을 감수하고 태양광 사업을 통하여 문제를 해결하기 위한 도전을 시작하였다. 1990년대 중반 Grameen Shakti를 설립하여 아무도 참여하지 않은 에너지 산업을 개척하고, 경쟁자가 없는 전력거래 시장을 조성하여 새로운 전기 수요를 창출하여 방글라데시의 도시경제 발전에 기반을 닦았다. 2012년 Grameen Shakti는 100만 번째 태양광 시스템을 설치했으며 세계에서 가장 많은 개별 발전시스템을 보유한 기업이 되었다. 그 후로도 생산라인을 확대하여 요리용 스토브, 가스 등 일반 서민들이 필요로 하는 제품을 생산하는 사회적 기업으로 성장하였다.

사회적 기업가들은 일반 영리기업에서 사용하는 성공적인 비즈니스 모델을 사회적 기업에서 수정하여 사용하기도 한다. 예를 들면, 기본적이거나 초기 제품이나 버전은 무료로 제공하고 고급이나 업그레이드된 버전이나 제품은 구매해야 하는 'freemium' 모델은 인터넷 기반의 소프트웨어 업체에서 주로 사용하는 비즈니스 모델이다.

앞서 설명한 지중해 빈혈 전문 치료병원인 Cure Thalassemia의 공동 설립자인 Eugenio La Mesa는 이 모델을 그의 사회적 기업에 적용하기로 하였다. 다른 공동 설립자이며 의료 담당 대표인 Pietro Sodani와 의논하여 Thalassemia 환자에게 인터넷이나 인터뷰를 통하여 무료 상담을 하기로 결정하여 2013년 12월까지 75개국의 2500가족에게 도움을 주었다. 이러한 사실은 다른 환자와 가족들에게 알려졌으며, 그들이 설립한 Cure Thalassemia는 당연히 이 분야 최고의 병원으로 자리매김을 하게 되었다. 현재도 지중해 빈혈과 관련 시장을 리드하는 최고 권위의 사회적 기업이다.

위에서 몇 가지 비즈니스 모델과 운용에 대해 살펴봤지만 성공적인 사회적 기업의 모델을 개발하려면 다음의 네 가지 요인을 충족해야 한다.

1. 비즈니스 모델과 사회적 사명과의 조화

2. 고객뿐 아니라 이해관계자 모두에게 영향을 줄 수 있는 모델의 개발
3. 문화적 이해와 지역사회와의 교감
4. 주요 동향, 시장, 산업에 대한 적응 및 동종의 유사한 비즈니스 모델 참조

3) 사회적 기업의 리더십

막중한 사명감은 항상 강한 리더십을 요구한다. 사회적 기업가들 중에는 이미 성공한 기업가들로서 경제적 이익을 추월하여 자신의 일에서 의미와 가치를 추구하는 사람들이 많다. 그리고 사회적 기업과 협업하는 대기업들도 강한 리더십과 경영진의 참여와 헌신이 요구된다. 다농 그룹의 회장이며 CEO인 Franck Ribud는 합작 소셜 벤처인 Grameen Danone의 설립을 지휘하고, 창업 당시의 아이디어부터 첫 번째 요구르트가 생산되는 14개월간 방글라데시라는 나라에서 아무런 경험도 없이 요구르트를 생산하여 아이들의 영양 상태를 획기적으로 개선시키고 위생과 건강한 환경을 제공한 신념과 사명감을 가진 기업가였다. 사회적 기업에서 초기 경영계획은 지나치게 낙천적인 경향이 있다. 이러한 경우, 경영진의 의지와 사명감은 사회적 벤처의 지속 가능 성장에 없어서는 안 될 중요한 요인이 된다.

사회적 기업도 일상의 경영을 담당할 강력한 리더를 필요로 할 때는 비영리기업과 같은 문제에 직면하게 된다. 비영리기업은 조직 내부에서 강력한 리더십을 갖출 수 있는 인재를 양성할 수 있는 예산이나 조직 환경을 조성하기가 힘들다. 그들은 일반적으로 자금이 부족하므로 자질을 갖춘 유능한 지도자를 고용하기도 힘들고 리더를 뽑는 과정도 효율적이지 못하다. 비영리기업이나 사회적 기업은 이러한 이유로 주식회사와 같은 영리기업과 같이 우수한 CEO 영입 경쟁을 할 수는 없다. 이제는 사회적 기업도 경영진의 급여 및

보상에 대해 새롭게 인식하고, 유능한 직원의 영입 등 우수한 인재에 투자해야 할 것이다.

오늘날 가장 성공적인 사회적 기업의 주요 요인은 지역 문화와 사회적 가치를 이해하고 지역의 기업 환경을 잘 이해하는 지역의 인재와 관리자들을 영입하는 일이다.

대기업과 제휴하여 설립된 사회적 벤처 경영진의 보수가 이슈가 된다면, 지역의 소규모 사회적 기업은 유능한 인재를 영입하기 어려울 것이다. 대다수의 사회적 기업가는 소셜 벤처의 수익이 적기 때문에 적절하게 보상을 받지 못하고 있으며, 어떤 이들은 최소한의 비용만 보수로 지급받고 있다. 이러한 문제들은 소셜 벤처가 지속성을 가지고 성장하는 데 가장 큰 장애물이 될 수 있다. 이러한 열악한 환경에도 불구하고 우리 사회는 유능한 사회적 기업가를 끊임없이 배출하여야 한다. 다음은 유누스가 주장하는 유능한 사회적 기업가의 특징을 요약한 것이다.

① 사회적 사명감에 대한 열정과 지식
② 문제 해결을 위한 창의적 생각과 시장 기회에 대한 비전
③ 실질적 행동 중심의 사고
④ 기업가정신을 갖출 수 있는 기업 운영 경험

3. 사회적 기업의 마케팅

일반 영리기업과 사회적 기업의 가장 큰 차이는 이익만 추구하는 것이 아니라 사회적 문제 해결에 대한 사명감이라 할 수 있다. 사회적 기업의 이윤 역시 기업의 미래성장, 지속 가능성과 확장성의 향상을 위해 재투자된다. 또

한 사회적 기업은 이익 중심의 조직이 아니라 사회 변화의 주도자로서 원인 중심의 조직이다(Yunus et al., 2010).

전통적 영리기업의 경우, 제품 디자인의 가장 핵심 기준은 고객의 요구와 취향이다. 그러나 사회적 기업의 경우 고객이나 개인의 욕구나 취향보다 사회적 문제 해결이 중요하다. Grameen Bank와 프랑스의 식품회사인 Danone 그룹의 조인트 벤처인 Grameen Danone이 좋은 사례가 될 것이다. Danone 그룹에게 관건은 이윤이 아니라 이 사업으로 인해 영양실조에서 벗어난 어린이들의 숫자이다. 일반 기업의 경우 재무적 수치가 기업의 목표를 의미하듯이 사회적 기업 역시 명확하게 정의된 목표가 있어야 한다.

마케팅 믹스의 4P는 사회적 기업에서는 4S로 대신하게 된다. 앞서 설명했듯이 제품 디자인의 기준은 고객 개인의 욕구나 취향이 아니라 사회적 문제 해결이다. 따라서 제품(product)은 사회적 문제(social cause)로 대치되어야 한다. 가격(price)은 유일하게 수익을 창출할 수 있는 마케팅 믹스의 p이다. 그러나 사회적 기업에서도 가격은 제품의 용인성(acceptability)과 수혜자가 지불할 수 있는(affordable price) 적정 가격을 정하는 중요 변수이다. 사회적 기업 역시 사회적 가치를 추구한다 하더라도 가격은 제공하는 가치와 맞게 정하고 기업이 지속적으로 성장할 수 있도록 책정되어야 한다. 하지만 사회적 기업은 지속적 경영을 할 수 있는 원천이 되는 수익과 수혜자가 부담할 수 있도록 가격이 서로 차이가 있는 경우가 발생하기도 한다. 사회적 기업가는 기업을 유지하는 두 개의 축, 즉 경제적 성과와 사회적 성과가 서로 균형과 조화를 이룰 수 있도록 적절한 가격을 책정해야 하며, 수혜자가 부담이 되는 가격을 피해야 할 것이다. 따라서 사회적 기업의 마케팅 믹스의 가격(price)은 수혜자가 부담할 수 있는 충분한(sufficient) 배려가 반영된 가격으로 책정되어야 한다.

일반적으로 사회적 기업의 수혜자는 저소득층의 사회적 취약자로 피라미드의 하위(bottom of pyramid: BOP)에 존재한다. 전 세계 인구 중 40억 인구가 하루 2 US$ 이하로 생활한다. 그러나 이들이 차지하는 시장이 크기도 하지만 미래의 전망이 있는 시장이기에 기업가에게는 비즈니스의 새로운 기회가 되기도 한다. 현재 사회적 기업이 이들에게 접근하는 방법은 매우 제한적이다. 이들에게 접근할 수 있는 사회기반구조(infrastructure)가 부족하고, 수송수단이 부족하고, 직접 이들과 접촉할 수 있는 상업시설도 거의 전무한 형편이다. 따라서 이들을 위한 물류 시스템과 유통채널(place)은 이들이 접근할 수 있도록 적절하게(suitable) 디자인되어야 한다. 물류 네트워크의 적정성(suitability)이 기업의 확장성을 결정하는 핵심 요인임을 인식해야 한다. 이를 위해서 수혜자에게 직접 배달, 택배 시설의 이용, 지역공동체의 유통센터, 편의점 등을 이용하는 방법도 고려해야 한다.

피라미드의 하위에 있는 사람들이나 사회적 박탈감을 느끼는 사람에게 관념적으로 접근하는 것 역시 어려운 일이다. 이러한 어려움은 새롭고 효과적인 소통방법으로 극복해야 한다. 수혜자들 대부분은 자신들의 문제가 무엇인지 인식하지 못한다. 사회적 기업가는 이들이 자신들의 문제를 명확히 인식하게 하고 동시에 그들이 제공하는 제품과 서비스가 어떻게 그들의 문제를 해결할 수 있는지를 알려줘야 올바른 의사소통이라 할 수 있다. 따라서 사회적 기업의 수혜자와 의사소통(promotion)은 많은 정보와 그들 스스로 문제 해결방법을 인식할 수 있는 논리와 지식을 포함하여야 한다. 일반 기업에서 광고는 모든 게 'Thinking out of box'라 할 수 있다. 이는 상자 안의 갇혀 있는 사고에서 탈피하여 창의적인 아이디어로 고객에게 접근하라는 마케팅의 기본 전략이다. 대부분의 광고는 고객의 주의를 끌고 알리기 위하여 화려한 그래픽, 요약된 이미지, 그리고 귀에 쏙 들어오는 광고 문안(copy) 등을 활용한다. 그리고 쌍방향 게임 사이트, 팟캐스트 같이 활기찬 웹사이트들은 고객을 메시지와 댓글 등으로 참여시켜 그들의 자존감을 높인다. 그러나 사회적 기업에서는 수혜자들이 취약하고 상대적으로 박탈감을 느낄 수 있기 때문에 화려한 메시지보다 간단(simple)하고 명료한 메시지가 효과적이다. 그리고 그 메시지는 자신들과 관련이 있다는 사실을 인식할 수 있게 디자인되어야 한다. 그리고 사용하는 매체도 일반 기업의 광고 매체와 달라야 할 것이다. 중앙의 방송이나 인기 연예인들보다는 지역 매체나 지역의 인물을 통하여 전달하고 지역 특성에 맞는 광고 문안이나 영상물을 이용하여 수혜자들에게 접근하는 것이 효과적인 사회적 기업의 의사소통방법이다. [그림 6-2]는 사회적 기업의 마케팅 믹스를 요약한 그림이다.

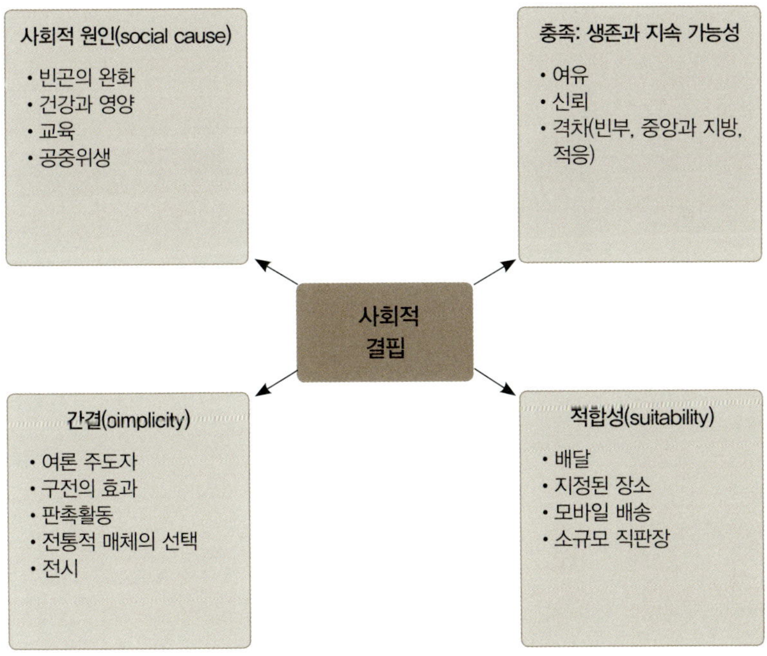

그림 6-2 사회적 기업의 마케팅 요소: 4S

출처: Khalil & Hussain (2014).

사례 연구

Grameen Intel Social Business Ltd.

그라민 인텔(Grameen Intel Social Business Ltd.: GISB)은 2008년 인텔의 크레이그 배럿 회장과 무하마드 유누스 그라민 이사회 의장이 소셜 비즈니스 관련 MOU를 서명하면서 2009년 설립된 세계 최초의 IT 기반 사회적 기업이다. 본사는 방글라데시 다카에 위치하며 컴퓨팅 기술을 사용하여 농촌 기업가를 위한 IT 솔루션을 제공하는 것을 목적으로 한다. 비전은 전 세계 사람들의 삶을 연결하고 향상시키는 기술 솔루션을 제공하는 것이며 미션은 다음과 같다.

- 저렴한 가격의 정보 기술로 사회 문제를 해결
- 저비용 컴퓨팅 장치에서 실행되는 소프트웨어 개발
- 농업 또는 의료관련 서비스를 제공하는 기업가 네트워크를 위한 솔루션
- 정보 서비스에 연결되지 않은 취약계층을 연결하기 위한 전략

위의 GISB의 사명에서 언급했듯이 GISB에서 제공하는 제품들은 크게 mrittika mrittikā, ankur ankur, protikar protikār, vistar vistār 등 농업관련 소프트웨어, gDraw, gSlate 등 어린이들의 학습에 도움을 주는 모바일 애플리케이션, COEL COEL이라는 이름의 스마트 팔찌가 대표적이다.

1. 농업관련 소프트웨어

1) mrittika

mrittika는 토양 영양 분석 및 비료 추천 소프트웨어로, 농부들에게 토양 테스트 서비스를 제공하고, 그 결과를 분석하여 비용 효율적이고 최적의 생산성을 달성하기 위한 비료를 추천해 준다. 방글라데시의 Kushtia, Bogura, Netrokona 및 Dhaka에 있는 농부들의 토지 중 일부를 사용하여 각 토지에 대한 비료 권장 사항을 생성한다. mrittika는 특정 작물 및 토양의 현재 상태에 기반한 필수 영양소와 특정 비료 유형, 용량 및 적용 절차, 경쟁력 있는 가격을 제공하는 지역 비료 상점을 추천하기도 한다.

대부분의 개발도상국의 농부들은 토지에 올바른 비료를 적용하는 것에 대한 충분한 지식이 없다. 농부들이 농작물 수확량을 향상시키기 위해 적절한 양의 비료를 선택할 수 있도록 함으로써 이 문제

를 해결하였다. 이 소프트웨어는 토양에서 양분의 양을 결정하기 위해 토양 테스트가 필요하다. 소프트웨어의 효율성을 분석하기 위해 방글라데시의 여러 지역에서 수확 프로젝트를 수행하였다.

2) ankur

ankur는 종자 선택 및 추천 소프트웨어로 계절과 농부의 토지 상태를 분석하고 가장 좋은 종자를 처방한다. 작물, 토양 유형 및 계절을 고려한 종자를 선택해 주며 종자 준비 및 심기에 권장되는 방법과 경쟁력 있는 가격을 제공하는 추천 종자의 구매처를 추천한다.

종자 선택 문제 역시 개발도상국의 농민들이 지속적으로 어려움을 겪고 있는 중요한 문제이다. 작물의 씨앗이 지역 및 토지 유형에 적합하지 않아 작물 수확량이 여전히 열악하다. 토지의 생산성을 높이기 위한 최상의 씨앗을 농부에게 추천함으로써 이 문제를 해결한다.

3) protikar

protikar는 농작물에 피해를 주는 식물 질병, 잡초 및 해충을 관리하기 위한 질병관리 소프트웨어이다. 해로운 곤충과 농작물을 괴롭히는 수많은 외지의 질병으로부터 작물 보호 권고를 제공하고 제초제, 살충제 및 살균제로 인한 작물 손실을 방지하기 위한 치료 방법을 제공한다. 작물의 병을 예방하기 위한 예방 조치, 특정 살충제 권장 사항, 수량, 용량 및 적용 절차와 현지의 살충제 구입처를 제공한다.

해충방제는 작물 수확량을 높이는 중요한 부분이지만 개발도상국의 농민들은 비싼 해충방제 관리 시스템에 접근이 불가하다. 또한 인간과 동물들에게 극히 나쁜 영향을 줄 수 있는 살충제의 사용에 대해 책임의식이 부족하다. 해충이 농작물에 피해를 주기 전에 농민들이 선제 조치를 취하도록 도움을 주고 증상에 따라 해충방제 권장사항을 제안하고 적절한 살충제 용량을 결정할 수 있도록 돕는다.

4) vistar

vistar는 농민들이 작물을 최적 가격으로 판매할 수 있도록 시장 또는 구매자 정보에 직접 접근할 수 있게 해주는 소프트웨어이다. 이는 구매자와 판매자를 연결하여 상당한 비즈니스 기회를 제공한다. 농부들에게 시장정보를 제공하고 중앙집중형 입찰 및 제안을 통해 농민의 비용을 절감하고 이윤을 개선한다.

농민이 직접 제공하고 입찰을 할 수 있는 안전하고 신뢰할 수 있는 온라인 시스템을 제공하고, 특정 작물의 이용 가능성을 추적하고 사업을 효율적으로 관리하며, 생산자에게 시장 접근과 곡물 판매 기회를 제공(자신의 가격 설성, 구매자 선택, 수익성 계산 등)한다. 온라인으로 계속 사용할 수 있기 때문에 고객 및 구매 기록 추적과 문서화 서비스 제공이 가능하다.

2. 학습 모바일 애플리케이션과 스마트 팔찌

구 분	앱 설명
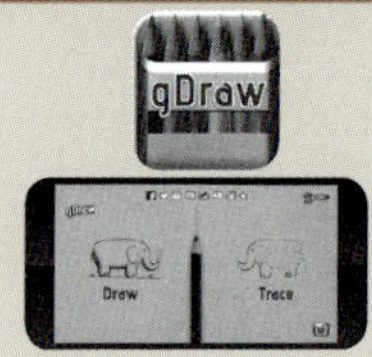	gDraw : 미취학 아동을 위한 재미있는 그리기 앱 - gDraw를 사용하여 원하는 모든 것을 그릴 수 있으며 갤러리에 이미지를 저장 - 과일, 동물, 곤충, 새 등 개체의 다른 범주의 이미지를 다운로드 - 안내 그리기와 재미있는 사운드 효과
	gSlate Arabic - 미취학 아동을 위한 아랍어 알파벳과 숫자를 배우고 쓸 수 있는 앱
	gSlate English - 미취학 아동을 위한 영어 알파벳과 숫자를 배우고 쓸 수 있는 앱
	gSlate Bangal - 미취학 아동을 위한 벵골어 알파벳과 숫자를 배우고 쓸 수 있는 앱

그리고 이들이 개발한 COLE은 모성 건강을 위한 스마트 팔찌로 80개의 임신과 자녀의 건강에 필요한 조언을 알려주는 프로그램이 탑재되어 있다. 인터넷 연결은 불필요하며 1주일에 2회 웰빙 메시지를 전달한다. 이외에도 실내 공기 오염(특히 일산화탄소)의 존재와 수준을 경고한다.

- 임신 웰빙 오디오 (MAMA 메시지)
- 실내 공기 오염 (CO 감지) 감지
- 현지 언어 오디오 및 LED 경고
- 최소 10개월 유지 배터리
- 방수 기능

3. GISB의 성과

GISB는 방글라데시, 캄보디아 등에서 농민의 생산량을 증가시키고 비료 지출을 줄이는 성과를 올렸다.

적절한 정보 접근성이 부족하여 작물 수확량이 낮았던 방글라데시에서는 GISB의 mrittika를 사용하여 문제를 해결하였다. Grameen Intel의 농산물은 방글라데시의 약 40개 지점에서 운영 중이며 권고 전에 비해 21% 생산량 증가, 비료 지출 47% 감소의 성과를 올렸다. Grameen Intel의 소프트웨어를 이

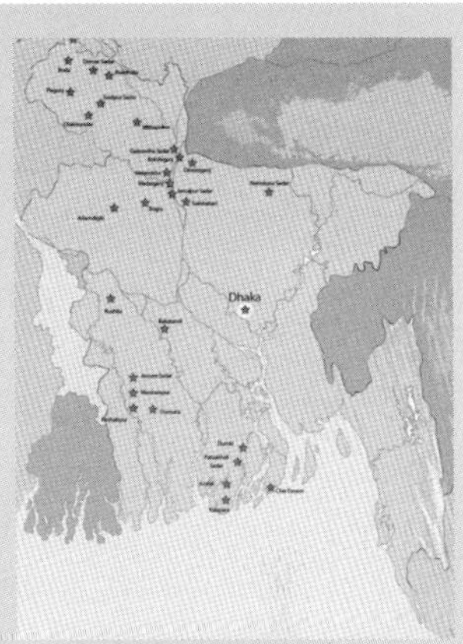

용하는 농민의 수는 1만 9,000여 명에 달한다.

캄보디아 정부는 PADEE(Project for Agricultural Development and Economic Empowerment) 프로그램을 통해 쌀 생산량을 늘리고 1억 가구의 소규모 농민들의 삶의 질을 높이기 위한 국가 전략을 수립했다. 여기에 GISB의 소프트웨어가 e-PADEE의 핵심 솔루션으로 선정되었다. e-PADEE 프로젝트 목표는 ICT 농업 전문가 시스템 기술을 사용하여 목표 수혜자의 생계와 쌀 재배의 전반적인 생산성을 향상하는 것이다.

2014년 캄보디아의 5개 주의 강사 교육(Training of Trainers: ToT)을 실시하여 2015년 말 165명의 기업가가 GISB의 e-Agriculture 솔루션을 사용하여 약 1700명의 농민에게 쌀 작물 주기에 대한 권고안을 제공하여 수확량 및 이윤에 상당한 긍정적 영향을 주었다.

GISB는 비료, 종자, 해충방제 및 시장 연계에 대한 현장에서 전문가의 농업 자문을 제공하고, 소농들을 위한 주요 문제를 해결하며, 지역 기업가를 위한 소득을 창출하고, 작물 생명 주기를 통해 농민들을 지원하는 체계적인 접근을 통해 사회적 기업으로써의 역할을 다하고 있다.

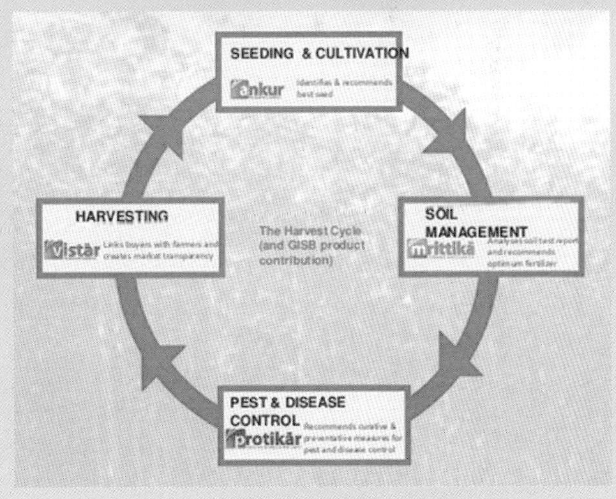

Chapter 07

사회적 기업의 생태계

1. 사회적 기업의 생태계

1) 기업 생태계의 개념

과거의 동물원은 다양한 개체들이 각각의 우리에 갇혀 자기들만의 공간에서 생활하는 것이 일반적이었다. 관객에게 보여주는 것이 목적이었기 때문에 사자는 사자들끼리, 호랑이는 호랑이들끼리, 악어는 악어들끼리 격리된 상태에서 그들만의 체계를 갖추고 살아갔다. 그러나 현대의 동물원은 단순히 보여주기 위한 시설이 아니라 동물들의 생태에 대한 연구, 멸종해 가는 개체의 보존, 동물들 간의 관계 연구 등 다양한 목적으로 운영되기 때문에 그 형태나 운영방식이 과거와는 많이 다르다. 현대식 동물원은 생태계의 자연적 환경을 가능한 한 반영시키고 적용시켜 운영하는 것이 특징이다. 오레곤주 포틀랜드 동물원의 아프리카 동물들의 대표적인 서식지인 사바나에는 얼룩말, 기린, 독수리, 아프리카 영양들이 같이 모여 살고 있다. 이것은 야생 환경을 단순히 모방하는 것이 아니라 서식하는 동물들이 상호간에 미치는 영향, 먹이나 공간 등의 자원에 대한 서로간의 경쟁, 각 개체들의 많고 적음이 환경에 미치는 영향, 그리고 야생 환경에서 균형을 잡기 위한 여러 요인들을 반영한 인위적 생태계라 할 수 있다. 결국 생태계는 서식지(habitat)와 관계가 깊다.

기업의 생태계도 자연의 생태계와 비슷하다. 기업 생태계의 개념과 범위는 학자들마다 다양한 관점에서 정의하고 있기 때문에 일관된 개념과 통일된 기준을 말하기 어렵다. 기업 생태계에 대한 기본적인 틀은 크게 두 가지로 요약할 수 있다.

먼저 종적인 관점에서 대기업과 중소기업의 영역을 중시하는 기업의 생태계는 자연적 생태계의 먹이사슬의 원칙을 기업 생태계에 적용하는 것이다. 즉, 육식동물은 초식동물을 먹고, 초식동물은 식물을 먹고, 식물은 땅과 물에서 영양을 섭취하는 먹이사슬의 순차적 원칙을 강조한다. 따라서 사자가 풀을 뜯어먹는 행위는 자연의 생태계를 파괴하는 행위로서, 대기업이 중소기업의 영역이나 재래시장에서 영리를 취하는 행위는 기업의 생태계를 파괴하고 상생의 시장 생태계에 위배된다는 개념이다.

두 번째 관점은 기업의 생태계를 개별 기업의 행위가 상호의존적이고 동시에 영향을 주고받으며, 특정 시장에서 활동하는 기업들의 네트워크로 보는 관점이다. 이러한 관점에서는 현재 시장 상태에서 적절한 총 생산량, 경쟁의 방법, 상호관계, 그리고 기업 간 네트워크, 상호간의 협조 등이 고려의 내상이 되는 횡적인 관계가 중심이 된다. 사회적 기업의 생태계는 사회적 기업의 본질적 특성인 사회적 · 경제적 약자에 대한 배려와 이웃에 대한 신뢰를 바탕으로 두 번째 관점을 중심으로 소개하도록 한다.

기업 생태계는 Hannan과 Freeman이 1977년 처음으로 개념을 소개한 후 학자들이 다양한 정의와 개념 구성요소들을 제시하고 있다. Pfeffer(1993) 같은 학자는 기업 생태계 이론은 조직이론 중에 가장 주목할 만한 분야이며 경영학의 새로운 패러다임이라고 주장하였다. 기업 생태계에 대한 대표적인 정의는 Iansiti와 Levien(2004)이 Harvard Business Review에서 주장한 "개별 기업에 대해 가치의 창출과 제공에 영향을 주고, 또한 영향을 받는 기업들, 즉 공급업체, 생산자, 유통업체, 아웃소싱 기업 등을 포함하는 기업들 간의 느슨한 네트워크"이다. 이와 비슷한 개념으로는 "다수의 행위자가 상호 느슨하게 연결된 상태(loosly coupled network)를 유지하면서 생존과 경쟁우위를 위해 상호의존적인 입장을 취하고 있는 기업 집단"이라고 주장하는 학자들도 있다. 기업 생태의 대가인 James Moor는 "각자의 경영활동이 전체 공동체에 의해 상당 부분 영향을 받는 경제 주체들의 연합이며, 동시에 조직이 점하고 있는 상호의존적인 niche들의 네트워크"라 정의하였다.

기업 생태계의 목적은 서로 연계해 가치를 제공할 수 있는 제품 및 서비스를 생산할 수 있는 효율적인 네트워크(value complex)를 구성하는 것이다. 예를 들면, 컴퓨터는 Windows라는 운영체계와 다양한 응용 소프트웨어, 그리고 PC 본체와 주변기기 등으로 구성된 하나의 복합체를 형성했을 때 가치를 제공할 수 있다. 이런 면에서 기업 생태계는 '가치 복합체를 형성하기 위한 플랫폼을 공유하면서 공생(symbiosis)과 공진화 관계를 형성하는 기업들 간의 네트워크'라 정의할 수도 있다.

기업 생태계의 다양한 해석과 적용의 기본 원칙은 자연 생태계와 마찬가지로 진화(evolution)와 선택(selection)의 과정이다. 특정한 시장에서 다양한 형태 및 크기의 기업들은 제한된 자원을 획득하기 위해 인수 및 합병, 전략적 제휴, 경쟁, 새로운 기업의 창업 등 여러 가지 혁신적 행위와 방법을 활용한다. 이러한 기업 행위의 성공 여부는 당연히 그 시장에 맞는 요인에 의해 결정된다. 성공 요인의 예로는 자원의 가용성(resource availability), 특정 시장에 경쟁하고 있는 기업의 밀도와 다른 시장 요인을 등을 들 수 있다. 중요한 것은 기업 생태계의 초점은 개별 기업들의 속성뿐 아니라 개별 기업을 둘러싸고 있는 환경요인의 특성이라는 것이다. 이런 의미에서 '기업가 공동체(entrepreneurial community)'의 개념이 중요하다. 기업가 공동체란

Feldman(1994)이 주장한 혁신적 기반(innovative infrastructure)과 Richard Florida의 혁신적 공동체(innovative community) 개념을 합친 것으로 기업가 생태계(entreprenuerial ecosystems)에 대한 새로운 환경을 제시한다. 기업가 생태계의 개념을 발전시킨 Edward Lowe Foundation에서 제시한 성공적인 기업가 생태계의 다섯 가지 특징은 아래와 같다.

1. 다양하고, 새로운 아이디어에 개방적이며, 관련 정보를 공유하고 서로 배려하는 문화
2. 전기, 통신, 수송 등의 하드웨어적인 기반구조와 인재, 기술, 자금 등을 제공할 수 있는 학교, 노동시장, 금융기관 등 소프트웨어적 기반 구조
3. 시장 변화에 유연하게 대처하고 기업활동을 지원할 수 있는 지방정부
4. 기업가와 자원 제공자들 간의 광범위한 네트워크의 활용
5. 다양한 자금의 조달 가능성

Lichtenstein(2004)은 기업가 생태계를 "① 기존의 업무와 제품 그리고 이를 응용하는 기업가들의 집단, ② 대도시나 지역사회에 알려진 일반적인 기업활동을 하는 기업인 집단, ③ 대다수의 구성원들이 창의성과 혁신성을 고취하는 기업가적 사고와 행동을 하는 집단"이라 정의하였다.

기업가 공동체로 불리던 기업가 생태계는 기업가정신을 지원해 주는 지역사회(community) 혹은 서식지(habitat)이며, 이들만의 공통점을 갖고 있다. 이들은 체계적이며 기업가들이 활동하는 환경에 초점을 맞추어 운영되어야 한다. 시스템 안에 존재하는 정부, 기업, 시장, NGO들까지 기업가정신을 지원하도록 생태계가 조성되어 있으며, 자금, 인재, 부품, 그리고 사회적 자본까지 제공할 수 있는 기반구조가 갖추어져 있어야 한다.

2) 사회적 기업 생태계

사회적 기업가정신을 저술한 David Bornstein은 “현재 세상을 변화시키는데 가장 중요한 일은 사회적 기업가들의 수를 늘리고 그들이 비전과 방향을 바로 잡을 수 있도록 사회적 경제의 틀(framework)을 만드는 것이다.”라고 하였다. “우리 사회가 사회적 기업가를 지원하는 것은 당연하다. 그러나 우리가 진정 사회적 선을 실현하려면 사회적 기업을 지원하는 단체만으로는 충분하지 않다. 우리는 먼저 그들을 위한 생태계를 조성하는 것이 중요하다.” 그가 말하는 사회적 기업을 위한 생태계는 무엇을 의미하며, 그것은 일반 기업의 생태계와 어떻게 다를까?

앞서 설명하였지만 사회적 기업은 일반기업과 그 목적, 추구하는 가치, 이해관계자, 제품이나 서비스의 특성이 다르다. 그러므로 그 생태계 역시 다를 수밖에 없다. 사회적 기업의 생태계는 명확하게 구분지을 수 없고, 기업의 사회적 가치와 경제적 성과를 동시에 제고할 수 있는 환경을 명확하게 정의하기는 쉽지 않다. 일반 기업 생태계에 사회적 기업가에 필요한 욕구를 충족시킬 수 있는 수정되고 보완된 사회적 기업 고유의 생태계를 조성하는 것이 관건이라 할 수 있다. 사회적 기업에 필요한 것을 생태계에 반영하기 위해서는 먼저 사회적 기업의 니즈가 무엇인지 생각할 필요가 있다. Lichtenstein과 Lyons(1996)는 기업가의 필요 사항을 도출해 내는 도구를 개발하였다. 기업가가 필요로 하는 사항은 두 개의 변수가 교차하는 부분에서 발생한다고 주장한다. 예를 들면, 성공적인 경영을 위해 필요한 자원과 이를 얻거나 사용하기 위해 감수해야 할 장애물 등이다. 그들은 필요한 자원을 다음과 같이 네 개의 범주로 분류하였다.

① 사업 개념(business concept): 수익성 있는 사업을 위해 실행 가능한 아이디어

② 물리적 자원: 주재료, 부품, 자금, 인적자원 형태의 자원
③ 핵심 경쟁력과 기술: 성공적인 경영을 위한 다양한 기술
④ 시장: 고객, 고객관계, 유통(물류)

Lichtenstein과 Lyons(1996)는 기업가가 이러한 자원을 획득하는 데 장애가 되거나 획득한 이들 자원을 사용하는 데 방해가 되는 장애물을 9개로 범주로 분류하였다.

① 가능성의 부족(lack of availability): 자원의 획득 자체가 어려움
② 가시성의 부족(lack of visibility): 자원이 존재하지만 찾기가 어려움
③ 여유의 부족(lack of affordability): 기업가에게 자원을 구매할 만한 여유가 없음
④ 거래장벽(transaction barrier): 정부 규제, 문화 차이 등에 의한 장벽
⑤ 인식의 부족(lack of self-awareness): 기업가 자신이 모르고 있다는 사실을 인식하지 못하는 것
⑥ 책임의 부족(lack of accountability): 책임감수 의지의 부족
⑦ 정서적 장애(emotional obstacles): 자만, 지나친 의심
⑧ 능력 부족(lack of capability): 효율적으로 자원을 사용할 줄 모름
⑨ 창의성 부족(lack of creativity): 새로운 아이디어나 기회를 파악할 능력의 부족

네 종류의 자원과 아홉 개의 장애 요인들을 합쳐서 기업가에게 필요한 자원의 획득 과정에서 발생하는 장애를 평가할 수 있는 평가표를 만들 수 있다. 먼저 사업 개념은 사회적 문제에 대한 해결책이며, 사회적 기업가는 그의 사명과 의지를 통해 이를 표현할 수 있다. 물리적 자원도 이와 비슷하다고 할 수 있다. 차이는 자원 그 자체에 있는 것이 아니라 획득하는 과정에서 다른

기관의 개입과 간섭에 있다. 기존의 기업가에게 필요한 자질에 더하여 사회적 기업가에 필수적인 핵심 경쟁력이나 새로운 기술은 자원봉사나 기부금 조달 능력, 보조금 신청 제안서 작성이나 비영리법인의 회계 실무 정도라 할 수 있다. 시장 역시 다른 자원과 크게 다를 바 없다. 사회적 기업에게 고객은 의뢰인(clients)이나 수혜자(beneficiaries)라 할 수 있지만, 사회적 기업가는 더 많은 사람들에게 봉사해야 하며, 더 많은 정보를 제공하고, 그들과 관계를 유지할 수 있는 체계가 필요하며, 그들에게 사회적 재화(social goods)와 사회서비스를 제공할 수 있는 유통 채널이 필요하다. 〈표 7-1〉의 사회적 기업가의 필요자원 매트릭스는 위에 설명한 사회적 기업의 필요자원을 평가하는 간단한 도구이다. 이러한 도구를 사용하여 사회적 기업가들이 필요로 하는 자원을 파악하고 나면, 자원들을 보다 효과적이고 효율적으로 사용할 수 있게 될 것이다. 현재 보유하지 못한 자원들이 파악되면, 자원들을 획득하고 활용하는 데서 발생하는 장애 요인에 따라 필요한 자원을 분류할 수 있다. 이러한 도구를 이용하면 기업가는 조직이 필요로 하는 자원을 파악하고 우선순위를 정할 수 있다.

그러나 열악한 환경의 사회적 기업은 자원의 부족, 핵심기술의 부족, 유통망의 부족 등 여러 가지 문제점을 동시에 안고 있다. 이러한 경우, 추천하고 싶은 사업 아이디어를 경쟁자가 없거나 적은 시장으로 진출하는 것을 생각할 수 있다. 조직의 틈새(organizational niche)란 기업이 안정된 관계를 가지고 주도적 활동을 할 수 있는 특정한 지리적 시장이나 분할된 시장의 부분을 의미한다. 틈새시장이 일반적으로 창조적 혁신의 방법이 될 수 있다. 사회적 기업의 분야에도 다양한 기업의 틈새가 존재하며 영리조직과 마찬가지로 비영리조직에도 틈새가 존재한다는 사실을 인식하여 창조적 혁신을 통한 사회의 변화를 가져올 수 있을 것이다.

표 7-1 기업가의 필요사항 진단

필요한 자원	장애물								
	1	2	3	4	5	6	7	8	9
	가능성 부족	가시성 부족	여유 부족	거래 장벽	인식 부족	책임 부족	정서적 장애	능력 부족	창의성 부족
1. 사업 개념									
2. 물리적 자원									
3. 핵심 경쟁력과 기술									
4. 시장									

출처: Gregg A. Lichtenstein & Thomas S. Lyons (1996). Incubating new enterprises: a guide to successful practice. Washington, D.C.: Aspen Institute.

2. 사회적 기업 지원 환경

1) 사회적 기업가 네트워크

사회적 기업가들은 서로 협력하기 위한 공간이 필요하다. 물리적 공간을 활용하기 어려우면 사이버 공간이나 1:1 미팅, 개별적 만남을 통해 서로 협조해야 한다. 네트워크를 구성하고 가입함으로써 사회적 기업가들은 여러 가지 혜택과 도움을 받을 수 있다. 네트워크를 통하여 사회적 기업가들은 같은 직장에 근무하는 사람들같이 장기적이고 전문적인 관계를 유지하여 서로를 지원할 수 있고, 공동 창업을 할 수 있으며, 아이디어를 공유하며, 필요한 자원의 공유체계를 이용할 수 있다. 무엇보다 서로를 격려하고 사회에 한 목소리를 낼 수 있다.

사회적 기업의 네트워크는 전 세계적으로 다양하게 존재한다. 국적, 종교, 인종, 문화의 차별 없이 누구라도 가입할 수 있으며, 소정의 절차에 따라 도움을 요청할 수 있다.

다음은 대표적인 사회적 기업 네트워크이다.

1. The Guardian Social Enterprise Network
   - http://register.theguardian.com/social-enterprise
2. The Social Entrepreneurship Meetup Group
   - http://social-entrepreneurs.meetup.com
3. Impact Hub Westminster Yammer Community
   - http://westminster.impacthub.net/membership-2
4. The RSA Fellowship Social Entrepreneurs Network
   - http://rsafellowship.com/group/socialentrepreneursnetwork

5. Social Innovation Exchange(SIX)
   – http://www.socialinnovationexchange.org/home
6. The Global Social Entrepreneurship Network
   – http://gsen.unltd.org.uk/plan.php
7. The Social Entrepreneur Empowerment Network
   – http://www.facebook.com/SEEnetwork

미국의 대표적 사회적 기업 네트워크인 SVN(social venture network)은 1987년부터 시작되었으며, SVN 유럽, Americal Sustainable Business Council, Net Impact, Business for Social Responsibility, Alliance for Local Living Economics, SEA(social enterprise alliance) 등 세계적인 사회적 기업 네트워크를 조성해왔다. SVN의 사회적 변화 강령에는 사회적 기업 생태계에 공헌한다는 내용을 담고 있다(SVN, 2014).

사회적 기업 네트워크는 대학에서도 볼 수 있다. 대표적인 예로, 남아프리카 프리토리아 대학(University of Pretoria)의 Network for Social Entrepreneur(NSE)를 들 수 있다. NSE는 사회적 기업가들이 사회적 기업을 운영하는 데 필요한 기술을 개발하여 교육하며, 그들이 창의적이고 혁신적으로 행동으로 사회적 기업을 성공적으로 경영할 수 있도록 지원하는 사회적 기업의 네트워크이며 중간지원기관이다. 이를 위하여 NSE는 성공한 기업가들의 정보공유 포럼을 개최하고, 감동적인 이벤트, 조찬 모임, 토론회, 교내 물리적 시설과 교수들의 전문적 지식 활용방안에 대한 토론회를 개최하기도 한다.

특히 우리 기업에는 특정 이념에 경도되지 않은 순수한 사회적 기업가, 전문인, 그리고 이들이 필요로 하는 시설을 갖춘 사회적 기업 네트워크가 절실하다. 사회적 기업에 서로 도움을 주고 사회적 경제를 확대해 나갈 수 있는 선한 네트워크가 필요하다.

2) 사회적 기업의 보육 및 가속지원센터

창업 초기의 사회적 기업을 지원하는 가장 일반적인 방법은 창업보육센터(incubator)이다. 창업보육센터는 주로 지역의 소규모 기업의 창업과 지원을 통해 지역경제 발전을 달성하기 위한 정책으로 사용되는 지방정부의 주요 정책이다. Incubator라는 용어가 의미하듯이 이 설비는 이제 겨우 날기 시작한 어린 새들이 자기 힘으로 창공을 훨훨 날아갈 때까지 돌봐주는 기관이다. 기업 환경에 따라 다르겠지만 사회적 기업의 보육기간은 3년 정도가 적절하다고 평가된다(Koven & Lyon, 2010).

Full-service incubator라 불리는 창업보육센터가 제공하는 서비스는 다음과 같다.

1. 기업 운영을 위한 적절한 규모의 공간 제공
2. 인터넷 접속, 프론트 데스크, 복사기, 팩스 등 기업 운영에 필요한 서비스를 incubator 소속 기업들이 공유
3. 주요 DB 접속, consulting, 훈련, 코칭 등 기업과 직원의 개발을 위한 서비스 제공
4. 자금조달 지원
5. 보육센터 소속 기업들 간의 네트워크 형성

때로 이렇게 형성된 기업 네트워크는 소속 기업가들이 아이디어, 정보, 경험을 공유하고 서로 협력하는 'co-working space'로 진화하기도 한다.

창업 보육의 다른 형태로 가속창업지원(business accelerator)방법이 있다. 일반적인 기업환경에서 가속창업지원은 벤처 캐피탈을 통하여 자금을 집중

적으로 지원하여 창업기업의 발전 과정을 가속화하듯이 기업에 필요한 특정 자원을 집중적으로 공급하여 빠른 속도로 시장에 적응할 수 있도록 지원하는 것이다. 이런 경우에 보육기간은 훨씬 단축된다. 이러한 전술은 연구 개발을 위해 단시간에 많은 자금이 필요한 첨단기술산업에 사용되며, 특히 기업가가 경험이 풍부하고 짧은 기간 안에 규모를 확장할 수 있는 잠재력이 있는 업종에서 성공할 확률이 높다.

일반기업 환경에서 사용되는 incubation과 business accelerator는 소셜벤처의 육성에 적용할 수 있다. 대표적인 사회적 기업의 보육센터로 뉴올리언스의 Propeller Incubator가 있다. Propeller Incubator는 영리 혹은 비영리 사회적 기업에게 작업공간을 공유할 수 있게 하고 회합장소를 제공하는 보육지원센터이다. 시카고의 Panzanzee는 사회적 기업의 창업보육센터로서 신생 사회적 기업에게 작업공간을 제공하고, 경영전략, 자금조달, 비즈니스 모델 개발을 지원하고 있다. 그리고 사회적 기업가들이 네트워크를 구성할 수 있게 하고, 사회적 기업가 연합회를 구성하여 전문가 초청강연, 컨설팅 사업 등을 지원하고 있다.

코네티컷주 하트포트의 비영리재단인 reSET(Social Enterprise Trust)은 다양한 방법으로 신생 사회적 기업가들을 지원하고 있다. reSET은 사회적 기업가에게 작업공간의 공유, 사회적 기업 Accelerator 운용, 사회적 기업가 수련(entrepreneur in residence), 사회적 기업 경진대회 주관, 디자인 랩 등 다양한 지원을 하고 있다. 특히 이들은 기업의 비즈니스 모델을 분석하여 보다 혁신적이고 창의적인 모델을 수립하여 경제적 · 사회적 성과를 달성할 수 있게 하고, Lean start-up 원칙과 방법, 그리고 고객 중심 경영의 원칙을 모델에 반영하는 것을 강조한다. reSET의 Accelerator는 15주 프로그램으로 다음과 같은 지원을 포함한다.

1. 4 개월의 공동 작업 멤버십 제공

2. reSET 네트워크 가입
3. 사회적 경제적 목표 달성을 위한 조력자 제공
4. reSET의 전문가와 직원의 지원
5. 동료들과 미팅 및 성공한 기업가들과의 토론을 통한 학습

reSET Accelerator에 참여하기 위해서는 사회적 기업에 대한 높은 수준의 헌신과 사회적 사명감에 대한 열정, 명확한 비즈니스 정의, 그리고 accelerator 프로그램에 적극적 참여와 헌신이 요구된다.

3) Social Venture Philanthropy

사회적 기업가를 지원하는 생태계의 중요한 기관으로서 Social Venture Philanthropy(SVP)가 있다. SVP는 벤처 캐피탈 모델을 이용하여 사회적 기업가와 그들의 사회적 벤처에 투자를 하는 곳이다. 이들은 일반 벤처 캐피탈이 유망한 벤처 기업을 발굴할 때 사용하는 대부분의 원칙을 사회적 벤처 평가에서 사용한다. 다른 점은 대상 기업의 수익력에 관심을 갖기보다 보다 많은 사람에게 사회적 선(social good)을 실현하고 이를 향상시킬 수 있는 능력을 중시하고 이를 기준으로 투자 결정을 한다는 점이다. 본래 Social Venture Philanthropy라는 용어는 1969년에 록펠러 재단의 John D. Rockefeller 회장에 의해 "인기 없는 사회적 문제의 해결을 위한 자금의 조달"이라는 개념으로 처음으로 사용되기 시작했다. SVP는 최근 대중에 영향을 끼치는 기후 변화와 환경 문제로 인해 그 수가 증가하고 있으며, 이는 기부금에 의한 일시적 문제 해결에서 사회적 영향 투자(impact investment)로 지속 가능성을 추구하며 사회적 문제를 해결하려는 사회적 기업에 대한 투자로의 변화를 의미한다.

SVP는 벤처 캐피탈에 비해 투자자의 자금 계획뿐 아니라 운영에 대한 감시와 간섭이 심하다. 때로 핵심적인 기부자들이 투자 대상 기업의 사외임원이 되어 기업 경영에 적극적으로 참여하는 경우도 있다. 그들은 금융지원뿐 아니라 네트워크를 활용하여 경영 및 법률자문, 마케팅 홍보, 교육 훈련까지도 지원하는 경우도 있다. SVP는 기술적 지원, 멘토링, 인적 네트워크 제공 및 전문가 자문 등을 통하여 단기적이고 제한적이며, 거래적 측면이 강한 전통적 자선사업의 한계를 극복하고자 한다(Wei-Skollern et al., 2007). 이러한 자선재단의 한계는 사회적 기업가에게 그들의 사회적 사명을 달성하고 원하는 변화를 이루기 위해 지속적이고 여러 가지 형태의 자금(기부금)을 주로 arm's length transaction(구매자와 판매자가 아무 관계없이 자율적이고 독립적인 거래를 의미: 공정한 거래)을 통하여 신청하기 때문에 사회적 기업가에게는 다소 부담이 되는 운용방식이다. 그러나 SVP의 통합적 지원방식은 사회적 기업가들이 그들의 사명을 완수하는 일에 전념하게 하고 장기적이고 포괄적인 지원을 통하여 효율적으로 지속적인 사회 변화를 가능하게 한다. SVP는 투자를 요청하는 사회적 기업가에게 철저한 실사 과정을 요구한다. 그들은 사회적 기업가와 그 운용팀의 강력한 리더십을 요구하고 사회적 문제에 대한 명확한 개념과 이를 해결할 수 있는 능력을 요구하며 실질적인 투자를 하기 전에 그들의 투자 대상인 사회적 기업이 대상 수혜자에게 사회적 가치를 제공하며 동시에 기업이 성장할 수 있다는 확신을 갖기를 원한다. 물론 대부분의 SVP는 사회적 투자수익률(SROI)이 가장 기본이 되는 판단 기준이다. 실사 과정은 전형적으로 비즈니스 모델이나 계획을 제출하고, 이에 대한 면담 등을 포함한다. 일반적으로 벤처 캐피탈이 투자결정을 하는 벤처기업의 성공 확률은 요청한 전체 벤처 기업의 2~4%로 매우 낮은 수치를 보이는데 SVP의 투자 대상이 되는 사회적 기업 역시 이와 비슷한 수준으로 매우 미미하다(Timmons & Spinelli, 2007).

세계적인 SVP로 아쇼카 재단, Skoll Foundation, Acumen Fund, Echoing Green이 대표적이며, 지역마다 지역 특성에 맞는 SVP들이 존재한다. 우리나라에도 광역 자치단체마다 사회적 기업지원센터가 있어 지역 특색에 맞는 지원사업을 하고 있다. 대부분의 SVP들은 사회적 기업에만 투자하는데 Acumen Fund와 New School Venture Fund는 일반 기술 벤처에도 투자하는 SVP이다.

사례 연구

WFP : 공동체의 참여로 말라위 물 부족 위기를 극복하다

전 세계 70억 인구 중 21억 인구가 안전한 물을 마시지 못하고 45억 인구가 인간에게 기본적으로 보장되어야 할 공중위생시설의 혜택을 받지 못하고 있다. 일 년에 84만 명이 물과 관련된 질병으로 사망하고 어린이와 여자들은 하루 평균 4시간을 물을 얻기 위해 노동을 한다. WFP(Water for People)는 양질의 물과 공중보건시설을 모든 인류에게 공급하는 임무를 사명으로 하는 국제적인 비영리기관이다.

성공적인 사회봉사 시스템을 위해 지역 주민과 공동체가 참여하는 것은 중요한 성공요인 중의 하나이며, 말라위에서 WFP가 성공적으로 식수난을 해결할 수 있었던 것도 결국 주민들과 공동체의 주도적 참여 때문이라 할 수 있다. 지역주민들의 참여는 운영과 유지 보수를 위한 비용을 줄이고 사회적 책임 투자를 가져오기도 한다. WFP가 말라위에서 성공적으로 주민들에게 안전한 식수를 공급할 수 있었던 경험은 지역공동체의 참여가 성공적인 사회적 성과를 가져올 수 있다는 교훈을 보여주는 사례가 되고 있다.

블란티르(Blantyre)는 말라위의 경제적 수도라 할 수 있는 인구 100만 명의 도시이며, 전체 인구의 약 70%가 공중보건을 보장할 수 없는 21개의 취약지구(low income area: LIAs)

에서 정부의 위생이나 복지 계획조차 없이 빈곤하게 살고 있다. 이곳에서는 수도시설이 드물기 때문에 간이수도시설(communnal water kiosk)이 안전한 식수를 공급할 수 있는 유일한 시설이며, 2009년까지는 지역 유지, 정치가, NGO들이 이 지역의 생명의 물을 공급하는 간이수도시설을 관리해왔다.

WFP는 안전한 식수뿐만 아니라 공중위생 서비스까지 가족, 병원, 학교 등에 Everyone Forever 모델로 봉사하는 단체이다. 그들은 지역공동체를 대상으로 안전한 물과 위생시설을 '지속적'으로 제공하는 것이 기본 방침이며 그들의 비즈니스 모델이다. 여기서 '지속적'의 의미는 안전한 식수공급은 어떤 환경요인으로부터라도 보호받고, 시설을 관리하는 조직은 본연의 기능을 다해야 하고, 위생 서비스는 항상 제공될 수 있어야 하고 지역공동체는 독립적으로 운영되어야 한다는 사실을 의미한다.

2009년과 2014년 사이 WFP는 이 지역의 간이수도시설의 효율적 운영을 위한 지속적 관리 모델을 구축하고, 지역주민들은 간이수도시설을 관리하기 위해 20개의 식수사용자협의회(Water Users Association: WUA)를 설립하였다. 지역공동체를 위하여 WUA는 지역 내 간이수도시설을 운영하고 유지보수하는 권한을 위임받은 공식기관이다(Malawi Government, 2009). 실제로 21개의 지역구 중에서 WUA을 구성하지 못한 Ndrande–Malabada 지역은 인구 9만 명의 낙후된 지역으로 여러 가지 정치적 간섭 등의 이유로 WUA를 구성하지 못했다. WUA를 구성하지 못하므로 물값을 제대로 받지 못하게 되고, 결과적으로 유지 보수를 할 수 없게 되었고, 고장 난 수도시설 발생으로, 주민들의 불만은 수도시설을 파괴하는 행동으로까지 표출되었으며, Ndrande–Malabada 지역은 식수와 위생시설의 사각지대가 되어버렸다.

다른 20개 지역에서 WUA의 성공은 WFP의 개선된 관리체계에서 찾을 수 있다. WFP는 WUA가 조직되지 않은 21번째 지역, 즉 식수와 위생시설의 사각지대가 된 Ndrande–Malabada 지역에 WUA를 설립하여 개선된 관리체계를 적용하여 운영하기로 했다. 그들이 지역주민을 설득하고 급수장을 운영한 방법은 다음과 같다.

1. WUA의 활동에 대한 지역 이해당사자들의 설득
2. WUA 임원 선출을 위한 공정한 선거
3. WUA 이사회에서 WUA 사무총장 고용
4. 사무총장에게 WUA 업무와 수도시설 운용 및 회계 관리 교육
5. 사무총장이 WUA와 수도시설관리 업무를 총괄

현장을 파악하고 감시하는 것은 사회적 개선과 혁신의 중요한 도구이며 동시에 지속 가능한 경영을 위한 초석이 된다. WFP는 식수 서비스 수준을 매년 조사하여 말라위 정부가 정한 표준을 WUA의 식수 수준(water point)이 만족했는지를 조사하였다. 블란티르(Blantyre)시 상수도 기관과 시의회의 협조

를 받아, 전문적인 훈련받은 조사원들이 21개 전체 지역에서 A kvo Flow라는 앱(app)을 이용하여 세대별로 데이터를 수집했으며, 763개에 달하는 간이 수도시설의 급수장(water point)의 수질에 대한 전수조사도 병행하였다.

과연 지역공동체 주민들로 구성된 WUA에 위임하여 관리한 간이수도시설이 더 효율적이었을까? WFP은 이를 위해 WUA 설립 이전과 이후를 비교하여 분석하였다. 지역공동체인 WUA가 관리한 이후, 당국에서 정한 기준을 통과한 안전한 식수를 공급하는 급수장은 2014년 49%에서 2017년 97%로 증가했으며, WUA는 식수 판매를 통한 수익금으로 7개의 급수장을 새롭게 건설하여 주민들에게 더 많은 식수를 공급할 수 있게 되었다.

훗날 Ndrande–Malabada WUA는 블란티르(Blantyre) 지역에서 운영 중인 WUA 가운데 가장 우수한 지역조직으로 선정되기도 하였다.

참고문헌

손동원 (2004). 벤처진화의 법칙: 벤처기업과 벤처 생태계의 공진화. 삼성경제연구소 (연구보고서).

Feldman, M. P. (1994). The University of Economic Development: The Case of Johns Hopkins University and Baltimore. *Economic Development Quarterly*, *8*(1), 67–76.

Hannan, Michael T., & John H. Freeman (1977). "The Population ecology of Organizations." *American Journal of Sociology*, *92*, 910–943.

Koven, S. G., & Lyon, T. S. (2010). *Economic Development: Strategies for State and Local Practice*. Washington, DC: International City/County Management Association.

Lichtentein, G. A., & Lyons, T. S. (1996). *Incubatingnew enterprise*. Washington, DC: The Aspen Instute.

Pfeffer, J. (1993). Barriers to advantage of Organizational Science: Paradigm Development as a Dependent Variable.

Timmons, J. A., & Spinelli, S. (2007). *New Venture Creation: Entrepreneurship for the 21st Century*, 7th Edition. Boston: McGraw–Hill Irwin.

Wei–Skillern, J., Austin, J. E., Leonard, H. & Stevenson, H. (2007). *Entrepreneurship in the Social ector*. Thousand Oaks, CA: Sage.

Social Enterprise : Theory and Practice

CHAPTER

08 사회적 벤처

- 1. 기본 개념
- 2. 사회적 기회의 인식
- 3. 창업 전략

Chapter 08

사회적 벤처

1. 기본 개념

사회적 벤처는 기업 경영을 통해 사회 문제를 해결하려는 고민에서 출발한 초기 단계의 사회적 기업으로 공공의 이익에 부합하는 비즈니스 모델을 기반으로 활동한다. 이러한 사회적 벤처는 사회적, 경제적, 문화적, 그리고 환경적 가치를 중요시하는 기업으로 최근 들어 그 수가 점점 증가하고 있다. 경영기술, 과학기술, 개인을 통합하여 구성된 사회적 벤처는 지금도 많은 기업들이 도전하는 사회적 문제에 대한 혁신적인 해법을 제시한다. '사회적 영향과 변화'를 핵심역량으로 삼는 사회적 벤처는 재무적인 성과를 유지하면서 사회적 가치를 추구한다.

사회적 벤처가 세계적으로 붐을 일으키는 이유는 여러 가지이다. 자원의 감소, 노령화 사회, 극심한 빈곤 그리고 급격한 기후 변화 등과 같이 우리 사회가 스스로 풀어야 할 문제들이 산적해 있기 때문이다.

그리고 특이하게도 성공한 일반 기업과는 달리 성공한 사회적 벤처는 다른 이로 하여금 '사람들이 왜 저런 일을 하고 있는가?'라는 이유와 그들이 해결하는 문제점에 관심을 갖게 한다. 즉 사회적 문제와 그에 대한 호기심이 사회적 벤처가 일반에 다가갈 수 있는 힘이 된다. 사람들은 누가 이웃을 돕기 위하여 혹은 환경을 보존하기 위하여 사회적 벤처를 설립했다는 말을 들으면, 이러한 일에 자신도 동참하거나 적어도 자신들의 생활에 이를 반영하여 에너지를 절약하거나 이웃을 돕는 생활에 관심을 갖기 시작한다.

사람들이 기업을 보는 시각도 변해가고 있다. TBL(triple bottom line)이 이제는 기업의 성과를 측정하는 중요한 척도가 되었다. 기업은 치열한 경쟁시장에서 경제적 성과 추구뿐만 아니라 사회적 책임과 환경보존을 위해 최선을 다해야 한다. 사회적 벤처는 사회적 가치를 추구하는 것이 궁극적으로 긍정적인 기업 이미지를 구축하고 고객의 충성도를 지키는 지름길임을 보여주고 있다.

제8장에서는 사회적 벤처의 개념, 사회적 기회의 인식, 창업 전략 등을 소개한다. 창업 전략 부분에서는 일반 기업과 차이가 나는 부분을 중심으로 설명하여 사회적 기회나 문제의 인식, 비전과 사명, 사회적 벤처의 비즈니스 모델을 중심으로 소개한다.

1) 조직 형태

사회적 벤처의 조직 형태는 순수 개인 기업이나 법인, 영리 혹은 비영리기관, NGO, 지역공동체 등 다양한 형태로 운영할 수 있다. 일반적으로 정부관련 공공기관은 사회적 벤처로 인정하지 않고 있으나 많은 공공기관들이 사회적 기업가정신으로 무장하여 사회적 변혁을 시도하고 있으며, 일반 기업과 연계하여 혁신적으로 사회봉사 및 가치를 추구하는 새로운 시도를 하는 경우도 있다. Elkington과 Hartigan(2008)은 사회적 벤처를 위한 세 가지 모델을 제시한다.

이들은 leveraged nonprofit, hybrid nonprofit, 그리고 social business로 나뉘는데, 먼저 leveraged nonprofit 형태는 사회적 기업가가 재무적 지원을 받기 위해 외부의 파트너와 협약을 통해 사회적 선을 제공한다. 이와는 달리 hybrid nonprofit 형태는 제품이나 용역의 제공을 통해 비용의 일정 부분을 회수할 수 있는 기업을 의미한다. social business 형태의 기업은 경영활동을 통해 이익을 창출하고, 그 이윤을 주주에게 배당하기보다 사회적 벤처를 위해 재투자하여 사회적 가치를 달성하려는 소셜 벤처이다.

사회적 벤처와 상업적 벤처의 차이는 사회적 벤처가 사회적 문제를 해결하고 사회적 선을 실현하는 목적을 우선시하는 데 있다. 사회적 벤처도 이윤을 창출할 수 있다. 그러나 이윤 자체를 중요시하는 것이 아니라, 이윤은 사회적 선을 수행하면서 사회적 벤처를 지속 가능하게 하는 수단으로 인식한다.

사회적 벤처에 의해 인식된 사회적 이슈는 빈곤, 양극화, 교육, 환경, 개발 등 그 범주가 넓다. 그리고 이슈가 되는 부분은 이미 정부나 시장에서 실패했거나 혹은 해결할 의지가 미약한 경우가 대부분이다. 이를 해결하려는 대부분의 사회적 벤처는 자금이 부족하고, 그들이 문제를 해결한다 하더라도 이윤을 창출할 수 없는 경우가 많다. 이러한 사회적 벤처가 처한 상황은 창의적이고, 적응력이 뛰어나고, 의지가 강한 사회적 기업가를 요구한다.

2) 사회적 벤처의 유형별 사례

BOGO형(Buy One Give One)

이 유형의 비즈니스 모델은 소비자에게 하나의 메시지를 보낸다. "당신이 하나를 사면 우리는 다른 하나를 그것을 필요로 하는 사람에게 주겠다." 이러한 유형의 사회적 기업으로는 TOMS Shoes, Warby Parker, OLPC(one laptop per child) 등이 있다.

Micro-loan program

마이크로 론 프로그램은 새로 시작하는 소규모 기업에 대출해 주는 제도로 1992년 미국에서 시작되었다. 특히 여성, 저임금 가장, 베테랑, 소수인종 등의 창업을 지원하기 위해 개발되었으며 최대 50,000달러까지 지원한다. 이 프로그램은 자금뿐 아니라 경영기술, 마케팅, 생산기술도 지원하며 SBA(small business administration)에서 관리한다.

SDA(Set Dollar Amount)

SDA는 기부금의 개념으로 구매할 때마다 일정금액을 기부한다는 약정을 맺어서 기업과 관련 사회적 기업이 사회적 가치를 추구하는 방법이다. 예로서는 Mission 벨트는 한 개가 팔리면 1달러를 Kiva에 기부하고 있다. Kiva는 후진국에 micro-loan을 운영하는 사회적 기업이다.

이익의 최소 1%를 환경이나 사회적 가치를 위해 사용하겠다고 약속하는 기업들이 있는데, 대표적인 기업으로 아웃도어 의류제조회사인 파타고니아와 RA Financial이 있다.

지역사회가 필요로 하고 공동체에 혜택을 주는 제품을 생산하는 기업도 사회적 기업에 속한다. 이 유형의 대표적인 기업으로 태양광을 이용해 전기를 생산하는 그릿 제조업체인 d.light를 예를 들 수 있다. d.light 전력이 약한 지역이나 off-grid 지역에 자사의 제품을 제공하여 안정적인 전력을 지역사회에 공급하고 있다.

이외에도 다양한 형태의 사회적 기업이 있지만 우리나라의 경우 대표적인 형태는 일자리 제공형 사회적 기업이다. 일자리 제공형 사회적 기업의 주된 목적이 취약계층에게 일자리를 제공하는 것이며 전체 근로자 중 취약계층의 고용비율이 100분의 50 이상이어야 인증받을 수 있다. 영국을 비롯한 유럽에서도 일자리 통합형 사회적 기업(work integrated social enterprise: WISE)이 주류를 이루고 있다.

2. 사회적 기회의 인식

1) 사회적 아이디어

사회적 아이디어를 생각해 내고 이를 현실적으로 개발해 내는 것은 사회적 기업의 설립에 가장 중요한 과정이다. 사회적 기업가로 성공하기 위해서는 처음의 아이디어가 사회적 · 환경적 문제점을 해결할 수 있는지 실현 가능한 잠재력을 먼저 분석해야 한다. 기회의 인식(opportunity recognition)이라는 이러한 과정은 사회적 기업가정신이 새로이 무장될 수 있는 기회이기도 하다. 이 단계에서 우리가 명심해야 할 것은 좋은 아이디어가 반드시 사회적 가치를 높이는 진정한 기회는 아니라는 사실이다. 잠재적인 사회적 아이디어가 긍정적인 사회적 변화를 가져올 수 있는지 철저히 연구하고, 아이디어와 관련된 시장을 분석하여 아이디어를 수행하는 사회적 벤처가 지속 가능한 기업활동을 할 수 있는지 판단해야 한다(Dees, Emerson, & Economy, 2001). 여기서는 사회적 아이디어가 진정한 기회를 제공할 수 있는지를 분석하고 이를 실현할 수 있는 혁신적인 창업 전략을 설명한다.

모든 벤처기업은 아이디어로 시작된다. 웹스터 사전에서는 아이디어를 '막연한 그리고 정해지지 않은 개념'이라 정의하고 있다. 아이디어는 언젠가 쓸

모가 있을지도 모르고 시작할 수 있는 기본을 제공하지만 기업을 설립하고 운용하는 동력이 되지는 못한다. 아이디어는 현실화되지 않은 잠재가치이며 전반적인 사회적 기업의 과정에서는 사회적 기업의 중요한 '원료'이다. 아이디어는 원료로서 기회를 제공하고 벤처가 시작되게 할 뿐이다. 우리는 사회적 기업가정신을 바탕으로 원료를 잘 가공처리하여 사회적, 환경적, 경제적 성과를 이룰 수 있는 사회적 벤처로 발전시켜야 한다.

다음은 아이디어의 원천으로 일반 기업이나 사회적 기업에 적용될 수 있는 것들이다(Timmons & Spinelli, 2007). 사회를 변화시킬 획기적인 아이디어는 결코 멀리 있는 것이 아니라 항상 우리 곁에 존재하며, 많은 아이디어가 관찰의 힘을 통해서 세상을 변화시켰다.

1. 개인의 경험
2. 취미 혹은 여가활동
3. 우연한 발견(serendipity): 다른 것을 찾다가 발견한 전혀 다른 아이디어
4. 체계적이고 의도적 연구
5. 미디어, 개인 혹은 업무상 알게 된 아이디어

경험은 가장 일반적인 아이디어의 원천이다. 학습지진아를 아이로 둔 어머니가 지역 공립학교에서 특수교육의 제공을 받지 못하게 되었다. 그 어머니는 같은 형편에 처한 어머니들과 함께 특수교육학교를 설립하게 되었다. 사회적 기업(특수교육학교)의 아이디어는 어머니의 아픈 경험에서 나왔다고 할 수 있다.

Madecasse 역시 개인의 경험에서 나온 대표적인 사례라 할 수 있다. 설립자인 McCollum은 마다가스카르의 코코아 농민들이 코코아를 유럽이나 미국의 수입업자에게 헐값에 판매하는 것을 보고 새로운 아이디어를 제안했다. 마다가스카르의 코코아 농민들은 근근히 연명하고 있었기 때문에 코코아 열

매가 마르는 2주일을 기다리지 못하고 열매가 익으면 바로 코코아를 생물로 판매했다. McCollum의 제안은 현재 코코아 값의 두 배로 구매하는 대신 코코아를 말려서 공급해야 한다는 조건이었다. 초콜릿의 원료인 코코아는 아프리카에서 85%나 생산되었지만 아프리카의 초콜릿 생산은 세계 생산량의 1%에도 미치지 못한다. Madecasse는 마다가스카르에서 초콜릿을 생산하기 시작했으며 농민들의 수입은 두 배 이상 늘어나게 되었다. 이러한 Madecasse의 시도는 CEO인 McCollum과 Brett의 마다가스카르에서의 코코아 수입과 평화봉사단 등 개인의 경험이 원천이 된 사례이다.

락 클라이밍(Rock Climbing)을 하고 싶어 하는 장애인을 위하여 장비, 훈련, 그리고 훈련장으로 이동할 수 있는 수송수단을 제공하는 사회적 기업이 있었다. 이 기업은 락 클라이밍을 취미로 하는 사회적 기업가 개인의 취미에서 시작된 사회적 기업의 대표적 사례이다.

우연히 사회적 아이디어를 얻은 경우도 사례가 많다. 운동 중 부상을 당했을 때 피를 멈추기 위해 사용되는 혈액응고제 Quick Relief는 물을 정수하는 연구 중에 발명되었다.

어떤 이들은 뚜렷한 목표를 갖고 아이디어를 개발한다. 유망한 사회적 기업가들은 흐름을 분석하여 그 결과를 이용한다. 그들은 Timmons와 Spinelli(2007)가 주장한 '바다의 변화(sea changes)'를 찾으려 한다. 이는 옛날 선원들이 정교한 항해시스템이 만들어지기 전에 먼 바다를 항해하는 방법이다. 선원들은 바람의 속도와 방향의 변화, 하늘의 색깔, 물결의 흐름 등을 끊임없이 관찰한다. 이러한 '바다의 변화'가 배가 정확한 항로를 따라갈 수 있도록 다양한 정보를 제공한다. 이러한 변화를 분석하여 아이디어를 개발하는 것이 일반적으로 목표가 뚜렷할 때 사용하는 방법이다. 기업가가 환경을 면밀히 관찰하면 그들은 주위에서 누구에게 무엇이 필요하며 누가 어떻게 도울 수 있는지 파악할 수 있을 것이다.

전략기획자들은 소위 말하는 '바다의 변화'를 감지하기 위해서 네 분야의 사회 변화를 관찰한다(Bryson, 1997). PEST라 불리는 네 분야의 사회 변화는 다음과 같다. P는 정치분야(political area)의 변화로서 정권, 리더십, 이념의 변화를 의미한다. E는 경제(economics) 환경의 변화로 금융정책, 산업구조, 무역정책 등의 변화를 의미한다. S는 사회(society)의 변화로 인구 통계적 변화와 문화적 변화를 의미하며, T는 기술(technology)의 변화로 유비쿼터스 컴퓨팅, 인공지능, 4차 산업 등 새로운 기술의 출현과 사회에 미치는 영향을 분석해야 한다.

2) 혁신의 의미

사회적 아이디어가 앞서 언급한 PEST를 기준으로 분석했다 하여도 사회의 긍정적 변화나 사회적 혁신의 역할을 하지 못하면 사회적 벤처로서의 의미가 없다. 사회적 아이디어를 분석할 때 기업가는 창의성(creativity)과 혁신(innovation)을 구분하여 이해하여야 한다. 두 개의 용어는 같은 의미로 사용되기도 하지만 사회적 벤처 관점에서의 의미는 확연히 다르다. 창의성은 독창적인 아이디어의 개발 혹은 제품의 발명이나 서비스의 개발을 의미하고, 혁신은 이러한 독창적인 아이디어를 현실화시키는 것을 의미한다. 기업가는 동시에 혁신가이지만 발명가는 아니다. Madecasse의 CEO인 McCollum과 Brett Beach는 혁신가일뿐 발명가는 아니다. 그들은 유통방법을 변화시키고, 마다가스카르섬에서 직접 초콜릿을 생산함으로써 코코아 농부들에게 적절한 가격을 제공한 혁신가의 역할을 했지만 새로운 초콜릿을 개발한 발명가는 아니다.

사회적 기업가정신의 아버지라 불리는 Dees(2001)는 사회적 기업에서 "혁신은 가치 있는 목적을 달성하기 위해 새롭고 더 나은 방법을 찾아가는 과정"이라 정의했다. 사회적 기업가정신에서 가치 있는 목적은 창의적 아이디어이고, 혁신은 그 아이디어를 실행에 옮기는 것이다. Joseph Schumpeter가 주장한 다섯 가지 형태의 혁신과 Dees가 언급한 사회적 기업가정신의 특성 두 가지를 더하여 일곱 가지 형태의 혁신에 대해 설명하면 아래와 같다.

1. 새로운 제품이나 서비스의 개발 및 상용화
2. 기존의 제품, 서비스, 프로그램을 개발하는 새로운 프로세스의 개발: 1976년에 설립된 기독교 NGO인 Habitat for humanity의 사회적 사명은 하나님의 사랑을 행동으로 옮김에 있어 각계각층 사람들의 힘을 모아 집과 마을을 짓고 희망을 일으키는 것이다. 그들은 이러한 사명을 완수하기 위해 자원봉사자들의 노력과 기업의 후원을 통하여 저소득 가족을 위한 독립된 주택을 지어서 그들에게 소유하게 하는 프로세스로 지난 40년간 전 세계 76개국에서 활동해 왔다.
3. 기존의 제품, 서비스, 프로그램을 새로운 고객과 시장에 공급하는 행위: Muhammad Yunus의 미소금융(micro credit)도 평생 은행에서 대출을 받지 못하던 취약계층의 주민들에게 대출하고 그들로 하여금 자립할 수 있게 한 사례이다.
4. 새로운 형태의 노동이나 재료를 활용하는 행위: 전과자, 장애인, 노약자들의 노동을 이용하여 제품이나 용역을 생산하는 사회적 기업은 매우 많다. 국내에서 취약계층을 고용하는 대표적인 사회적 기업으로는 (사)에코언니야!, (사)담쟁이 등이 있고 외국의 사례로는 "We don't hire people to bake brownie; we bake brownie to hire people."라는 슬로건으로 유명한 New York의 Greystone Bakery가 있다.
5. 혁신적인 조직구조나 산업구조의 구현: 미국의 지역개발은행(community development bank: CDB)은 저소득층 거주지역의 경제 개발

을 창출하고 이러한 지역사회 주민에게 봉사하는 임무를 수행하는 상업은행이다. CDB는 은행이지만 계좌를 개설할 수 없고 귀중품 보관 창고(safe deposit box)도 설치할 수 없다. CDB는 고객의 예금에 대해서 예치증서(certificate of deposit)를 발행하고 자금을 일반 상업이 투자하지 않는 지역 개발 사업에 투자한다. 예를 들면, 지역 양로원 설립, 공원조성사업 등이 있다.

6. 고객이나 목표 수혜자(target beneficiary)와 관계를 강화하는 혁신적인 방법의 개발: 사례로는 Robin Hood 재단의 계열 비영리 사회적 벤처인 Blue Sky의 사회적 역할을 들 수 있다. Blue Sky는 인터넷을 이용하여 지역의 사회봉사 프로그램과 신청하는 법을 요약해서 정보가 필요한 사람들에게 맞춤형으로 공급하고 있다. 이는 디지털 기술이 취약한 저소득층이나 노약자들에게 필요한 중요한 정보를 실시간으로 제공한다는데 의미가 있다.
7. 새로운 기금 모금 방법: 사회적 벤처의 펀딩(funding)은 제9장에서 언급하겠지만 전통적인 기부금만으로는 충분하지 못하다. 최근의 동향은 기부금에 의존하기보다는 micro-funding, micro-loan, Angel & Venture Capitalist, social responsible investment, social venture philanthropy(SVP) 등의 기관이나 개인에 의한 투자의 개념으로 자금을 조달하는 경향이 있다. 혁신은 아이디어와 기회 사이를 연결하는 역할을 한다. 혁신은 아이디어의 실현을 의미한다. 따라서 아이디어는 실현 가능해야만 할 것이다.

3) 기회의 인식

기회의 인식은 아이디어 단계에서 실현의 초기 단계로 발전하고 있는 것을 의미한다. Timmons와 Spinelli(2007)는 이 단계를 "누에에서 나방으로의 변신(transforming caterpillars into butterflies)"이라 표현하였다. 기회에 대한 개념을 명확히 인식하기 전에 성공적인 사업 기회의 중요한 특성에 대해 알아보기로 한다.

성공적인 사업의 기회는 고객의 문제를 해결하거나 그들의 요구를 충족시켜 고객에게 가치를 부가할 수 있는 능력이 있어야 하며, 시장을 장악할 수 있어야 하며, 동시에 이윤을 창출할 수 있어야 한다. 그리고 이를 위해 필요한 관리적 혹은 물리적 기술은 기업가가 사용 가능한 기술이어야 한다.

경영에서 기회는 "고객의 욕구나 필요에 기반을 둔 아이디어"(Mariotti, 2007) 혹은 "새로운 상품 서비스나 사업에 대한 욕구를 창출해 내는 시장 환경의 집합"(Barringer & Ireland, 2008)으로 해석할 수 있다.

기회는 고객에게 가치를 부가할 수 있어야 한다. 이는 마케팅 전문가들이 말하는 가치명제(value proposition)이며, 이를 통해 경쟁에서 우위에 설 수 있다. 다시 말하면 경쟁자가 제공하지 못하는 고객의 필요나 욕구를 충족시키는 것이 고객에게 가치를 부여하는 것이며, 이것이 성공적인 사업 기회의 필수 요소라 할 수 있다.

기회에 대한 여러 가지 정의와 특성을 반영하여 실무적으로 사업 기회를 정의하면 다음과 같다.

"기회는 현재 시장 상황에서 고객의 필요와 욕구를 충족하여 가치를 부가할 수 있는 제품이나 서비스와 이를 창출할 수 있는 기업가의 기술의 집합으로 구성되며, 이러한 제품이나 서비스를 제조 판매함으로써 재무적 실현 가능성을 보장하는 비즈니스의 개념이다."

지금까지 서술한 기회의 개념은 일반 영리기업의 관점에서 본 것이다. 사회적 벤처의 관점에서 보면 기회의 개념은 달라질 수 있다. 고객의 필요와 욕구를 충족할 수 있는 제품이나 서비스를 제공할 수 있는 기회의 개념은 사회적 벤처에서는 만족시켜야 할 대상이 수혜자(beneficiary)로 바뀐다.

파괴적 혁신이론을 주창한 하버드의 Christensen 교수는 고객의 필요와 욕구를 충족시키는 것을 '의무(job)'라 표현한 적이 있다. 이러한 관점에서 우리는 사회적 기업가에게 이러한 질문을 던질 수 있다. "당신은 대상 수혜자(target beneficiary)의 생활의 질을 높이기 위해 어떤 혁신적 방법으로 이러한 의무(job)를 수행할 것인가?"

일반적인 사업 기회와 마찬가지로 사회적 기업에도 기회의 창(window of opportunity)이 있다. 기회의 창은 사회적 기업가가 수혜자에게 필요한 최대의 가치를 공급할 수 있는 시점을 의미한다. 기회의 창은 특정한 사건, 정권의 교체, 정책의 변화, 인구 통계적 변화, 혹은 새로운 경향에 의해 열린다. 예를 들면, 2010년 아이티의 지진은 피해자들에게 도움의 손길을 내미는 사회적 기업가들에게 기회의 창이었고, 레이건 정부 시절 정신질환에 대한 정부의 보조금 지급을 중지하여 환자들이 거리로 내몰릴 때, 혁신적인 방법으로 이들을 도우려는 사회적 기업가에게 이러한 정책이 변화는 기회의 창이라 할 수 있다. 미혼모 가정과 다문화 가정이 늘어나고 있는 현실 상황은 사회적 기업가에게 새로운 기회의 창이 될 수 있다.

그러나 사회적 기회도 기업이 재무적으로 지속 가능 경영을 전제로 인식하여야 한다. 비영리 사회적 벤처의 경우 이익을 추구하지 않더라도, 재무적으로 최소한 블랙이븐 포인트(break even point)는 유지할 수 있어야 할 것이다. 미국의 경우 영리 목적 사회적 기업의 등장으로 인해 재무적 관점에서는 사회적 기업과 일반 기업의 차이가 점점 줄어들고 있는 상황이다. 앞서 서술한 실무적 차원의 사업 기회의 정의(working definition of social opportunity)는 두 가지 유형의 사회적 기업에 모두 적용될 수 있다.

끝으로 Zahra(2008) 등이 실무적인 차원에서 주장한 사회적 기회의 특성 다섯 가지를 제시하면서 기회의 인식 부분을 마무리한다.

1. 보편성(prevalence): 많은 사람이 가지고 있는 욕구나 필요성인가?
2. 관련성(relevance): 사회적 기업가는 문제를 효과적으로 해결할 수 있는 지식, 기술, 능력을 가졌는가?
3. 근본적 변화(radicalness): 창의적이고 혁신적인 변화를 가져올 수 있는가?
4. 긴급성(urgency): 현재의 기회는 바로 실행에 옮겨야 할 만큼 긴급한 사회 문제인가?
5. 접근성(accessibility): 문제의 특성상 정부나 공공기관보다 사회적 기업가가 해결해야 할 사회적 문제인가?

3. 창업 전략

1) 비전과 사명

사회적 기업가는 문제를 파악하고 나면, 이를 해결할 방법을 찾아야 한다. 앞서 말했듯이 혁신은 문제를 해결할 수 있는 독창적인 아이디어를 현실화시키는 것을 의미한다. 사회적 기회에 의해 설립된 사회적 벤처가 혁신적이고 지속 가능한 경영이 가능하고, 다른 지역으로까지 확장해 나갈 수 있다는 잠재력이 있다고 확신하면, 사회적 기업가는 자신이 설립할 사회적 벤처의 비전(vision)과 미션(mission)을 개발해야 한다. 사회적 벤처에서 비전을 개발한다는 것은 사회적 기업가가 기업 경영을 통하여 사회적 변화를 구체화하는 것을 의미한다. 비전은 사회적 기업가와 팀을 같은 방향으로 이끌어나갈 수 있는 동기를 부여하고 그들에게 사회적 벤처의 미래상을 보여줄 수 있어야 한다.

사회적 벤처의 비전과 사명의 사례로 사회적 벤처인 NFTE(Network for Teaching Entrepreneurship)를 소개한다. NFTE는 도시지역의 저소득 청소년을 위한 기업가정신 교육 프로그램을 운영하는 국제적인 비영리 사회적 기업이다. NFTE의 특허를 받은 교육 프로그램은 청소년들에게 창의성과 기술 그리고 미래에 대한 꿈을 갖게 하는 세계적으로 인정받은 교육 프로그램으로 1987년 이래 10개국 50만 명의 청소년에게 교육을 제공하였다. NFTE는 높은 수준의 교육 프로그램으로 현재 콜롬비아 대학과 펜실베이니아 대학 등과 같이 유수한 대학과 협력하여 청소년들에게 기회를 인식할 수 있는 능력과 창의성 위주의 교육을 통해 미래의 기업가를 양성하고 있다. 국어사전에 기업의 비전은 "미래의 이상"이라 정의되어 있고, 사명은 기업의 존재 이유라고 할 수 있다. 예를 들면, 컨설팅 업체인 맥킨지의 비전은 "기업이나 정부가 보다 탁월한 성과를 거둘 수 있도록 돕는 파트너가 되는 것"이며 어린이들의 왕국인 월트 디즈니의 비전은 "사람들을 행복하게 하는 것"이다.

NFTE의 비전은 매우 단순하다. "모든 젊은이에게 성공적인 미래를 발견하게 하는 것"(Every young person will find a pathway to prosperity)이다. 사회적 벤처의 사명은 이러한 비전이나 목표를 달성하기 위하여 사회적 벤처가 어떻게 운영되어야 사회적 문제를 해결할 수 있는가를 강조한 세부적 행동강령 혹은 존재 이유이다. 그들의 사명은 다음과 같다.

"NFTE는 지역 내 저소득 청소년들에게 기업가정신 교육 프로그램을 제공한다."

NFTE는 사명을 다음과 같이 이행한다.

1. 실무중심의 교과 과정, 이론, 사업 및 기술을 향상시키는 방법을 개발

한다.

2. 강사와 실무자들에 대한 훈련 및 지원
3. 지역 내 학교, 기업, 기관들과 연계
4. 학생들과 실제 경험을 소개하기 위한 자원봉사자들의 적극적 활용
5. 교실에서부터 이론 현실을 접목하고 후에 실무교육을 강화
6. 프로그램 졸업생에 대한 지속적 지원
7. 기업가정신 교육 결과에 대해 발표하고 이를 분석하여 프로그램 개선
8. 지역공동체에 NFTE의 교육 프로그램을 알리기에 힘쓴다.

사회적 벤처가 해결하려는 사회적 문제를 이해하고, 이를 해결하려는 그들의 비전과 사명이 정해지면, 사회적 기업가의 목표가 기업 행위를 통하여 달성되어야 한다. 이 단계에서 필요한 역할을 설명할 수 있는 것이 변화론(theory of change) 혹은 사회영향이론(social impact theory)이다. 사회영향이론은 문제를 해결하려면 필요한 선행조건(precondition), 경로(pathway), 초기의 성공을 위한 개입(intervention) 등을 파악하여 사회적 기업가가 목표를 달성하는 데 필요한 로드맵을 제공한다. 사회영향이론은 쉽게 말하면 인과관계에 대한 서술이다. 몇 가지 사례를 간략하게 소개하면 다음과 같다.

1. Habitat for humanity: 저소득 가족들에게 단순하지만 실용성 있는 집을 제공하여 대대로 이어지는 빈곤의 대물림을 막는다.
2. Low-cost eyeglasses: 후진국 10억 여명의 저소득층에 안경을 공급하여 삶의 질을 향상시키고 교육과 고용을 가능하게 한다.
3. 자율형 공립학교(charter school): 자율형 공립학교는 주정부에서 지원을 받지만 기부와 다른 보조금으로 운영되는 학교를 의미하며 학생과 학부모들에게 공립학교 내에서 선택할 수 있는 권한을 주어 학생들이 경쟁할 수 있는 여건을 조성함으로써 혁신을 유발하고 일반 공립학교와 비

교하여 높은 교육성과를 달성할 수 있는 공립학교가 되었다.

2) 비즈니스 모델

사회적 기회나 문제를 인식하고 이를 구현하기 위한 혁신적 방안에 대한 구상이 끝나면, 사회적 기업가는 기업의 비전과 사명에 대한 개념을 구체화해야 한다. 그 연후에 사회적 기업가는 개념적으로 인식하고 있는 그동안의 창업 계획을 시장에서 실질적으로 실행할 수 있도록 구체화시켜야 할 것이다. 수익은 어디서 나올 것인가, 우리의 고객은 누구인가, 우리는 고객에게 어떤 가치를 줄 수 있나, 우리의 벤처가 가진 핵심 자원은 무엇인가 등 시장에서 발생할 수 있는 중요한 기업활동에 대해 실질적인 답을 제시할 수 있어야 한다. 위에서 예시한 질문의 해답을 정리한 것을 비즈니스 모델이라 할 수 있다. 즉, 비즈니스 모델은 "어떤 제품이나 서비스를 어떻게 소비자에게 제공하고, 어떻게 마케팅하며, 수익의 원천은 무엇이며, 원재료는 어떻게 조달할 것인가?"라는 질문에 대한 대답이다. 이는 사업 전반에 대한 계획 또는 사업 아이디어라 정의할 수 있다. "수익의 원천은 무엇인가?"라는 문구 때문에 사회적 기업은 비즈니스 모델이 필요 없다고 하는 주장하는 사이트도 있지만 위험한 생각이다. 비즈니스 모델을 작성하는 방법은 여러 가지가 있지만 소규모 스타트업이나 사회적 기업에는 비즈니스 모델 캔버스 기법을 권유한다, 비즈니스 모델 캔버스는 비즈니스 모델이 제대로 정리되어 있는지 9칸의 블록으로 나눠진 캔버스를 이용하여 점검과 계획을 하는 작업이다. 여기서는 티셔츠 제조 판매 기업인 Royal Label이란 사회적 기업 사례로 비즈니스 모델 캔버스를 소개하기로 한다.

사례 연구

Royal Label의 비즈니스 모델

비즈니스 모델 캔버스의 사례로 소개할 Royal Label은 주로 전자상거래(www.loyallabel.org)를 통하여 주된 수익을 달성하는 인터넷 비즈니스 기업이다. Royal Label은 사회적으로 매우 의미 있는 제품을 판매하는 기업으로, 제품은 디자인과 사회 시민운동 정신을 결합한 제품이며 지속 가능한 경영을 추구하는 기업이다. 그들은 소비자들이 관심 갖는 분야와 세련된 디자인, 양질의 패션을 통합하여 고객에게 공급하고 있다. Royal Label은 소위 말하는 제4 섹터에 속하는 기업이다. 그들은 수혜자를 위한 기업(for benefit corporation)으로 영리기업과 비영리기업의 중간에 위치하는 기업이다. 즉, 정부, 시장, 비영리 섹터의 어느 한 곳에도 속하지 않는다는 의미에서 제4 섹터 기업이라 한다.

Royal Label의 제품 라인은 7개의 분야로 나뉜다. 각 제품 라인은 그들만의 주제를 갖고 있다. 처음 6개의 라인은 물, 기아, 삶의 질, 지구, 교육, 그리고 평화와 관계 있는 디자인의 제품이다. 개별 제품 라인에서 얻은 수익은 개별 주제와 관련된 단체의 자금으로 제공된다. 그리고 마지막 제품 라인은 Royal라인이라 불리며 Royal Label을 위해 사용된다. 그리고 관련 기관인 Royal 재단은 열정과 재능을 갖춘 젊은 사회적 기업가를 발굴하여 지원하는 자선기관이다.

Royal Label의 기본 비즈니스 모델을 서술하면 다음과 같다.

제품이 생산되면 Atlanta에 있는 창고 시설로 모든 제품이 집결되어 배송작업이 시작된다. 그리고 티셔츠 트럭으로 3개월 동안 미국 내 거의 모든 대학을 방문하여 제품을 직접 소비자에게 판매하기도 한다. 트럭 투어는 고객과의 직접 소통을 통하여 기업의 이미지를 제고하고, 캠퍼스의 젊은이들에게 직접적인 홍보활동을 할 수 있는 좋은 기회이기도 하다. 그리고 환경단체로부터의 대량 주문이 가끔씩 발생하기도 한다. Royal Label은 대형 백화점과 자사 아웃렛을 통하여 제품을 off-line으로 판매하기도 하는 전형적 on-line to off-line을 활용하는 O2O 기업이다.

2009년 Ostwald는 비즈니스 모델의 탄생이라는 책을 통하여 비즈니스 모델을 간편하게 도식화한 9개의 블록으로 구성된 비즈니스 모델 캔버스를 소개했다. 처음에는 주로 창업 단계의 기업이나 실리콘 밸리의 투자 생태계에 투자 분석의 용도로 사용되기 시작했다. Peter Drucker가 주장했듯이 기업활동은 가치(value), 가격(price), 원가(cost)의 3요소로 구성되고, 가치창출과 분배(innovation and marketing) 두 가지만 존재한다고 역설했다. Ostwald의 비즈니스 모델 캔버스는 앞서 서술한 3요소와 2가지 활동을 근거로 만들어졌다고 할 수 있다. 비즈니스 모델 캔버스의 9개 블록 내용은 다음과 같다.

1. 고객구분(customer segments): 진정한 우리 고객의 파악(누구이며 구성은 어떻게 이루어져 있는가?)
2. 가치 제안(value proposition): 기업이 고객에게 제공하는 경쟁기업과 차별화된 가치
3. 유통채널(channels): 고객과의 접점
4. 고객관계(customer relationships): 고객이 원하는 가치를 파악해 고객이 원하는 제품을 지속적으로 제공함으로써 고객을 유지하고, 고객의 가치를 극대화하는 마케팅 프로세스
5. 수익의 흐름(revenue streams): 수익의 원천을 분석(예: 매출, 대여, 가입비 등)
6. 핵심자원(key resource): 기업활동에 핵심이 되는 자원(인적자원, 기술자원, 지식재산 등)
7. 핵심활동(key activities): 고객을 만족시키는 데 핵심적으로 필요한 행위(예: A/S, 원재료 및 부재료 관리)
8. 핵심파트너(key partnerships): 긴밀한 협력관계에 있는 조직(공급자, 생산자, 택배 혹은 광고 회사, 고객 기업 등)
9. 비용구조(cost structure): 제품 제조비용, 일반관리비용, 판매관리비용 등 기업을 운영하는 데 필요한 전반적인 비용을 고정비와 변동비로 구분하여 분석

그림 8-1 비즈니스 모델 캔버스

이제 위의 9개 블록을 이용하여 Royal Label의 비즈니스 모델을 분석하며 Royal Label의 사례 연구를 마무리한다.

1. 고객구분(customer segments): 환경보호나 사회적 의식을 가진 젊은 사람들(대학생, 청소년 시민단체 회원 등)
2. 가치제안(value proposition): 물, 기아, 삶의 질, 지구, 교육, 그리고 평화와 관련된 디자인의 제품을 판매함으로써 그 수익금을 대부분 관련 환경단체에 기부금으로 전달함으로써 고객에게 환경보호와 사회적 가치추구에 기여할 수 있다는 자부심을 제공
3. 유통채널(channels): 인터넷 상거래, 티셔츠 트럭, 백화점, 자사 아웃렛과 환경단체 등의 대량 주문
4. 고객관계(customer relationships): 젊은 고객과의 관계를 위한 블로그 활용, 티셔츠 트럭 운용, 감사카드, SNS 적극 활용, 투명한 기부금 운영, 재활용 및 지속적인 디자인 개발
5. 수익의 흐름(revenue streams): 빠른 성장률(연 30%), 2014년 매출액 34억 달러, 영업이익 20억 달러, 법인세: 1억 6000만 달러, 당기순이익 299백만 달러, 약 10억 달러 이상을 기부한 것으로 예상
6. 핵심자원(key resource): 제품 디자이너, 유통채널, 자금 흐름, 최고경영진, 사회적 기업과 네트워크
7. 핵심활동(key activities): 2014년 수혜자 기준

   ① 40,816명의 어린이에게 안전한 물 공급(5년 동안)

   ② 816,314명의 학생들에게 학교 급식 제공

   ③ 204,078그루의 나무를 식수

   ④ 2,040,786권의 책을 아프리카 어린이에게 제공

   ⑤ 204,078명의 난민들에게 의료 서비스 제공

   ⑥ 204명의 젊은 사회적 기업가 창업 지원

   ⑦ 고객을 만족시키는 데 핵심적으로 필요한 행위(예: A/S, 원재료 및 부재료 관리)
8. 핵심 파트너(key partnerships): 물, 기아, 삶의 질, 지구, 교육, 그리고 세계 평화 관련 단체, 리사이클 제품 공급업체, 대학, 시민사회단체 등 긴밀한 협력관계에 있는 공급자, 생산자, 택배 혹은 광고 회사, 고객 기업 등
9. 비용 구조(cost structure): 매출원가 $100,000에 따른 비용 구조

   – 제조원가: $36,000

   – 일반관리비: $3,000

   – 마케팅 비용: $27,400

   – 기술비용: $6,000

   – 티셔츠 트럭 투어: $27,000

참고문헌

Bryson, M. (2004). *A Strategic Planning for Public and Non-Profit Organizations*. San Francisco, CA: Jossey-Bass.

Dees, J. G., Emerson, J., & Economy, P. (2001). *Enterprising Nonprofit: A Tool Kit forSocial Enterprise*. New York: Wiley.

Elkington, J., & Pamela H. (2008). "The Power of Unreasonable People: How Social Entrepreneurs Create Markets That Change the World". Boston: Harvard Business Press, Feb.

Timmons, J. A., & Spinelli, S. (2007). *New Venture Creation: Entrepreneurship for the 21st century*. New York: McGraw-Hill/Irwin.

Zahra, S. A., Rawhouser, H., Bhawe, N., Neubaum, D. O., & Hayon, J. C. (2008). Globalization of Social Entrepreneurship Opprtunities. *Strategic Entrepreneurship Journal, 2*, 117-131.

Social Enterprise : Theory and Practice

CHAPTER

09 사회적 영향 투자

Chapter 09

사회적 영향 투자

1. 사회적 영향 투자의 배경

사회적, 환경적, 문화적 가치 창조와 아울러 경제적 수익을 투자자에게 돌려주는 새로운 형태의 투자가 나타나게 되었다. 이러한 경제행위는 '사회적 투자' 혹은 '사회적 영향 투자'라 불리며 사회적 경제, 정부의 분권주의 정책과 기업투자이론에 그 뿌리를 두고 있다.

2007년 록펠러 재단의 기금운용 대표인 Antony Bugg-Levine은 사회목적 투자기업의 설립에 관한 회의를 환경기술 투자자, 미소금융 투자자, 지역개발사업의 투자자 등과 같이 토론하던 중에 사회적 영향 투자(impact investment)라는 용어를 처음으로 사용하였다. 그들은 사회적 영향 투자라는 용어뿐 아니라 성과의 측정 및 평가방법, 그리고 이러한 투자를 위한 시장조성 등에 대해서도 논의를 계속하였다. 록펠러 재단의 2007년 사회적 목적 투자기업 세미나에서 사회적 영향 투자라는 용어가 처음으로 등장한 것이다.

일부 학자들은 2025년에는 6조 US$의 금액이 사회적 기업 부분으로 투입되리라 예상하면서 사회적 기업가들과 투자자들은 경제적 · 사회적 · 환경적 가치를 추구하는 통합적 형태의 사회적 기업에 대한 실험을 하고 있다

(Fulkerson & Thompson, 2008). 그리고 국제적으로는 이미 사회적 기업의 자본시장이 형성되었으며, 한국에서도 사회적 금융시장이 본격적으로 형성되기 시작했다. 사회적 투자자들은 투자받은 사회적 기업가들에게 높은 수준의 투명성과 책임감을 요구한다(Rangan, Leonard, & McDonald, 2008). 새로운 세대의 사회적 기업가나 투자자들은 사회적 · 환경적 영향의 창출과 투자의 도구를 연계하려고 한다. 이러한 사회적 금융시장에서는 전통적 투자와 자선재단에 대한 투자방법을 모두 사용하고 사회적 성과와 경제적 성과를 동시에 추구하는 영리 · 비영리기업을 아우르는 포괄적 투자행위를 하는 금융시장이다. 통합 가치 투자자(impact investor)들과 사회적 기업가들은 기업의 행위에 대한 가치가 사회적 · 환경적 가치와 재무적 가치로 명확하게 구분될 수 없다는 것을 알고 있다(Emerson & Spitzer, 2007; Godeke & Pomares, 2009). 혼합가치(blended value)를 주장한 Jed Emerson은 2005년 다보스 포럼에서 다음과 같이 주장하였다.

> "사람들은 기업활동의 가치를 재무적 가치와 사회적 가치로 나눌 수 있다고 하지만, 이것은 우리가 가치를 창출해 내는 관점에 대한 근본적으로 잘못된 생각이다. 하나의 기업을 탐욕스런 기업가와 사회적 영웅으로 분류할 수 없듯이, 가치란 전체적인 통합개념으로 인식해야 한다."
>
> Jed Emerson(2005)

사회적 영향 투자는 투자수익뿐만 아니라 측정 가능한 사회적 성과를 달성하기 위해 사회적 경제조직에 자금을 제공하는 것이다. 많은 국가에서 공적자금이 압박을 받고 있는 가운데 사회적 가치에 대한 요구가 증가함에 따라 사회적 영향 투자는 점점 더 중요해지고 있다. 혁신적인 방법으로 사회적 경제 조직에 자금을 제공하고, 시장과 공공부문이 협력하여 투자할 수 있는 새로운 접근방식이 필요하다.

사회적 영향 투자는 시장 수익률도 창출할 수 없지만 기꺼이 투자하는 사회적 영향에 관심 있는 투자자부터 전통적인 투자자들까지 그 스펙트럼이 다양하다.

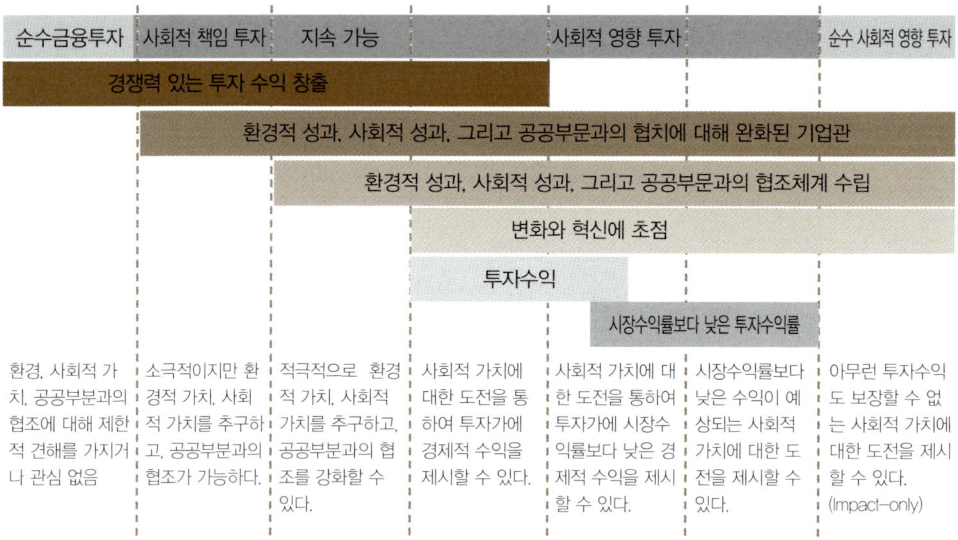

그림 9-1 자본의 범위(A Spectrum of Capital)

출처: OECD (2014). Social impact investment: building evidence base.

개인, 가족, 재단, 기관투자자들이 경제적 이윤과 사회적 성과를 제공할 수 있는 투자처를 찾고 있다. 이들에게 경제적 목표는 자금의 현상유지부터 시장수익률에 이르기까지 다양할 수 있다. 사회적 목표에는 경제적 · 사회적 · 환경적 가치와 조건의 개선이 포함될 수 있다. [그림 9-1]에서 보는 바와 같이 투자 자본의 범위는 이윤을 목적으로 하는 순수금융투자에서 수익을 기대할 수 없는 상황에서도 사회적 가치만을 추구하기 위해 투자하는 순수 사회적 영향 투자까지 그 범위가 매우 다양하다. 사회적 영향 투자는 지난 10년 동안 지역, 국가 또는 글로벌 차원에서 사회적 이슈에 대해 개인과 기관 투자자들의 관심이 증가하는 것을 포함한 여러 요인들의 결과로 발전했다. 그리고 최근의 경제 위기는 전 세계 국가들이 직면하고 있는 엄청난 사회적, 경제적 문제를 더욱 부각시켰다. 정부는 이렇게 증가하는 과제를 해결하기 위한 더 효과적인 방법을 찾고 있으면서 민간 부문 모델이 새로운 혁신적인 접근방식을 제공할 수 있음을 인식하게 되었다.

최근에 와서 이익을 최대화하는 상업적 투자와 사회적 영향 투자, 그리고 자선사업 사이의 간격이 점차 좁아지고 있으며, 사회적 기업가는 아직도 자신들이 창출한 혼합가치(blended value)의 화폐가치를 파악하기가 쉽지 않다. 이는 사회적 금융의 효과를 정량화하기 어려우며, 전통적 투자와 직접적인 성과를 비교하기가 힘들다는 의미이다. 사회적 기업과 일반기업과의 투자의 차이를 요약하면 다음과 같다.

먼저, 사회적 기업가는 특정 고객들보다 사회 전반에 걸친 변화를 창출하기 위하여 변혁적이고 혁신적 방법을 사용한다. 다시 말하면, 대부분의 사회적 기업의 수혜자들은 그들이 제공받는 제품과 서비스에 대해 직접적인 대가를 지불하지 않는다. 이러한 지불방법의 차이 때문에 사회적 기업이 비즈니스 모델의 최적화에 지장을 줄 수도 있다. 두 번째로는 사회적 기업가가 특정 사회적 · 환경적 이슈에 대한 관심이 높던 기간과 잠재적 투자자가 생각하는 적정한 시기는 서로 다를 수 있다. 일반적으로, 사회적 기업은 장기적 관점에서 사회적 가치의 극대화를 추구하는 반면 투자자들은 단기간 내에 성과를 요구하는 경향이 있다. 마지막으로 정부의 보조금과 자선단체나 개인의 기부금은 사회적 기업의 이해관계자들에게 영향을 미친다. 기부금과 보조금은 사회적 투자자들의 상업적 위험을 완화시키고 기업의 사회적 목적을 강화시킬 수도 있지만 투자수익률과 정상적인 자금의 흐름에 방해가 될 수도 있고 불공정 경쟁으로 시장을 교란할 수도 있어 체계적이고 정상적인 경영에 반하는 경우도 있다.

사회적 기업은 영리기업과의 이러한 차이를 이해하고 사회적 영향 투자를 분석할 수 있는 도구를 개발해야 할 것이며, 일반관리에도 사회적 기업에 맞는 적절한 경영방식을 찾아야 할 것이다. 이외에도 사회적 성과에 대한 보다 명확한 분석이 필요하다. 정성적 성향이 강한 사회적 가치를 정량적으로 분석할 수 있어야 효율적인 사회적 영향 투자에 대한 의사결정 과정이 가능할 것이다.

2. 사회적 영향 투자의 개념과 특징

1) 사회적 영향 투자의 개념

사회적 영향 투자 역시 사회적 기업가정신과 같이 넓은 범주에 존재하는 다양한 행위를 포함하는 포괄적인 개념(umbrella term)이다. 이는 자선재단이나 비영리단체에서 사회적 사명이나 프로그램과 관련된 투자로 시작하여 점차 사회적 목적이 있는 기업에 대한 투자로 발전해 가고 있다. 사회적 영향 투자의 강점은 자선사업의 영역보다 장기적 관점에서 효율적으로 자금을 활용할 수 있다는 점이다. 아직까지 용어에 대한 정의가 모호한 부분이 있지만 사회적 영향 투자에 대한 정의는 Monitor Institute의 보고서에 나타난 2009년의 정의를 일반적으로 많이 인용한다. "적극적으로 자금을 기업과 펀드에 투자하여 사회적, 환경적 선(social and environmental good)을 창출하고, 최소한 투자수익(원금)을 투자자에게 돌려줄 수 있는 사회적 자금조달방법이다

(Monitor Institute, 2009)." 여기서 사회적 선이란 많은 사람에게 혜택을 줄 수 있는 행위로서 공동의 선(common good)이라고도 하며, 맑은 공기, 깨끗한 물, 건강, 위생, 문맹 퇴치 등을 예로 들 수 있다.

사회적 영향 투자의 정의는 전통적 영리기업에 대한 투자와 비영리 자선단체에 대한 투자와 비교하여 설명하면 명확한 개념을 도출할 수 있을 것이다.

사회적 영향 투자의 정의를 도출하는 첫 번째 기준은 투자의 의도(intentionality)라 할 수 있다. Monitor Institute의 보고서에 따르면 사회적 영향 투자자들은 "적극적으로 투자 대상을 찾으며 자선기금이 도움을 줄 수 없는 곳에 자금을 투자한다." 술 도박, 담배 등 해로운 투자를 배제하고 도덕적인 기업, 환경 친화적인 기업, 투명한 기업을 투자 대상으로 하고 투자수익을 중시하는 전통적 사회 책임 투자(socially responsible fund: SRI)와 달리 사회적 영향 투자는 긍정적 영향을 미치는 모든 사회적 투자를 의미한다. 즉, 기업은 사회적으로나 환경적으로 긍정적 영향을 사회에 미치는 명백한 의도를 가져야 한다.

두 번째 기준은 투자수익의 본질과 관련이 있다. 사회적 영향 투자는 거저 주는 것은 아니다. Emerson과 Bugg-Levine은 혼합된 가치(blended value)라는 개념으로 설명하며, 사회적 영향 투자의 개념을 "사적인 자금을 활용하여 경제적, 사회적, 환경적 성과의 합을 극대화시키는 통합된 추구"라고 정의하였다. 즉, 사회적 투자는 경제적 가치와 함께 필수적으로 사회적 가치를 추구해야만 한다. Monitor Institute는 혼합된 가치를 다르게 표형하고 있다. [그림 9-2]에서 보듯이 투자자들은 경제적 가치를 우선하는 집단이 있고 사회적 영향을 우선하는 집단이 있다. 따라서 그림에서 강조된 부분은 모두 사회적 영향 투자라 할 수 있을 것이다.

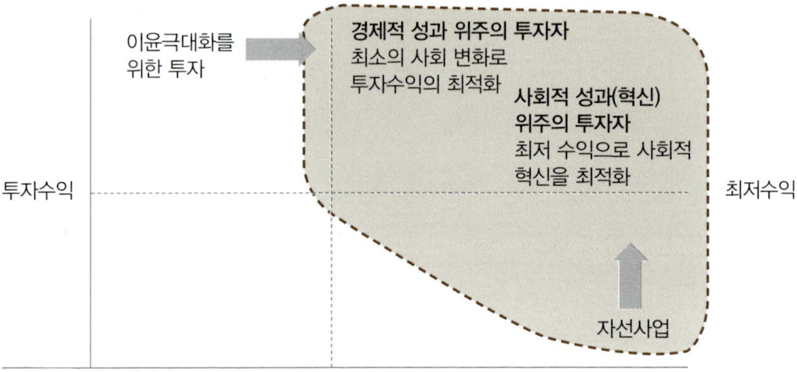

그림 9-2 Segments of Impacts Investors

출처: Jessica Freireich & Kathrine Fulton (2009).

사회적 투자자들의 사명감이나 경제적 성과에 대한 관심은 서로 다르다. 예를 들면, 미국의 공적자금 운용재단의 경우, 사회적 투자에 대한 수익률은 시장수익률로 제한되어 있다. 자선단체 역시 사회적 투자에 대한 수익률은 시장수익률보다 낮아야 한다. 사회사업을 하는 부유한 개인이나 가족은 다양한 방법으로 그들의 사명감을 수행하며 다양한 성과를 추구한다. Monitor Institute(2009)에서 이러한 현상을 "financial-first"와 "impact-first"라는 용어로 설명하고 있다.

"Financial-first" 투자자는 투자수익률을 사회적 환경적 변화의 최소한과 최적화시킨다. 이 그룹의 투자자들은 사회적 혹은 환경적 선을 수행하면서도 시장수익률을 제시할 수 있는 분야를 찾는 상업적 투자자라 할 수 있다. 이 부류의 투자자는 연금공단처럼 수탁자의 의지에 따라 움직인다.

"Impact first" 투자자는 사회적 투자의 수익률을 최소 수익률과 최적화시킨다. 이 부류의 투자자들은 사회적 · 환경적 선을 가장 중요한 목적으로 정하고 수익이 없는 원금부터 시장수익률까지의 투자수익률을 받아들인다. 이들은 또한 시장수익률보다 낮더라도 높은 위험을 감수해야 하는 프로젝트나 달성하기 어려운 목표를 수행하기 위해 프로젝트에 도전하는 사회적 기업가이다.

최근 JP Morgan의 조사에 의하면 스스로 사회적 투자자라 생각하는 사람도 투자 철학이나 경제적 기대에 폭넓은 스펙트럼을 보였다고 밝혔다. 어떤 투자자는 사회적 영향 때문에 자신의 경제적 손실을 감수하기 싫다고 하지만, 환경이나 사회의 긍정적 성과를 위해 경제적 손실을 기꺼이 감수한다는 투자자도 다수이다. 결론적으로 사회적 투자는 공공의 선을 위하여 재무적인 지속 가능성을 가지고 계속적인 투자행위를 할 수 있는 균형 있는 가치 추구가 중요하다.

2) 사회적 영향 투자의 형태

사회적 영향 투자는 자선재단의 기부나 정부가 특정 목적을 위해 자금을 조달하고 투자수익을 투자자에게 되돌리는 형태의 간접투자와는 차이가 있다. 또한 사회에 긍정적 변화를 추구한다는 목적이 명시되어 있다는 점에서 전통적 투자와는 다르다. 사회적 투자는 '사회적 책임 투자'(socially responsible investment) 혹은 '윤리적 투자'(ethical investment)와 같은 긍정적 투자와도 비슷하지만 다른 측면이 많다. [그림 9-2]는 투자의 종류 및 특징을 전통적 상업 투자, 사회적 책임 투자, 사회적 영향 투자, 그리고 자선단체 혹은 정부의 자금조달 및 투자로 분류하여 비교 설명한다.

네 가지 투자 분류는 투자의 목적과 투자를 주도하는 기관에 의하여 구분되는 투자의 특성을 보여준다. 사회적 영향 투자는 사회적 책임 투자와 비슷한 점도 많지만, 몇 가지 관점에서 사회적 책임 투자가 진화해 온 결과적인 투자형태라 할 수 있다. 사회적 책임 투자는 사회적 · 환경적 기준과 윤리적 기준에 따라 긍정적 혹은 부정적 투자분석이 가능한 자산관리의 중요한 수단이다(Rennebog et al., 2008). 사회적 책임 투자는 올바른 기업만을 투자의 대상으로 한다. 기업의 경영능력 및 재무 상태 등의 가시적 성과뿐 아니라 환경, 인권, 노동, 투명한 지배구조, 지역사회 공헌 등과 같은 다양한 사회적 성과를 중시한다. 환경오염이나 핵무기 관련 기업과 같이 사회에 부정적 영향을 끼치는 기업은 투자 대상에서 배제함으로써 사회 해악적 기업을 도태시키는 투자방법으로 선진국에서 이미 보편화된 투자방식이다. 우리나라 최초의 사회 책임 투자 펀드는 2001년 발매된 삼성투신운용의 '에코펀드'이다. 이 상품은 수입 중 일부를 환경단체지원기금으로 사용하였다. 이후에도 제일투자증권에서 본격적인 SRI 펀드인 '사회 책임 투자펀드'를 2003년 발매하기 시작하였다.

	투자의 범위	중점사항	주요 기관
투자 수익	전통적 투자	주주를 위한 재무적 수익을 중시하는 기업활동	일반적 영리 기업
복합적 성과	사회적 책임 투자 (윤리투자)	주주를 위한 재무적 수익을 중시하는 동시에 사회에 부정적 영향을 미치는 행위는 하지 않으며, 사회에 변화를 가져올 수 있는 기업행위를 중시	영리기업으로 사회적 책임을 갖고 기업의 윤리적 기준을 지키고, TBL(triple bottom line)의 가치를 추구하는 기업
사회적 변화	사회적 영향 투자	사회적 성과 경제적 성과 동시에 추구하여 다양한 이해관계자를 만족시키는 복합적 가치 추구	정부기관에 포함되지 않는 비영리 사회적 기업으로 사회적 가치를 추구하는 기업
	전통적 자선사업과 정부 보조금	경제적 성과 없이 기부와 자선활동으로 오로지 사회적 가치 창출	비영기관이면서 정부기관에 포함되지 않는 기관

그림 9-3 다양한 투자 행위의 비교 분석

출처: OECD (2014). Social impact investment: building evidence base.

사회적 책임 투자와는 달리 사회적 영향 투자는 투자 대상을 제한하지는 않는다. 앞서 말했듯이 명백한 의도와 사회적 가치가 필수적으로 포함된 혼합된 가치의 추구가 그 목적이 되어야 한다. 측정 가능한 사회적 변화를 가져오려는 의도(intention)가 명확하게 나타나지 않고 경제적 가치를 추구하는 단순한 사회 긍정적 투자는 사회적 영향 투자이기보다 사회적 책임 투자이다.

개인이나 자선재단의 기부는 투자수익에 대한 기대 없이 사회 · 문화 · 환경에 긍정적 가치를 창출하는 투자행위로서 가장 공익적 성격이 강한 투자의 형태라 할 수 있다. 즉, 경제적 가치창출에 대한 기대 없이 오직 사회적 가치만을 추구하는 행위라 할 수 있다. 대표적으로 카네기 재단, 록펠러 재단, SK의 행복나래재단 등이 있다. 자선재단들은 최근에 와서는 투자수익에 대한 기대 없이 사회적 성과만을 추구했던 기존의 방식을 떠나 사회적 기업을 지원하거나 설립하여 지속 가능성을 중시하는 투자 유형으로 변화하는 추세이다.

사회적 영향 투자 이외의 투자방법으로 사회적 기업에서 자금을 조달하기 위해 사용할 수 있는 대표적인 방법으로 사회적 은행, 사회적 영향 채권, 미소금융과 크라우드 펀딩이 있으며 다음과 같은 특성을 가지고 있다.

(1) 사회적 은행(Social Banking)

사회적 은행은 지속 가능한 은행(sustainable banking), 윤리적 은행(ethical banking) 혹은 책임은행(responsible banking)이라고 하는 금융기관으로, 사회적 은행은 지속 가능한 은행(sustainable banking)의 원칙 아래 사회적 가치를 위해 운영되는 금융기관을 통칭하는 용어이다. 사회적 은행은 개인고객이나 기관고객이 사회적 성과, 환경적 성과, 지속 가능한 관리체계를 유지할 수 있는 고객에게 투자나 대여를 하는 은행을 말한다. 사회적 · 환경적 영향에 초점을 둔 사회적 은행의 개념은 1950년대부터 시작되었다. 오늘날 사회적 은행의 주관심은 지속 가능한 투자(sustainable investment), 즉 환경과 사회적 가치, 그리고 지배체계(governance)에 중점을 두고 포트폴리오의 선택과 관리를 하고 있다. 2014년 사회적 은행이 투자한 지속 가능한 자산의 규모는 21.4B US$였으며, 특히 사회적 은행은 유럽을 중심으로 급속히 성장하고 있다.

본래 사회적 은행은 지속 가능성을 중시하는 가치 중심 세계은행연합회(The Global Alliance for Banking on Value) 소속 25개국 약 50여 개의 회원은행으로 구성되었다. 가치 중심 세계은행연합회에 소속된 사회적 은행들은 지속 가능성을 유지하기 위한 다섯 가지 원칙을 준수해야 사회적 은행의 지위를 유지할 수 있었다.

가치 중심 세계은행연합은 사회적 은행이 지켜야 할 다섯 가지 원칙을 다음과 같이 설명하고 있다.[01]

1. 비즈니스 모델의 중심에는 TBL(triple bottom line) 원칙 고수
2. 지역사회에 뿌리를 둔 진정한 사회적 경제행위
3. 고객 행위와 위험에 대한 직접적인 이해 및 고객과 장기적 관계 유지
4. 지속 가능성 및 외부 압력 극복
5. 투명한 관리 및 외부와 협조하는 구조

사회적 은행은 SNS나 P2P 등으로 사회적 대여(social lending)기관으로까지 진화하고 있으며, 쌍방향 의사소통을 가능하게 하는 정보통신기술은 금융 상품의 구조를 변화시키고 있다. 고객들은 사회적 은행들이 고객의 재무정보를 실시간으로 제공하고 동시에 자신들이 원하는 서비스를 제공하기를 바란다.

---

01 Global Alliance for Banking on Value(2012).

SNS가 발전한 오늘날 사회적 은행에서는 고객이 은행과 쌍방향으로 소통할 뿐 아니라 고객 사이에도 소통하며, 온라인 플랫폼의 역할이 점점 중요해진다. 고객은 시장 상황에 대해 토론할 수 있는 환경을 요구하고, 그들의 자산 포트폴리오가 어떻게 구성되었으며, 그렇게 구성된 이유에 대해 은행으로부터 답을 요구한다.

사회적 은행에서 중요한 기능의 하나는 P2P lending이라고도 불리는 사회적 대여제도이다. 사회적 대여제도는 리먼 브라더스 사태 이후 전통적 대여자인 금융기관이 새로운 금융상품을 제공하지 못하고 개인과 중소규모의 기업가들이 자금을 투자받기 어려워지자 은행이 제공한 플랫폼에서 고객들 사이의 소통이 시작되면서 개인 간 거래가 시작되었다. 기술적 발전으로 이 부분의 거래규모가 점점 커지고 있으며, Morgan Stanley 보고서는 전 세계적으로 2015년 24B US$(약 25조원)였으며, 2020년까지 290B US$(약 302조원)에 이를 것으로 예상된다.

대표적인 사회적 은행으로는 유럽연합의 Trodos Bank, 남아프리카 공화국의 MiBanco, 그리고 미국의 New Resource Bank 등이 있다.

(2) 사회적 영향 채권(Social Impact Bond)

사회적 영향 채권은 최근에 활용되기 시작한 사회적 자금조달방법으로 프로젝트의 성공에 대해서만 보상을 하는 투자방법이다. 주로 사회적 문제에 대한 예방 프로젝트의 자금조달방법으로 사용되며, 채권투자가 창출해내는 사회적 가치와 경제적 가치를 환산하여 투자한 채권에 대해 미리 약정한 금액으로 보상한다. 즉, 정부나 공공기관이 사회적 예방 프로그램이 창출하는 공적인 비용의 절감이나 세금 수익의 증가분을 계산하여 미리 정한 성과를 달성했을 경우 투자자들에게 보상하는 방식이다. 따라서 투자자들은 프로그램이 성공적으로 완수되었을 경우에만 보상받고 실패에 대한 위험을 감수하기 때문에 사회적 영향 채권은 이자율에 영향을 받는 전통적 의미의 채권과는 다르다. 프로그램 실패에 대한 위험을 감수해야 되기 때문에 사회적 영향 채권은 프로그램의 성과가 높거나 사회 문제가 예상보다 높게 개선되었을 경우 더 많은 인센티브가 주어진다. 대표적인 사례로 뉴욕시가 재소자들의 재범률을 낮추기 위해 발행한 사회적 영향 채권을 소개한다.

2012년 뉴욕 시장 블룸버그는 재소자들의 재범률을 낮추기 위해 최초로 사회적 영향 채권을 발행하였다. 프로그램의 주요 내용은 재범률 50%로 뉴욕시에서 가장 높은 라이커 교도소 출소자들에 대한 4년에 걸친 재범 예방 프로그램으로 남자 죄수만을 대상으로 시행되었다. 대형 투자은행인 골드만삭스가 최대 투자자로 천만 달러(약 110억원)를 투자하고, MDRC가 4년간 프로그램을 수행하고, Vera 법률재단이 평가하기로 뉴욕시와 계약을 함으로써 미국 최초의 사회적 영향 채권이 발행되었다. 계약 당사자는 투자자인 골드만삭스, 프로그램 시행기관인 MDRC, 성과평가 기관인 Vera 법률재단, 그리고 계약 주체인 뉴욕시 등 네 개 기관으로서 이들이 참여하는 뉴욕시 재소자 재범방지 프로그램이 시작되었다.

계약 조건은 출소한 재소자들의 재범률이 10% 낮아질 경우 골드만삭스는 투자금액을 전액을 되돌려 받기로 하고, 10% 이상 낮아질 경우는 200만 달러(약 22억원)를 추가로 받기로 하였으며, 재범률의 감소가 10% 미만일 경우는 240만 달러(27억원)의 손실을 감수하기로 했다. 특히 뉴욕시가 발행한 사회적 영향 채권은 제3자인 블룸버그 재단이 골드만삭스의 투자금에 대한 720만 달러의 재무보증을 서기로 함으로써 그 방법에서 의미하는 바가 크다. 먼저 이익을 추구하는 투자은행인 골드만삭스에 의한 투자결정이며, 프로그램이 실패할 경우를 대비하여 시장인 블룸버그는 자신의 재단을 통하여 골드만삭스의 채권을 보장할 수 있도록 720만 달러(79억원)를 출연하였다. 프로그램이 성공할 경우, 골드만삭스는 뉴욕시 교정당국을 통하여 투자금과 수익을 지급받고, 블룸버그 재단의 출연금은 새로운 사회적 영향 채권의 발행을 위해 사용하기로 하였다.

국내에서는 2015년 서울시가 처음으로 사회적 영향 채권 사업을 진행했다. 서울시의 최초 SIB 프로젝트는 아동복지시설에 거주하는 아동의 교육에 대한 사회적 성과 보상사업이다. 경계선지능 및 경증지적장애 아동 100여 명을 대상으로 3년간 정서 치유와 사회성 향상, 학습능력 향상을 통해 자립성을 높이는 것이 목표이다.

운영은 2015년 10월 서울시와 공식적으로 운영기관 협약을 체결한 팬임팩트코리아(Pan-Impact Korea)가 담당한다. 팬임팩트코리아는 향후 민간투자자를 모집하고 실제 아동을 위한 프로그램을 시행할 사업수행기관을 선정하게 된다. 여기서 모아진 자금으로 3년간 대상 아동들에게 교육 프로그램을 제공하게 되며, 투자자는 3년간 진행사업이 최대 성과목표(42% 이상 성공)를 달성했을 때 원금과 최대 30%의 인센티브를 지급받게 된다. 성과 달성이 부분적일 경우엔 성공률에 비례해 투자금을 상환받지만, 성과목표의 최저기준(10% 이하)을 달성하지 못하면 원금이 부분적으로 손실된다.

(3) 미소금융과 크라우드 펀딩

미소금융(micro-financing)은 Yunus와 Grameen Bank의 성공에 힘입어 가장 널리 알려진 사회적 금융의 방법이다. 초기에 특정 지역의 서민들이 서로를 돕기 위하여 오프라인으로 시작한 미소금융은 현재는 온라인으로 뜻을 같이하는 일반인 투자자들을 대상으로 자금을 조달하는 크라우드 펀딩(crowd-funding) 형태로 진화하고 있다. 자선사업에 뿌리를 둔 크라우드 펀딩은 정교한 기술적 노력과 사회적 문제에 대한 해결책으로써 사회적 역할을 시작하고 있다. 크라우드 펀딩의 투자자들은 전통적으로 비재무적 보상을 받아왔으며 Kickstart.com이나 StartSomeGood.com 등의 플렛폼을 사용하여 투자를 하고 있다. 최근 들어 크라우드 펀딩은 지분에 대한 투자가 가능해졌으며 소액 투자자들은 미국의 crowdfunder.com이나 영국의 crowdcube.com과 같은 소액 투자 플렛폼을 통하여 유망 스타트업의 지분을 소유할 수 있게 되었다.

사회적 의식을 가진 소액 투자자들이 증가하는 추세이고 사회적 영향 채권(SIB)과 같은 고도의 분석이 필요한 투자기법도 개발되고 있다. 마이크로 펀딩 기법도 온라인을 통한 크라우드 펀딩을 통해 사회적 기업의 자본조달의 중요한 수단이 되었다. 초기의 Yunus식 사회적 영향 투자 모델인 전통적인 미소금융은 사회적 성과와 원금에 더하여 얼마 되지 않지만 투자수익까지 지급하는 새로운 투자방식에 의해 점차 줄어들고 있는 상태다.

사회적 기업도 투자자들을 유치할 수 있는 강한 가치를 부여할 수 있는 새로운 자금조달방식이 필요하다. 비슷한 사회적 사명을 수행해 나가는 두 개의 기업이 자금을 조달할 때, 투자수익이 상대적으로 적은 사회적 기업이 투자유치 경쟁에서 이길 수 있는 가치는 무엇일까? 투자자들에게 지급하는 투자수익금 이외의 강력한 동기를 부여할 수 있는 새로운 투자유치기법이 절실하다. 이에 대한 답은 여러 가지가 있을 수 있지만, Yunus는 '기업 이미지', '직원들의 사기', 그리고 '사회적 기업 간의 네트워크'가 사회적 투자를 유치할 수 있는 중요한 자산이라고 하였다.

3. 사회적 금융시장의 동향

2007년 록펠러 재단에 의해 명명된 사회적 영향 투자는 사회적 기업의 성장에 핵심적인 기여를 했다. 사회적 기업이 성장하기 위해 자본을 필요로 하지만 자본조달에 있어서는 영리기업보다 더 큰 장애물에 직면한다. 이에 대응하여, 지난 10년 동안 사회적 영향 투자 시장은 이러한 요구를 해결하고 사회적 이슈에 대한 금융 솔루션을 위한 추가적 접근법을 개발하기 시작했다.

많은 전문가들이 사회적 또는 환경적 요인이 기업의 순이익에 영향을 미칠 수 있으며 시장 및 경쟁에서 중요한 변수가 될 수 있다고 주장하고 있다 (Porter & Kramer, 2011). 이들의 주장은 사회적 또는 환경적 목표를 추구하는 것이 재정적 손실이 되는 것은 아니고 도리어 공유가치를 창출함으로써 수익력을 향상시킬 수 있다는 것이다. 최근의 시장에서의 경험에 의하면, 사회적 영향 투자가 재정적인 면과 사회적인 면 모두에서 수익을 발생시킬 수 있다는 것을 보여 주었다. 사회적 영향 투자자들이 혁신적인 방법으로 사회적 과제를 해결하기 위한 민간 자본을 제공하는 것은 사회적 기업의 근간을 세우는 중요한 역할이다.

그 이전에도 상당한 활동이 있었지만, 사회적 영향 투자는 약 10년 전부터 본격적으로 등장하기 시작했다. 오래 전부터 투자자들이 부정적인 상품 또는 관행을 답습하고 있는 기업을 투자에서 배제시키는 SRI(사회적 책임 투자)가 투자자들의 관심을 끌기 시작했으며, 이로 인해 사회적 책임이 있고 지속 가능한 투자를 추구하는 '책임감 있는' 투자자 집단이 점점 더 늘어나게 되었다 (Addis et al., 2013). 오늘날, 더 많은 기업들이 환경 및 사회적 문제에 초점을 맞추거나 CSR(기업 사회적 책임)을 실천하고 있다. 그러나 SIITF(social impact investment task force of OECD)가 지적한 바와 같이 이러한 투자는 사회적 영향 투자자들이 요구하는 "영향 목표의 달성보다는 기업의 의도와 접근방식에 초점을 맞추는 경향이 있다."

[그림 9-3]의 사회적 영향 투자의 범위는 SIITF가 개발한 것으로, '지속 가능한'(CSR, ESG 및 SRI를 구체적으로 지칭) 투자와 자선활동 사이에 사회적 영향 투자가 놓여 있지만, 재단과 같은 기부자들 또한 사회적 영향 투자가들이다. 또한, 전통적으로 CSR, ESG, 또는 SRI를 실천했던 일부 기업도 사회적 영향 투자분야로 진출했다. 참고로 ESG(environmental, social, and governance)는 개인이나 조직의 사회적 영향 투자에 대한 지속 가능성과 윤리적 영향을 판단하는 기준이 되는 요소를 의미한다. 사회적 영향 투자자들은 긴급한 당면 과제인 지속 가능한 농업, 저렴한 주택, 저렴하고 접근 가능한 의료, 청정 기술 및 가난한 사람들을 위한 금융 서비스에 대한 시장 기반

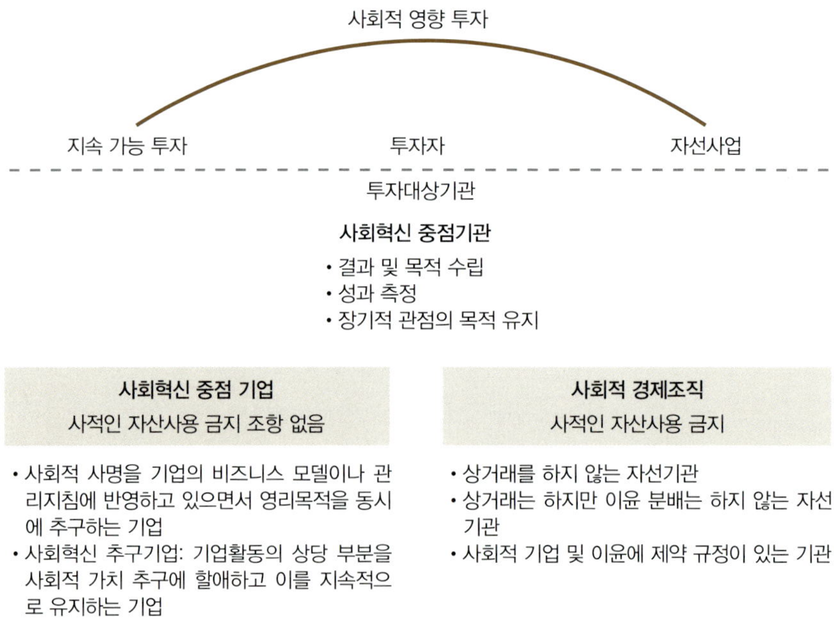

그림 9-4 사회적 영향 투자의 범위

솔루션을 찾고 있다. 사회적 영향 투자는 지역, 부문 및 자산 등급에 걸쳐 이루어질 수 있으며, 광범위한 수익 기대치를 가질 수 있다. 다양한 형태의 자본과 다양한 수익 요건을 결합함으로써, 사회적 당면 과제는 정부 단독으로 해결할 수 있는 것보다 더 확장 가능한 방법으로 해결할 수 있다(Rangan et al., 2011). 정부, 재단, 개인투자자 및 기타 기관이 주도하는 이니셔티브는 지난 몇 년 동안 시장을 가속화하는 데 도움이 되었다. 많은 OECD 국가들, 특히 영국, 미국, 프랑스 그리고 오스트레일리아가 사회적 영향 투자 부분에 주도적인 역할을 해왔다.

사회적 영향 투자 시장이 성장하고 있고 관심이 증가하고 있지만, 여전히 개발의 초기 단계에 있으며(Kohler et al., 2011), 세계 자본 시장에서 차지하는 부분은 매우 적다. 다양한 투자방법, 명확한 정의, 지역과 분야 간 접근법의 차이 등을 포함한 여러 가지 이유로 투자 효과를 측정하기 어렵지만 사회적 영향 투자 시장의 잠재력은 상당한 것으로 추정된다.

사례 연구

Kiva : Make a loan, change a life

Kiva는 2005년에 설립되어 샌프란시스코에 본거지를 둔 비영리 단체로 빈곤 퇴치를 위한 대출을 통해 사람들을 연결하는 사명을 갖고 있다. Kiva는 자신과 가족 및 지역사회를 위해 더 나은 미래를 만들기 위해 노력하는 사람들을 지원한다. Kiva는 공동창업자이자 CEO인 Julie Hanna, 또 다른 공동창업자이며 사장인 Premal Shah, 그리고 COO인 Neville Crawley에 의해 경영되고 있다. Kiva는 세계 최초로 온라인 대출을 시도한 비영리기업이며, Kiva나 Kiva에 돈을 빌려준 사람은 대출을 통해 어떤 수익도 갖지 않으며, 운영비는 기부금에 의해 충당된다.

Kiva에 최저 대부 금액인 25달러를 빌려주는 사람은 차용자가 사업을 시작하거나 성장시키거나, 학교에 다니거나, 청결 에너지에 시용할 수 있거나, 잠새력을 실현하도록 도울 수 있다. 이러한 도움은 어떤 사람들에게는 생존의 문제이며, 다른 사람들에게는 평생 동안의 희망이 될 수도 있다. Kiva에 투자하는 모든 금액은 자금 대출에 사용된다. Kiva는 기본적으로 선택적인 기부금과 보조금 및 후원자의 지원을 통해 운영비용을 충당한다.

- Kiva 대출 현황 (2017년 6월 기준)
- 대출자: 약 300만 명
- 참여국가: 81개 국가
- 상환율: 96.9%
- 대출금: 12.1억 달러

1. Kiva의 특징

1) 기부가 아닌 대출

Kiva는 수많은 다른 사람들과 함께 대출하는 것이 경제적, 사회적 이익을 창출하는 가장 강력하고 지속 가능한 방법 중 하나라고 생각한다. Kiva에 의한 대출은 상호 존엄성의 파트너십을 구축하고 동일한 달러로 더 많은 삶을 자금 대출, 상환, 자금 지원을 통해 용이하게 한다.

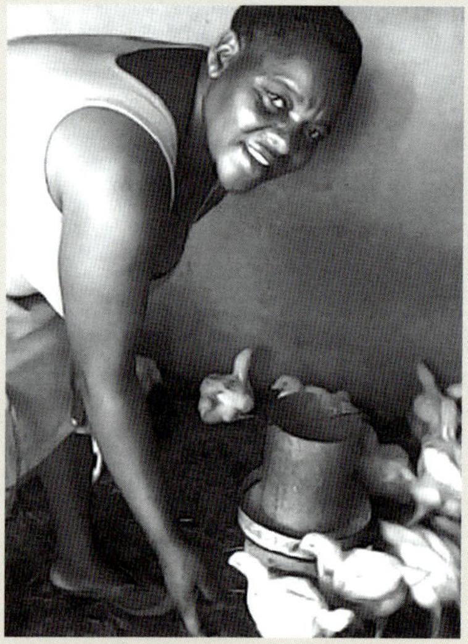

2) 당신의 영향을 미칠 곳을 선택

대출자가 대상 개인이나 조직을 선택할 수 있게 하므로, Kiva는 다른 사람의 삶에 특별한 역할을 할 수 있는 기회를 만든다. Kiva에서 대출은 돈에 관한 것이 아니라 연결과 관계를 형성하는 방법이다.

3) 대부의 경계 변화

Kiva는 2005년에 crowd-funding의 선구자로 시작하여 사람들의 다양한 대출 요구를 충족시키기 위해 끊임없이 혁신하고 있다. 보다 융통성 있는 조건으로 소액 금융을 재발견하고, 지역사회 차원의 프로젝트를 지원하거나, 차용인에게 비용을 낮추는 등, Kiva는 항상 새로운 실험과 학습을 경험한다.

4) 공동체에 끼치는 영향

Kiva의 대출을 통해 누군가가 사업을 성장시키고 스스로 기회를 창출할 수 있게 되면 다른 사람들에게도 기회가 생긴다. 이러한 파급 효과는 가족이나 지역공동체에 긍정적 영향을 끼친다.

2. Kiva의 대출 운영방법

첫째, 차용자가 대출금을 신청한다.

둘째, 대출의 승인 심사를 거쳐 대출을 결정한다.

셋째, 대출기관이 지원할 수 있도록 Kiva에 의해 대출된다. 대출 유형에 따라 현장 파트너 또는 차용자가 대출 세부 사항을 시스템에 업로드한다.

넷째, 모금 기간 동안에 대출 기관은 대출 금액을 25달러 또는 그 이상으로 증가시킨다.

다섯째, 기금 모금 완료

여섯째, 차용자가 대출금을 상환한다. 대출기관은 주어진 상환 계획과 차용자의 상환 능력에 따라 상환을 받고, 상환 금액은 대출기관의 Kiva 계정으로 이동한다.

일곱째, 대출기관은 상환을 통해 새로운 대출 자금을 조달하고 돈을 다시 기부하거나 인출한다.

1) Kiva의 자금 관리

Kiva는 캘리포니아에 본사를 둔 501(c)(3) 비영리단체로 Charity Navigator에서 4점 만점에 4점을 받은 사회적 기업이다. 지속 가능성, 투명성 및 효율성은 Kiva의 업무, 사명 및 재무 모델의 핵심이다.

Kiva는 대출기관으로 수수료를 받지 않는다. 이는 Kiva에 대출하는 자금의 100%가 차용자의 대출을 지원한다는 것을 의미한다. 또한 80개국 이상의 국가에서 일하는 차용자 또는 현장 파트너들에 대한 이자 또는 수수료가 없다.

"Kiva는 대출기관이지만 대출을 통해 돈을 벌지는 않는다."

이 때문에 Kiva는 수익 동기보다 사회적 동기에 따라 운영된다.

Kiva는 주로 대출자의 기부를 통해 운영비용을 충당하며, 대출자는 대출 외에 추가로 기부를 선택할 수 있다. 예를 들어, 대출자가 25달러를 대출하면 여기에 기부금 3달러 정도를 받아서 운영비로 사용한다. 우리는 Kiva 대출자의 자발적인 기부금을 통해 운영비의 3분의 2 이상을 보상하며, 나머지 비용은 재단 및 후원자들의 기부금과 기부금으로 충당된다. 이 기금 모금 모델은 모금 비용을 낮게 유지하고 비용을 충당하는 데 도움이 되는 시민의 힘을 활용하여 지속 가능성을 향상시키는 데 도움이 된다.

2) Kiva의 조직 구조

Kiva에 대출하는 것은 간단한 일처럼 보일 수 있지만 뒤에는 많은 것이 있다. Kiva는 3개의 별도 조직으로 구성되어 있다.

- Kiva Micro-fund는 캘리포니아에 있으며 501(c)(3) 비영리단체로 등록되어 있다. Kiva에 제공된 모든 기부는 Kiva Micro-funds를 지원하고 Kiva를 운영하는 데 드는 운영비를 충당하기 위해 사용된다.
- Kiva 사용자 자금 LLC는 Kiva 사용자에게 속한 모든 자금을 FDIC 보험이 적용되는 은행 계좌에 보유하는 별도의 법인이다. 이러한 저수익 FBO계정은 Kiva 사용자 자금(대여용)이 Kiva의 운영 자금에서 보호되고 완전히 분리되도록 설정되어 있다.
- Kiva-DAF LLC는 Kiva의 기관 파트너(예: 자선재단)를 위한 Kiva 플랫폼에 대한 대출을 용이하게 하기 위해 기부자가 권장하는 기금을 보유하기 위해 만들어진 세 번째 회사이다.

참고문헌

Addis, R., J. McLeod, & Raine, A. (2013). "Impact Australia: Investment for Social and Economic Benefit." Australian Government, Department of Education, Employment and Workplace Relations, November.

Freireich, J., & Fulton, K, (2009). "Investing for Social and Environmental Impact: A Design for Catalyzing an Emerging Industry". Monitor Institute.

Fulkerson, G., & Thompson, G. (2008). "Fifteen Years of Social Capital: Definitional Analysis of Journal Articles, 1988–2003." *Sociological Inquiry*, *78*, 536–557.

Kohler, J., Kreiner, T., & Sawhney, J. (2011). "Coordinating Impact Capital: A New Approach to Investing in Small and Growing Business: An Examination of Impact Investors and Phased Investing for Launch and Growth of Social Enterprise." Santa Clara Univ. and The Aspen Network of Development Entrepreneurs (ANDE), Santa Clara, California, July.

Porter, M. E., & Kramer, M. R. (2011). "Creating Shared Value: How to reinvent capitalism and unleash a wave of Innovation and Growth. *Harvard Business Review*, *89*(1–2), 62–77.

Renneboog, L., Ter Horst, J., & Zhang, C. (2008). "Socially Responsible Investments: Institutional Aspects, Performance, and Investor Behavior. *Journal of Banking and Finance*, *32*, 9.

Rangan, K. V., Appleby, S., & Moon, L. (2011). "The Promise of Impact Investing", *Harvard Business School*, *Background Note*, *512*(045). Boston.

Chapter 10

사회적 프랜차이징

최근 사회적 경제의 성장모델로 사회적 프랜차이즈(social franchise)에 대한 관심이 높아지고 있다. 사회적 가치의 확산을 바라는 사회적 경제 주체들의 희망을 사회적 프랜차이즈를 통하여 보다 쉽게 실현할 수 있기 때문이다. 만약 우리가 이미 존재하는 비즈니스 모델을 다시 만들기 위해 시간과 자원을 사용한다면 누구나가 낭비라고 할 것이다. 영리부문에서는 이러한 낭비를 줄일 수 있는 방식으로 오래전부터 프랜차이즈 방식을 택해왔다.

그러나 비영리부문, 특히 사회적 경제 영역에서는 성과가 증명된 비즈니스 모델을 복제하는 프랜차이즈 방식보다는 새로운 방법을 더욱 선호해 온 것이 사실이다. 이는 사회적 경제나 소위 제3, 4섹터에서 일하는 사람들은 스스로를 '사회혁신을 위한 활동가'로 정의하고, 항상 새로운 것을 추구하는 것을 신념과 비즈니스의 방향이라고 생각하기 때문이다.

결과적으로 그들은 기존의 성공한 방식보다는 모험적인 새로운 방식에 더욱 관심을 가지고 있으며 여기에 에너지를 투여하고자 한다. 다른 사람의 방법을 모방하는 것은 '신나지 않는 것'으로 생각하며 따라서 끊임없이 새로운 것을 반복한다. 결국 모든 방식의 원본만 있고 복제본은 거의 없다는 것이다.

그럼에도 불구하고 예외는 항상 존재해 왔다. 성공한 사회적 비즈니스의 모델을 장소를 옮겨 심는 복제화를 통해 규모화를 진행하고, 이를 통하여 많은 효과를 얻었다. 멀리는 미션 중심의 교회가 그렇고 가까이는 YMCA나 보이스카우트의 국제화가 그럴 것이다. 이제 사회적 프랜차이즈라는 복제화를 통해 사회적 비즈니스 모델을 규모화(scaling)하는 방법을 살펴보자.

1. 규모화

공공부문이든 비영리부문이든, 자원이 부족함에도 불구하고 글로벌 차원의 문제들은 점차 더 많아지고 있다. 환경오염이 가속화되고 질병과 빈곤, 만성 실업과 주거문제 등이 확산되는 시대에 비영리단체들과 정부기관들은 이러한 도전을 슬기롭게 해결하기 위하여 노력하고 있다.

이러한 분야의 실천가들과 정책개발자, 연구자나 기부자들은 스스로 해당 사회 문제에 대한 풍부한 지식과 경험을 갖고 있다고 생각한다. 그러나 제3섹터 영역의 다양한 문제들을 해결하는 과정에서 부딪히는 큰 장애물은 많은 활동가들이 일국 차원(local level)이나 지역 단위(regional level)의 개별적인 프로젝트는 성공적으로 수행하면서도 그것을 규모화하는 데에는 노력하지 않는다는 점이다.

다른 말로 하면, 사회적 영향력을 높이는 데 관심을 갖기보다는 새로운 프로그램의 개발에 자금과 시간 그리고 정열을 쏟아 붓고 있다는 것이다. 결국 이미 존재하는 것을 다시 개발하는 데 지나지 않고, 이는 증명이 끝난 창조적 성과는 더 이상 지속적 개발의 대상이 아닌 것으로 방치된다.

전 미국 대통령 Bill Clinton은 “거의 모든 문제는 이미 어디선가 누군가에 의해 해결되어 있을지도 모른다.”라고 하였다. 이는 21세기의 과제는 ‘어떤 일을 수행했다면 이제는 그것을 어떻게 확산시킬 것인가를 찾아내어’ 규모화하는 것임을 강조하고 있다.

규모화는 어떤 단체나 프로젝트의 범위를 한층 더 넓혀서 더 많은 사람들에게 혜택을 제공하고 특정한 문제에 대하여 인지도를 높이는 것을 말한다. 즉, "사회적 부문에서 만들어낸 창조적인 방안들이 더 큰 효과를 거두기 위하여 새로운(다른) 지역으로 확산시키는 것"이 규모화이다.

지금까지 대부분의 사회적 경제조직들과 비영리기관들은 스스로를 "사회개혁가"라고 생각하면서, 무언가 새롭고 창조적인 프로젝트에 시간과 정력을 투자해야 한다는 경향을 가지고 있다. 이러한 사고방식 때문에 자신이 최초로 이룩한 실험적인 단계 그 이상을 넘어서지 못하는 것이다.

그럼에도 불구하고, 이미 성공적이라고 증명된 것을 규모화하는 방식은 의미 있는 일이다. 새로운 프로젝트를 만들어내는 데 소요되는 시간, 자원, 역량이 부족하기 때문에 이미 증명된 것을 규모화하는 방법은 비용-효율적인 면에서 유용한 수단이 될 것이며 더 큰 결과물도 만들어낼 수 있다. 규모화한다는 것은 비용-효율적인 방법으로 사회적 영향력을 증대시킬 수 있다는 것이다. 이제 과제로 삼아야 하는 것은 '기술적 수준(the state of the art)'을 더 진척시키는 것이 아니라 '실천적 수준(the state of practice)'을 어떻게 높여갈 것인가이다.

2. 프랜차이징(franchising)

사회적 경제조직들은 성공한 프로젝트를 복제함으로써 수혜자를 늘릴 수 있고, 초기 비용과 리스크를 줄일 수 있으며 비영리부문의 사회적 영향력을 증진시킬 수 있다. 이러한 프랜차이즈 복제의 방식은 비즈니스 세계에서는 보편적인 규모화의 방법이다.

지난 80년 동안, 비즈니스 세계에서는 프랜차이징이라는 방식이 '성공 사례를 복제'하는 데 매우 효과적인 전략으로 인정받았다. 그러나 이와는 대조적으로 비영리부문에서는 그다지 매력적인 것으로 환영받지는 못했다. 앞에서도 언급했듯이 다른 사람의 프로젝트를 차용한다든지 반대로 내 자신이 먼저 만든 창조적인 내용을 타인을 통해 수행케 한다든지 하는 방식은 제3 섹터 활동가들에게는 뭔가 문제 있는 행동으로 여겨졌다. 더욱이 프랜차이징이라는 용어는 '맥도날드화'라는 이미지를 떠올리게 하거나 규격화된 공정을 가진 개념을 획일적으로 복제한다는 인상을 주기 때문에 사회운동 영역에는 적합지 않은 것으로 취급해 왔다.

그러나 그런 전략이 비영리부문에도 응용 가능한 것이라는 주장이 점차 많아지고 있다. 비영리부문에서도 효율성을 좀 더 높여야 하며 자원과 노우하우를 효과적으로 활용해야 할 필요가 있다는 것이다. 이미 많은 비영리 프로젝트들이 프랜차이징적인 요소들을 사용하여 성공적으로 복제되고 있다. UNESCO조차 비영리 프로젝트의 조직화 수단으로써 프랜차이징 방식을 강조하고 있다.

비영리부문의 복제 모델로서 프랜차이징을 평가하기에 앞서 프랜차이징의 역사를 살펴볼 필요가 있다. 역사를 살펴보면 프랜차이징의 개념을 좀 더 잘 이해할 수 있고, 이를 토대로 사회적 경제의 규모화를 위한 사회적 프랜차이즈 개념을 이해하고 그 개념과 프레임워크를 구성할 수 있다.

1) 상업적 프랜차이징

오늘날 프랜차이즈의 역사는 아라비아나 중국의 상인들로부터 시작되었다는 견해도 있지만 대부분의 견해는 중세유럽에서 시작되었다고 한다. 그것은 두 개의 역사적 사실에 근거하고 있다. 하나는 교황으로부터 세금징수를 위임받아 징수권을 가지고 있던 사람들을 프랜차이지(franchisee)로 명명한 사실이며, 다른 하나는 중세의 국왕이 상가운영의 권리나 배의 운송권리 등을 타인에게 허락하고 법을 만들어 특권(franchise)을 부여한 사실이다.

사실 '프랜차이즈'는 특권, 또는 통제나 예속으로부터의 해방을 의미하는 프랑스어에서 유래되었다. 그리고 이 용어는 사회적 · 경제적으로 중요한 의미를 가짐에 따라 영국의 관습법에 등장하게 되고, 19세기 후반 미국의 개척시대에 사기업에 공공사업을 인가한다는 뜻으로 사용되었다. 상업적 소매 프랜차이즈 기업은 재봉틀을 개발한 Issac Singer가 재봉틀의 판매와 그 사용방법 가르치는 교육자를 파견하여 특정지역의 판매독점으로 부여한 싱어 재봉회사였다. 그 후 미국의 자동차, 음료수, 편의점 등에서 동일한 상표를 사용하는 오늘날의 상업적 프랜차이징으로 발전하게 되었다.

그리고 최초의 현대적 프랜차이즈 시스템은 1950년대, 두 조각의 빵 사이에 잘게 썬 고기를 넣은 제품과 턴키(turnkey)방식의 레스토랑 개념을 가진 회사 맥도널드(McDonald's)라 할 수 있다. 맥도널드는 엄청난 붐을 일으켜 현재 전 세계에 약 30,000여 개의 체인을 가지고 있다. 맥도널드와 제휴한 프랜차이징 자체는 가장 인기 있는 유통 마케팅(distribution and marketing) 시스템이 되었다.

유럽 프랜차이즈 연맹에서는 프랜차이징을 다음과 같이 규정하고 있다. "프랜차이저(Franchisor)와 프랜차이지(franchisee) 쌍방이 독립적인 영업단위로서 맺은 협약이다. 이러한 협약에 근거하여 프랜차이저는 프랜차이지에게 다음 사항을 보장한다. 프랜차이지는 프랜차이저가 가진 브랜드 및 비즈니스 시스템을 구매하여 운용할 수 있는 권리를 가지며 대신 그에 대한 비용을 지불한다. 동시에 미리 약속한 규율과 함께 프랜차이저가 구축한 업무진행 시스템을 준수해야 한다.

한국프랜차이즈협회는 "프랜차이징이란 프랜차이저가 프랜차이지를 사는 사람에게 프랜차이즈 회상의 이름, 상호, 영업방법 등을 제공하여 상품과 서비스를 시장에 판매하거나 기타 영업을 할 수 있는 권리를 부여하며, 영업에 관하여 일정한 통제 · 지원을 하고, 이러한 포괄적 관계에 따라 일정한 대가를 수수하는 계속적 채권관계를 의미한다."고 하였다.

그리고 프랜차이즈 시스템을 가맹사업으로 정의한 우리나라의 법은 "가맹본부가 가맹점 사업자로 하여금 자기의 상표 · 서비스표 · 상호 · 간판 그 밖의 영업을 사용하여 일정한 품질기준에 따라 상표 또는 용역을 판매하도록 함과 아울러, 이에 따른 경영 및 영업활동 등에 대한 지원 교육과 통제를 하며, 가맹사업자는 영업표지의 사용과 경영 및 영업활동 등에 대한 지원의 대가로 가맹금을 지급하는 계속적인 관계"로 정의하고 있다.

이러한 프랜차이징은 역사적으로 여러 단계의 발전을 거쳐 왔다. 19세기에 나타난 제1세대 프랜차이징은 생산품 유통 프랜차이징(product distribution franchising)이다. 여기서 프랜차이지는 전형적으로 프랜차이저의 상표와 로고에 대한 라이선스(이용할 수 있는 권리)를 가진다. 이는 일정한 구역 내에서 프랜차이저의 제품/서비스를 독점적으로 판매할 수 있는 권리를 보장받고 이에 대한 대가로 다른 제품/서비스를 팔지 않겠다는 협약을 하는 것이다. 프랜차이저는 유통 문제에 신경 쓰는 대신 주로 제품/서비스 개발에 역량을 집중할 수 있다.

그리고 1950년대에 제2세대 프랜차이징이 등장했다. 비즈니스형 프랜차이징(business format franchising)의 형태인데, 현재까지 프랜차이징 발전의 주된 내용을 차지하고 있다. 맥도널드화의 예가 이 유형의 프랜차이징에 속한다. 이 형태는 프랜차이저와 프랜차이지 간의 강력한 관계 설정이 특징이다. 프랜차이저는 프랜차이지에게 시작부터 운영 기간 내내 모든 시스템,

즉 'A~Z'를 제공한다. 그 대신 프랜차이지는 프랜차이저의 영업 방침(가이드라인)에 따라 운영한다. 공통의 브랜드를 가진 점포에서 제품/서비스를 판매하지만 독립 채산제이다. 이는 오늘날 가장 보편적인 프랜차이징 형태이기도 하다.

1970년대부터는 보다 더 협력적인 방식으로 진화했다. 제3세대 파트너십 프랜차이징(third generation of franchising in partnership)이 그것인데, 이 방식은 훨씬 탈중심적이며 프랜차이지도 공동 의사결정자로 참여한다는 것이 특징이다. 일방적이고 종속적인 계약(autocratic subordination agreement)에서 훨씬 참여 지향적이고 상호 협력적인 방식으로 바뀐다. 그리고 좀 더 자세히 분류해 보면 독립형(stand-alone)과 부분형 프랜차이즈(fractional franchise)로 나눌 수 있다. 전자는 독립적으로 설립 · 운영되는 사업으로 구성된 시스템이고, 후자는 추가 수입을 위해 프랜차이지가 이미 하고 있는 사업에 프랜차이즈 시스템을 결합시킨 것이다.

프랜차이징은 일종의 협력체계이며 이와 함께 프랜차이저와 여러 개의 프랜차이지 간의 분업이 필요하다. 먼저 경험을 가진 프랜차이저가 성공한 턴키 비즈니스 콘셉트를 기획하고 발전시켜 관리를 하는 것이다. 그 대신 지역의 프랜차이지는 가맹비와 수수료를 지불하면서 프랜차이저의 콘셉트를 사용할 수 있는 권리를 획득한다. 로컬 프랜차이지는 자신의 이익을 위해서 독자의 회계방식을 가진다. 결과적으로 자율적인 업체들의 네트워크가 생겨나는 셈인데 이 네트워크에서는 하나의 브랜드, 동일한 비즈니스 콘셉트를 사용하고 동일한 목표를 추구한다. 동시에 일정한 면에서는 프랜차이저가 중심이 되어 네트워크 간 조정작업을 한다.

2) 프랜차이징의 작동방식

프랜차이저와 프랜차이지 사이의 파트너십은 [그림 10-2]에서 보는 바와 같이 프랜차이즈 협약과 매뉴얼에 구체화되며 여기에 양측의 모든 권리와 의무를 상세하게 표기한다. 프랜차이저는 사업 시작과 운영에 관하여 턴키 비즈니스 콘셉트(turnkey business concept)를 제시한다. 이 콘셉트는 프랜차이저가 경험을 통해 개발한 것으로 시행착오를 거쳐 축적되어 매뉴얼에 구체화되어 있기 때문에 각 프랜차이지는 그러한 콘셉트를 지역 현장에서 복제할 수 있다.

프랜차이저는 프랜차이지의 활동을 지원하기 위해 서비스 목록을 제공한다. 여기에는 자산에 관한 권리, 마케팅, 공급자로서 일반적 협의 조항, 교육훈련, 슈퍼비전 그리고 컨설팅, 시장 정보 혹은 품질 관리 등에 관한 내용이 포함된다. 대신 프랜차이저는 가입비 및 수수료를 받으며 프랜차이즈 시스템과 그 평판을 보호하기 위하여 프랜차이지에게 업무지시 권한과 관리시스템 운영권을 갖는다.

프랜차이즈 시스템에 들어감으로써 프랜차이지는 시스템의 브랜드, 노하우와 비즈니스 콘셉트를 사용할 권리와 의무를 가진다. 그것은 프랜차이저의 규율에 충실하겠다는 것을 약속하는 것이며 시스템의 성장과 이미지를 강화하고 프랜차이즈 수수료를 내겠다는 것에 동의한다는 것이다. 프랜차이지는 독립적으로 존재하며 프랜차이즈 협약 범위 내에서 기업적 영업구역을 가지는 것이다.

경제 침체기에도 많은 프랜차이즈 시스템은 조직을 확장하고 경쟁을 이겨낸다. 2007년 조사(The National Westminster Bank/British Franchise Association survey in 2007)에 의하면 영국 프랜차이즈의 93%가 흑자였으며, 처음 자기 사업을 하는 경우 프랜차이징이 가장 안전한 방법 가운데 하나라

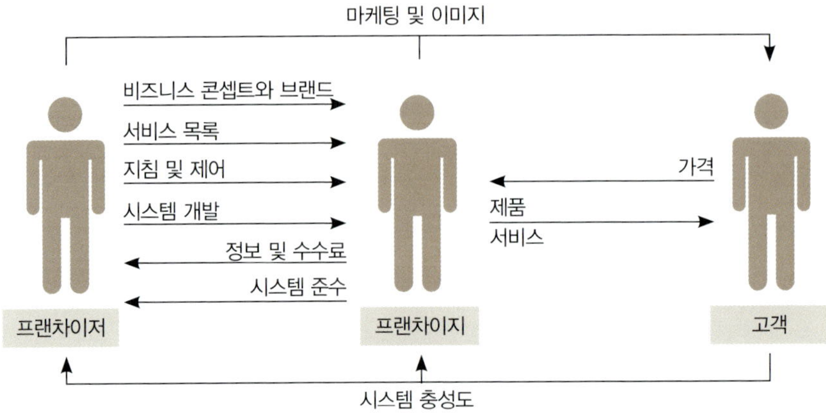

그림 10-2 프랜차이저와 프랜차이지, 프랜차이지와 고객의 관계

고 한다. 이것은 프랜차이즈 시스템이 많은 경제적 이득을 제공하기 때문이다.

프랜차이징은 안정적인 협력 시스템이다. 양자에게 win-win하는 조건을 제공한다. 프랜차이저와 프랜차이지는 최소한의 리스크, 최대한의 이익을 얻고자 하는 공통의 목적을 갖고 있다. 프랜차이징이라는 수단으로 프랜차이저는 자신의 사업 콘셉트를 신속하게 확산시킬 수 있으며, 사업상의 리스크와 최초 자본 부담을 프랜차이지와 공동으로 분담한다. 프랜차이지 역시 자신의 사업을 시작할 때 이미 증명된 사업 콘셉트가 존재하고 초기 비용도 적게 소요되므로 리스크가 훨씬 줄어든다는 것이다. 양자는 각자의 개별적 목표를 프랜차이즈의 목표와 일치시키는 데 동의한 것이다. 이로써 파트너 사이에 신뢰도가 높아지고 이러한 점이 지속적인 협력의 기반이 된다.

동일 브랜드의 사용, 표준화된 프로세스, 제품과 서비스, 지속적인 마케팅, 프랜차이저에 의한 중앙 차원의 조정작업 등을 통하여 (서로 다른 프랜차이지들이) '동일한 모습으로 시장에 출현(appearance)'하는 것이 프랜차이즈 시스템의 특징이다.

이러한 동일성은 높은 브랜드 인지도, 소비자가 가지는 호감–소비자는 잘 알려진 브랜드를 높이 평가하므로–의 토대가 된다. 그러므로 프랜차이즈 시스템이 하나의 '품질기준'이라는 암시를 주기 때문에 이제는 (프랜차이즈 제품이라는 것이) 오히려 소비자의 만족과 충성의 전제조건이 된다.

프랜차이징의 또 하나의 성공 요인은 시너지 효과이다. 프랜차이저와 프랜차이지 간의 역할 분담으로 각자 자신이 잘할 수 있는 역할을 맡게 된다. 프랜차이저는 홍보나 대량 구매와 같이 중앙 차원에서 추진하면 훨씬 효과적인 업무를 담당한다(대규모이며 넓은 지역을 담당하고 있다는 이점). 프랜차이지는 현장운영에 관한 제반 역할을 맡게 되며 해당 지역에 관한 정보를 활용하여 지역 특성에 맞추어 지역 시장을 개발하게 된다.

프랜차이즈 시스템은 집중적인 커뮤니케이션과 경험의 교류를 통하여, 학습 과정을 신속히 창출해 낼 수 있다는 면에서도 유리하다. 프랜차이저와 프랜차이지들은 사업체 사이의 네크워크를 구축하여 그 속에서 학습 과정을 촉진시키고 폭넓은 훈련이 가능하게 한다. 프랜차이지는 경험과 노하우 그리고 우수한 실천 사례를 교환할 수 있다. 그렇게 함으로써 비즈니스 콘셉트는 개별적 경험을 통한 발전보다 훨씬 빠르게 발전한다.

3. 사회적 프랜차이징

복제 모델로써의 프랜차이징은 비즈니스 부문에서는 오랜 역사를 가지고 있지만, 사회운동부문에의 적용은 아직 초기 단계이다. 비록 성공적인 사례가 적지 않지만 아직 '역사'라고 하기에는 이르다. 비영리부문에서의 사회적 프랜차이징에 대해 잘 알고 있는 사람들이 그다지 많지 않다. 앞 절에서 프랜차이징은 사업에 많은 도움이 된다고 하였다. 프로젝트를 규모화함에 있어 프랜차이징 방식을 활용한 사회적 프로젝트 확산 사례를 살펴본다면 비영리부문에도 프랜차이징이 도움이 될 수 있을 것이다.

1) 사회적 프랜차이징의 개념

사회적 프랜차이징은 "비영리부문에서 사회적 목적을 달성하기 위하여, 영리적 프랜차이징의 테크닉들을 응용한 것"이라 일반적으로 정의한다.

좀 더 구체적으로 말한다면 사회적 프랜차이징은, "상호 독립적인 기업 단위들이 계약에 의해 협력하는 것으로 이해할 수 있으며, 중앙지원 조직을 통해 공통의 품질 기준을 가지고 있으며 공동의 철학에 의해 유지된다."(More specifically, social franchising can be understood as contract-based cooperation of decentralised entrepreneurial units with a central support unit, uniform quality standards and supported by a common philosophy.) 즉, 비영리부문의 프랜차이저가 먼저 개발한 프로젝트를 정해진 지침을 따라 프랜차이지가 복제하는 것이다. 이러한 과정은 통상 매뉴얼이라는 형태로 규정되어 있으며, 프랜차이저는 자신이 제공하는 교육 훈련 과정을 통해 프랜차이지와 소통한다.

이러한 사회적 프랜차이즈는 특히 개발도상국의 헬스케어 부문에 많이 적용되었다. 실제로 이 부문에 매우 집중적인 연구가 이루어졌다. The German Foundation for World Populatuin(GFWP)는 2000년 웰컴트러스트 복지재단(Charitable Wellcome Trust, London)과 협력하여 조그만 워크숍을 조직하였다. 이 모임에서 중점으로 다루어진 문제는 개발도상국의 젊은이들이 원치

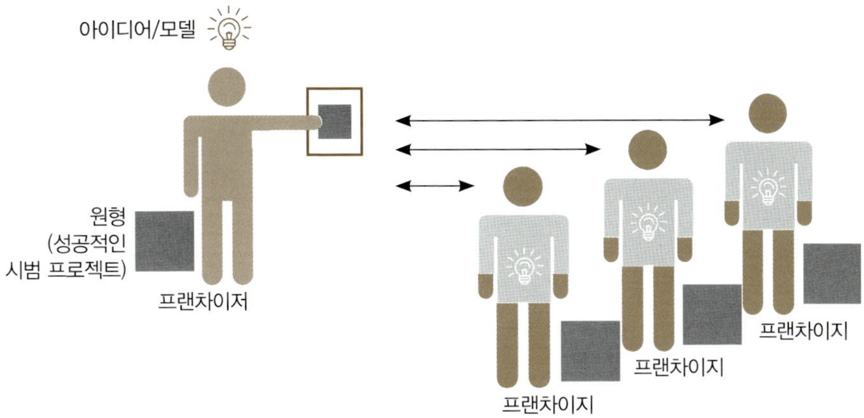

그림 10-3 사회적 프랜차이즈 모델

않는 임신이나 HIV/AIDS를 방지할 수 있는 방법으로써 사회적 프랜차이즈를 어떻게 활용할 것인가 하는 문제였다. 세계은행도 마찬가지로 이 주제에 대해 여러 차례 워크숍을 개최한 바 있다.

그리고 점점 많은 조직들이 비영리부문에서의 프랜차이징이라는 방식이 가진 잠재력을 깨닫기 시작하였다. 많은 조직들이 비록 명시적으로 사회적 프랜차이징이라는 용어를 사용하지는 않지만, 그들이 사업을 진행하는 방식을 보면 '프랜차이징'적 요소를 쉽게 발견할 수 있다. Youth Action Net와 같은 단체는 다양한 프로젝트를 통해 젊은이들에게 "make a change"라는 메시지를 심어준다. 이러한 시도나 방법들은 전 세계로 확산되고 있다.

이와 유사한 맥락에서, 영국에 본거지를 두고 사회적 기업가를 지원하는 CAN(Community Action Network)은 'Beanstalk'라는 프로그램을 시작했는데, 이 프로그램은 지금 진행 중인 프로젝트를 발전시켜 사회적 영향력을 더욱 높이려 하는 단체들을 지원하는 내용이다. 이를 위해 사회적 프랜차이징이 가장 적합한 전략이라고 권장하였다. 2004년과 2006년 사이에 이 프로그램은 수많은 조직을 지원하였다. 이 프로그램은 이주민들에게 영국 생활에 쉽고 빠르게 적용할 수 있도록 멘토 기능을 제공한다.

유럽 차원에서도 유럽 사회기금의 지원을 받는 "EQUAL"이라는 단체가 2001년 인종차별과 불평등 문제에 대응하기 위한 초기 시범계획을 수립했다. 그런 다음 EU 회원국 사이에서 '파트너십과 협력'을 내용으로 한 성공적 프로젝트가 진행되었다. 이들이 활용한 수단이 사회적 프랜차이즈이다. 그 중 하나가 'PEIRAN'이라는 프로젝트인데 그 목적은 직업 없는 젊은이들, 특히 남부 유럽의 젊은이들에게 구직 능력을 양성시키는 것이었다.

인터내셔널 소셜 프랜차이징 대표자회의가 2007년 베를린에서 열려 전 세계의 많은 실천가와 전문가, 대표단의 관심을 이끌어 내었다. 제3 섹터에서 프랜차이징 전략을 활용하는 비영리단체들이 많아진다는 것, 그리고 제3 섹터에도 영리적인 툴을 활용하고 효율성을 높이기 위해 창의적인 기업가방식으로 대응한다는 것은 제3 섹터도 점점 개방적이 되고 있다는 의미이다.

2) 상업적 프랜차이징과 사회적 프랜차이징의 차이

프랜차이징의 개념이 사회적 경제 부문에도 적용될 수 있다고는 했지만, 과연 어디까지 상업적 모델이 적용될 수 있는지를 살펴보아야 한다. 이 양자 사이에는 상당한 차이가 있다. 상업적 방식을 사회적 프로젝트에 적용시키는 경우 접근방식을 구별할 필요가 있다. 상업적 프랜차이징과 마찬가지로 사회적 프랜차이즈 시스템에도 몇 가지 핵심적인 공통 요소가 있다.

- '원형(prototype)'이 있으며 그것을 다른 지역에 복제한다는 점
- 반복적인 활동을 가능케 하는 매뉴얼
- 전체 프로그램에 사용할 브랜드

- 프랜차이저와 프랜차이지 사이의 관계와 책임의 분담을 규정하는 협약 내용
- 표준화된 교육훈련 시스템
- 평가와 품질 관리방안에 관한 체계적이고 표준화된 방법

그렇지만 양자 사이에는 또 다른 차이점들이 존재한다.

목표의 차이

제3섹터의 목표는 이윤을 극대화하기 위한 것이 아니라 사회적 영향력을 증대시키는 것이다. 이 점은 프랜차이저들은 상업적이지 않으며 프랜차이지 모집과 관리에는 냉철함이 부족하다는 것을 의미한다. 더욱이 비즈니스 프랜차이징보다 프랜차이징 규율을 실행하고 통제하기가 더 곤란하다.

대상의 차이

클라이언트의 기반이 다르다. 비영리조직은 '고객'보다는 '수혜자'를 위한 조직이다. 이 말은 비영리조직은 언제나 수익(보상)만 염두에 두는 조직은 아니라는 것이다.

또 다른 역할담당자

사회적 프랜차이즈 시스템은 항상 재정적 지원에 의존한다. 이것은 프로젝트 시작 단계도 그렇지만 프로젝트의 지속 가능성을 위해서도 그러하다. 여기에서 중요한 또 하나의 역할담당자가 바로 기부자이다. 기부자들은 대부분 자신의 견해와 프로그램을 갖고 있다. 그러기 때문에 기부자의 성향을 참작하지 않을 수 없는 프랜차이저/프랜차이지와 기부자 사이에 때로 갈등이 발생하기도 한다.

투자 리스크의 비전가

상업적 프랜차이징은 프랜차이저의 투자 리스크를 프랜차이지에게 전가하지만, 사회적 프랜차이징에서는 항상 그렇게 하지는 않는다. 프랜차이지는 자신의 자원을 스스로 공급해야 하고 프랜차이저는 단지 지원을 할 뿐이다. 일반적으로 투자 리스크의 이전(전가)은 상업적 프랜차이지의 동기 유발 문제에 크게 영향을 미치므로 중요한 추진력이 사라진다.

반면 사회적 영향력을 높이고자 하는 목적이 사회적 프랜차이징의 추동력이므로, 재정 손실이나 실패에 대한 리스크가 줄어든다는 점이 동기유발에 그다지 영향을 미치지 못한다.

수수료

사회적 프랜차이즈에 속하는 프랜차이지는 (수혜자나 고객을 대상으로)투자에 대한 수익을 언제나 기대할 수는 없기 때문에 프랜차이즈 수수료(franchise fees)를 지불할 수 없을 수도 있다.

그러므로 프랜차이저는 수수료의 축소를 감수하거나, 어쩌면 금전보다는 다른 내용으로 수수료 수입을 대신하지 않으면 안 된다. 예를 들면, '수수료 지급(payment)' 대신에 자신이 갖고 있는 중요한 데이터나 유용한 정보를 제공할 수도 있다. 프랜차이저 입장에서는 지속적인 프로젝트 개발에 그러한 데이터나 정보를 유용하게 쓸 수 있을 것이다.

이제까지 우리는 프랜차이징이라는 방식이 성공적인 콘셉트를 다른 지역으로 확산시키는 데 크게 기여할 수 있다는 것을 확인했다. 이 점은 영리부문이든 비영리부문이든 마찬가지지만, 접근방법은 아주 다양하다는 것을 알 수 있다.

4. 사회적 프랜차이징의 프레임워크

사회적 프랜차이징을 실현하려면 신중한 준비와 분석이 필요하다. 어떤 프로그램을 체계적이고 성공적이면서 동시에 지속 가능한 방식으로 복제하기 위해서는 다음의 몇 가지 조건을 충족해야 한다.

첫째, 건전한 프로젝트 콘셉트여야 한다. 어떤 프로젝트를 복제했을 때 실제로 기대한 결과물이 나와야 한다. 그러기 위해서는 우선 원형(prototype)을 검증해야 하며, 이 점에 대해서는 복제 이전에 프랜차이저가 먼저 책임지고 발전시켜야 한다. 나아가 프로젝트는 어느 정도 표준화 과정을 수용할 수 있어야 한다. 모든 콘셉트를 표준화해야 할 필요는 없지만 주목적을 달성하기 위한 필수 요소(key component)는 반드시 표준화시켜야 한다. 프로젝트를 성공으로 이끄는 요인에 대해서 우선 정확히 이해해야 한다.

둘째, 충분한 역량이다. 의미 있는 콘셉트가 존재하더라도 이를 확산시키기 위해서 사회적 프랜차이저(중앙 단위)는 조직 역량을 충분히 갖춰야 한다. 중앙 단위는 개별 단위(프랜차이지)에 대한 모니터링, 조정, 훈련 및 슈퍼바이저 역할을 해야 하며 모든 과정, 물류, 재정 등에 대해 책임을 져야 한다. 더 나아가 프랜차이저(중앙 단위)는 충분한 재정 충당 능력과 함께 초기 비용 및 시스템 운영에 필요한 비용을 지원해 줄 기부자를 확보하고 있어야 한다. 하나의 사회적 프랜차이즈 시스템에 수반되는 시간과 비용에 대해 과소평가하는 경우가 적지 않다.

셋째, 충분한 시장 잠재력이 있어야 한다. 사회적 프랜차이징이 활성화되려면, 프로젝트를 통해 서비스하지 않으면 안 되는 분명한 사회적 욕구(needs)가 반드시 존재해야 한다. 다르게 표현하면 기존 서비스가 부족하거나 아예 존재하지 않아야 하는데, 바로 이 영역이 사회적 프랜차이지가 개입해서 서비스를 제공해야 할 영역이기 때문이다. 예를 들면 민간이나 공적 서비스의 공급량이 부족하거나 서비스 품질이 매우 떨어지는 등, 욕구는 있으나 충분히 충족되지 않는 서비스가 있어야 한다는 것이다. 더 나아가 앞으로 프랜차이지를 하겠다는 의사가 있는 사람들이 충분히 존재한다는 판단이 서야 한다. 왜냐하면 이것은 규모의 이점도 가능하게 되고 동시에 프랜차이즈 시스템 그 자체의 발전도 정당화시켜 주기 때문이다.

이제 사회적 프랜차이징을 실행하는 체계를 제시한다. 그러나 비영리 섹터는 단일하지 않다. 따라서 사회적 프랜차이즈 시스템의 구축방안은 프랜차이즈 대상 서비스가 무엇이며, 서비스를 받아야 할 대상이 누구인가에 달려 있다. 그러므로 다음의 내용은 대강의 가이드라인이며 구체적으로는 특정한 맥락 안에서 더욱 정교하게 다듬어야만 한다.

1) 사회적 프랜차이징의 담당자들

사회적 프랜차이즈의 설립 단계로 나가기 전에, 우선 주된 역할담당자를 선정해야 한다. 2000년 GFWP(German Foundation for World Population)가 개최한 사회적 프랜차이징 워크숍에서 사회적 프랜차이즈 시스템 내부의 역할 배치를 다음과 같이 정의한 바 있다.

사회적 프랜차이징은 성공적으로 검증된 사회적 콘셉트의 개발자, 즉 프랜차이저가 다음과 같은 목적을 위해 진행시키는 하나의 과정(a process)이라 할 수 있다.

- 대상 집단의 범위를 더 키우기 위하여
- 그리고 생산물(서비스)의 품질 향상을 위하여

그리고 다른 사람, 즉 프랜차이지들로 하여금 다음 사항을 가능케 한다.

- 모델의 복제
- 검증된 시스템 사용
- 브랜드 사용

나아가 그 대가로 기대하는 것은 다음과 같다.

- 사회적 영향력(성과물)
- 시스템의 발전
- 영향력(성과물) 대한 정보

(1) 사회적 프랜차이저

사회적 프랜차이저는 어떠한 플랜의 확대를 위한 '추진 동력'이며, 프랜차이즈 시스템의 초기 시범사업을 진행(piloting)하여 발전시켜야 할 책임이 있다. 사회적 프랜차이저는 프랜차이지뿐만 아니라 프랜차이즈 시스템 자체에 대해서도 권한과 동시에 의무를 가지고 있다(〈표 10-1〉 참고).

표 10-1 프랜차이저의 권한과 의무

사회적 프랜차이저의 권한	사회적 프랜차이저의 의무
(프랜차이지가) 턴키 콘셉트를 사용할 권리에 대한 대가로써 사회적 프랜차이저는 프랜차이지의 활동을 모니터하고 시스템의 지속성을 지켜가기 위하여 다양한 역할을 취할 수 있는 권리를 가지게 된다. 한 예로 시스템과 프로젝트 콘셉트를 지속적으로 개선하기 위하여 프랜차이지로부터 정기적이고 다양한 정보를 요구할 권리가 포함되어 있다. 규칙을 준수치 않는 경우에 프랜차이지에게 일정한 징계를 내리거나 급기야 가맹협약을 중단시킬 수 있다. 이런 경우 비즈니스 프랜차이저는 부가적으로 수수료를 할증하기도 하지만, 사회적 프랜차이저에서 언제나 이런 선택조항(옵션)을 가지고 있는 것은 아니다.	사회적 프랜차이저의 세 가지 중요한 의무 A. 프랜차이저는 해당 시스템의 사회적 미션을 수행해야 하며, 시스템 전반에 걸쳐 그 미션이 항상 충만하도록 하는 책임 • 중 · 장기 목표는 물론 사회적 미션에 대해 정확한 세부 사항을 가져야 함 • 성공적인 턴키 프로젝트 개념을 제공해야 하며 그것은 언제나 매뉴얼의 형태가 되어야 함 • 해당 시스템의 역할 담당자(프랜차이저, 프랜차이지, 후원자 및 수혜자)를 조정 • 해당 시스템의 품질 관리에 대한 책임을 가져야 함 • 해당 시스템의 경제적 효율성을 보장 B. 프랜차이저는 네트워크 내에 노하우가 유통(소통)되도록 보장 • 프랜차이지들에게 네트워크 내부의 가이드라인과 표준지침을 제공 • 신규 및 강화교육, 지원 및 컨설팅 제공 • 시스템의 개선에 대한 책임 • 현행 서비스에 대한 조사 연구 및 개선 • 프랜차이지에게 프로젝트의 (매뉴얼 형식으로) 노하우를 제공 • 프랜차이지들 사이에 커뮤니케이션이 활성화될 수 있는 체계(framework)를 제공 C. 프랜차이저는 프랜차이즈 중앙단위 차원의 서비스를 제공 • 반드시 시장상황과 환경을 분석해야 하며, 관련 사항에 대해 프랜차이지에게 정보를 제공 • 전국 및 지역 차원의 시장상황을 판단하고 조정하는 책임 • 해당 시스템에 필요한 물류, 재정, 유통(distribution) 등의 조절

프랜차이저는 사회적 미션에 강력히 연결되어 있어야 하고 해당 프로젝트를 충분히 잘 알고 있어야 하며 프로젝트와 프랜차이즈 시스템에 대한 굳은 신뢰를 가지고 있어야 한다. 나아가 프랜차이저는 충분한 비즈니스 노하우를 갖추어야 한다. 사회적 프랜차이지들은 프로그램의 운영에 필수적인 지식과 경험이 부족하므로 프랜차이저가 이들을 도와주지 않으면 안 된다. 네트워크를 조정(cordination)하려면 경험과 전문가적 소양이 필요하다. 원칙적으로 보아 프랜차이저의 역할은 다음 세 가지로 형태로 정리할 수 있다.

- 해당 프로젝트를 개념화한 조직이 반드시 프랜차이저가 되어야 한다는 법은 없다. 하지만 그 조직이 프로젝트의 본질을 제일 질 파악하고 있기 때문에 프랜차이저 역할을 맡는 게 가장 적합할 것이다. 그러나 그 조직이 프랜차이즈 네트워크에 운영에 핵심적인 비즈니스 노우하우나 조직적, 재정적 역량을 다 갖추고 있다고 할 수 없다. 물론 그렇다고 해서 프랜차이저 역할을 맡아서는 안 된다는 것은 아니지만, 이 경우에 적절한 파트너가 그 갭을 메꾸어야 한다. 예를 들면 프랜차이즈 전문가가 조언을 하거나 관리운영을 맡기는 것도 하나의 방법이다.
- 어떤 프로젝트를 복제하고자 하는 경우 시스템 운영을 하기 위해서 별도의 프랜차이저를 설립하거나 위임하는 문제도 생각해 볼 수 있다. 이 경우 해당 조직은 지원조직의 역할을 할 수도 있고, 스스로 하나의 프랜차이지 역할을 하기도 한다. 그렇게 함으로써 프랜차이저 역할을 하는 것보다 네트워크의 시너지에서 발생하는 영향력이나 이익을 더욱 크게 할 수 있다. Hertie 재단의 경우 STAR 프로젝트를 관리하기 위해 아예 'START 재단'을 설립하여 프랜차이저 역할을 하게 하였다.
- 전문역량을 가진 외부인를 고용하여 프랜차이저 역할을 맡길 수도 있다. 이 경우 네트워크 조절 역량을 가진 전문조직의 이점을 활용할 수 있다. 그러나 근본적으로 이윤 지향성을 가진 조직은 '프로젝트의 미션'에 대한

관점을 쉽게 놓쳐 버릴 수 있다. 외부 영리회사와 프랜차이저 계약을 맺을 때에는 반드시 그에 대한 모니터링을 해야 한다는 점을 명심해야 한다.

(2) 사회적 프랜차이지

사회적 프랜차이지는 탈중앙적 조직들이며 대부분 지역에서 프로젝트를 수행하면서 독립적으로 운영되는 단위들이다. 이들이 가지는 권한과 의무는 〈표 10-2〉에 나타나 있다. 제대로 된 건전한 프랜차이지를 어떻게 발굴하는가 하는 점이 아마도 사회적 프랜차이징의 가장 큰 과제 가운데 하나일 것이다.

표 10-2 프랜차이지의 권한과 의무

사회적 프랜차이지의 권한	사회적 프랜차이지의 의무
프랜차이즈 시스템에 참여하게 된 프랜차이지는 구체적인 문서로 된 매뉴얼의 형태로써 프로젝트의 실행방법에 대한 턴키 방식의 콘셉트에 대한 권리를 가진다. 동시에 프랜차이저가 구축한 브랜드 명칭을 사용할 권리도 가진다. 프랜차이지는 프랜차이저가 제공하는 지원과 훈련을 받을 수 있다.	• 시스템의 원칙과 가이드라인 준수 • 프랜차이저와의 협력 • 모든 정보를 프랜차이저에게 공개(disclose) • 교육훈련과 세미나에 참여 • 지역 차원에서 마케팅 역할 수행 • 만약 해당되는 경우라면 프랜차이즈 수수료 혹은 대체물 지불 (If applicable, pay franchise fees or any alternatives) • 프랜차이지나 프랜차이즈 시스템 양쪽이나 어느 한쪽에 대한 재정적 안정성과 후원자 지원을 약속(보장)

한편, 사회적 프랜차이지 역시 비영리부문의 특성을 바르게 이해해야 하며, 개별적으로도 사회적 미션에 적극 결합해야 한다. 이 점이 가리키는 것은

프랜차이지는 프랜차이저와 공통의 신념을 함께 가져야 한다는 점이 무엇보다 중요하며 윤리적 불일치를 예방하기 위해서는 그에 합당한 도덕 철학(moral philosophy)을 가져야 한다. 다른 한편으로, 프랜차이지는 서비스가 요구하는 기술(skills)과 경쟁력을 갖추어야 한다. 적어도 그런 수준으로 발전할 가능성(the potential)은 가지고 있어야 한다.

2) 사회적 프랜차이즈 시스템: 시작부터 성공까지

[그림 10-4]는 프랜차이즈 시스템의 각 실행 단계를 보여준다. 이 모델은 프랜차이징의 진행 프로세스의 가이드라인으로 사용될 수 있다. 프로세스에 관한 연속적인 단계, 이정표 그리고 목적지 등의 내용을 포함하는 타임테이블을 짜는 것이 매우 중요하다. 그러나 아무리 자세하게 계획을 수립하더라도 일단 진행되기 시작하면 결함이 드러나기 마련이므로 유연하게 대처하는 것도 중요하다.

프랜차이저

STEP 1: 프랜차이즈로서의 가능성

- 프로젝트 분석
  - 콘셉트가 과연 복제 가능한 것인가?
  - 규모의 이익이 생길 수 있는가?
  - 프랜차이징이야말로 최적의 복제전략인가?
- 시장과 환경 분석
  - 분명한 사회적 욕구가 있는가?
  - 잠재적 시장 가운데 어느 부분에서 프랜차이지의 서비스가 가장 잘 이루어질 수 있는가?
- 역량 분석
  - 충분한 재정적 지원을 가졌는가?
  - 조직적 역량은 충분한가?
  - 필요한 기술(skills)은 갖추고 있는가?

▶

STEP 2: 기획 단계

- 프로젝트를 프랜차이징한다는 아이디어를 신중하게 성찰하고 마음속으로 모든 단계를 정교하게 그려본다.
- 비즈니스 플랜 착수

프랜차이지

STEP 3: 환경설정

- 턴키 콘셉트의 개발
- 콘셉트의 검증 및 개선
- 프랜차이지에 관한 프로필 수집
- 적합한 프랜차이지 모집과 계약

▶

STEP 4: 운영

- 세부 운영매뉴얼 준비
- 프랜차이지 모집
- 프랜차이즈 시스템에 대한 마케팅 브랜드 개발, 브랜드와 관련한 인지도 및 친밀감 창출
- 소통을 위한 플랫폼 구축

▶

진행

- 시스템의 지속 가능성 담보
- 프랜차이지에 대한 지속적인 훈련과 지원
- 시스템 및 서비스의 개선
- 정기적인 마케팅 캠페인 실시
- 프랜차이지에 대한 정기적인 모니터 실시
- 후원자와의 관계 증진
- 정기적인 시장 조사사업 실시

그림 **10-4** 사회적 프랜차이징 시스템의 전개 과정

사례 연구

Aflatoun

Aflatoun는 어린이들에게 기금과 사회적 교육을 제공하여 '인생의 기회'를 증진시키는 단체로, 그 나라의 기존 단체 가운데 신중하게 선정한다. 각 단체는 재정적으로 독립적이므로, 그들 스스로 운영 능력을 가지느냐의 여부는 중요하다. Aflatoun과의 협약을 체결하기 위한 전제조건은 자체 모금 능력을 증명하는 것이다. 이 점은 신규 단체인 경우 쉽지 않은 조건이다.

조직 방침에 대한 혼란을 줄이기 위해, Aflatoun는 아이들에 관한 일을 주요 사업으로 설정하는 단체, 즉 공통의 철학을 담보할 수 있는 단체를 잠재적인 프랜차이지로 선택한다.

1. 프로젝트의 개요

- 전 세계적으로 6~14세 어린들의 사회적 경제적 역량을 강화시키고, 자신이 자기 삶의 변화의 주인공이 되어 평등세상을 창조할 수 있는 능력 배양
- CSFE 프로그램을 통해 어린이들에게 자신의 인생 선택을 최적화하는 데 필요한 지식, 기술과 자신감을 갖추게 함

  * CSFE: Child Social and Financial Education

2. 조직 구조

- Aflatoun 콘셉트는 글로벌 네트워크가 진행. 이 네트워크는 인도, 세르비아, 우간다 등 13개국의 지역파트너와 네덜란드에 있는 사무국으로 구성되어 있음
- 시범(pilot) 단계 이후 개별 국가와 국세규모의 이해관계자들의 참여로 규모가 커짐. Partner Organization은 자원센터(resource centres)로 발전할 수 있을 것으로 기대함. 자원센터는 다른 조직에 훈련과 전문가 공급
- Aflatoun은 다섯 가지의 핵심 요소, 8단계 연속교육 프로그램이 포함된 공통 커리큘럼이자 공통 브랜드

  * 5가지 핵심 요소 : 저축, 소비, 권리와 의무 등

3. 사회적 프랜차이즈로서의 이점

- 느리고 복잡한 프로세스를 가진 거대하고 골치 아픈 조직 없이도 프랜차이즈 시스템을 가지고 2010년까지 75개국 1백만 명의 어린이들에게 서비스를 전달하겠다는 목표를 조기에 달성할 수

있었음

- 파트너 조직으로 하여금 자기 조직이라는 소유 의식을 심어줌. 이는 훌륭한 품질과 지속 가능성 그리고 성과를 이끌어냄
- 광범위한 네트워크는 학습, 지식과 경험의 교류를 최대한 촉진시킴

4. 프랜차이즈 구축방법

- 지역 파트너 조직은 재정적으로 독립, 따라서 스스로 펀드를 조성해야 함. 이들은 다양한 네트워크 미팅, 지역 미팅, 훈련 및 Digital member area를 통하여 사무국의 지원을 받음

5. 프랜차이저의 역할

- 사무국은 파트너 조직과 파트너십 협약을 맺음
- 기술적 지원
- 모범 사례 공유 및 지역 모임을 통한 추가 교육을 실시함
- 성과 평가와 품질 보증 활동을 하며 프로그램 소재(materials) 개선 활동을 함
- 규모화 과정을 지원하며 추가로 글로벌 차원에서 어린이의 사회적 · 경제적 권리에 대한 홍보 사업을 전개

6. 프랜차이지의 역할

- 프랜차이지(파트너 조직)는 네트워크 기반 및 어린이 관련 사업 경력을 참조하여 선발
- Aflatoun 프로그램을 적용하는데 이 프로그램에는 브랜드와 이미지의 정체성, 콘셉트 그리고 단계적 훈련 시스템이 포함되어 있음
- 다른 조직과 협력하여 자기 나라에서 새로운 서비스 상품 출시(ensure a roll-out in their respective country by cooperating with other organizations)
- 자가 품질평가 및 성과평가 회의에 참여
- 사무국과 협력하여 작업 매뉴얼을 지역의 맥락에서 개정

7. 품질 및 영향력 관리 메커니즘

- 훈련제공과 경험 공유 이외에도, Aflatoun은 품질보증 웹 툴(a quality assurance web tool)이라는 수단을 사용하여 정책과 모범 사례에 대해 현지 실행조직과 인터뷰를 하여 문서로 편집한다.
- 무작위비교시험방법(Randomized control methodology, 프로그램에 따르는 사람과 그렇지 못한

사람을 무작위로 선정하여 프로그램의 영향력을 조사하는 방법)
- 사회적 투자성과측정법(Social Return on investment approach, 양적 지표 중심)은 영향력 평가의 핵심 요소

* Aflaton은 엄격한 의미에서는 사회적 프랜차이즈 시스템은 아니지만, 사회적 프랜차이징의 핵심적인 전략 요소를 포함하고 있다. 따라서 미래의 사회적 프랜차이징에 대한 연구 사례로써 중요하다.

Chapter 11

성과 측정

영리를 목적으로 하는 기업의 성과는 현금흐름표, 재무상태표, 손익계산서 등 재무제표에 의해 측정된다. 그러나 사회적 기업의 성과를 평가하여 계량화하는 데는 많은 어려움이 따른다. 사회적 기업은 영리기업처럼 고객의 욕구나 취향에 맞춰 재화나 서비스를 생산하는 것이 아니라 보이지 않는 효과, 즉 공공의 이익을 위한 사회적 재화(social good)를 생산하여 사회적 가치를 추구하는 기업이기 때문이다. 앞서 말했듯이 사회적 재화란 많은 사람들을 위한 공익 재화라 할 수 있으며 맑은 공기, 깨끗한 물, 위생, 환경, 교육, 취업 등이 여기에 속한다.

사회적 기업의 이해관계자들은 이러한 사회적 가치의 적절한 평가를 요구하지만 이는 쉬운 일이 아니다. 사회적 기업가와 관리자들은 합리적 의사결정을 위하여 정확한 성과 측정이 필요하다. 사회적 영향 투자자, 중간지원기관, 정책입안자, 기부자 및 자선재단에서도 사회적 기업의 성과에 따라 그들의 경영 지원 행위와 평가가 달라질 수 있으므로 사회적 성과의 측정은 사회적 기업 경영의 핵심 성과지표(key performance indicator: KPI)이다. 이 장에서는 사회적 기업의 창업 초기에 성과를 예측하는 도구인 사회적 영향이론과 Root Cause의 측정방식을 설명하고, 록펠러 재단, Deloitte Consulting Firm, B lab, 그리고 아큐맨 펀드에서 활용하는 IRIS, 그리고 SROI 등 사회적 성과 측정법을 중심으로 설명한다. 이 장에서 소개하는 다섯 가지 사회적 기업의 성과 측정방법 중에서 SROI가 가장 많이 사용되는 기법이다.

1. 사회적 영향이론

사회적 영향이론(social impact theory)은 1981년 Bibb Latane이 소개한 "사회적 영향 혹은 변화의 원천 혹은 결과"를 설명하는 이론으로서 사회적 성과 측정에 근간이 되는 이론이다. 일반적으로 사회적 기업가는 본인이 원하는 사회적 변화가 가능한지 조사한 후 확신을 가질 때 사회적 기업을 창업한다. 그리고 사회적 기업가는 사회적 변화와 혁신에 대한 그들의 아이디어가 사회적 기업을 설립하고 경영을 할 만한 잠재력을 가졌는지를 알아야 합리적인 결론을 낼 수 있다. 사회적 기업의 사회적 가치에 대한 분석은 사회적 영향이론을 근거로 한다. 사회적 영향이론은 기업의 의도된 결과(output)와 이를 위해 투입된 입력물(input)이 결과물을 창출해 가는 과정을 분석하는 틀이라 할 수 있다. 따라서 사회적 기업이 달성하고자 하는 결과를 개념화하는(conceptualize) 것이 필수적이다. 출력과 의도된 결과가 일치하면 실제 창출된 변화에 대해 분석하기 시작한다. 사회적 기업가는 사회적 영향을 달성하기 위해 사용된 자원(input)과 결과물로서 사회적 영향을 계산하여 프로그램을 계속해야 할지를 결정해야 한다. 사회적 영향이론은 사회적 기업가의 아이디어가 그가 예상하고 있는 사회적 변화를 가져올 수 있는지를 예측하는 도구이며, 동시에 아이디어가 실질적으로 기능할 수 있게 하는 엔진이다.

사회적 영향이론은 첫째, 의도된 결과에 대한 명확한 정의가 필요하다. 그리고 장 · 단기간을 통해서 입력(input)이 출력(output)으로 생성되는 과정을 알 수 있어야 한다. 이러한 프레임을 통해서 입력된 자원과 결과물인 사회적 영향 혹은 성과와의 상관관계가 명료해진다.

일단 의도된 결과가 파악되면, 둘째 단계는 입력물의 분석을 통해서 결과가 사회에 끼치는 잠재적 영향을 조사한다. 사회적 영향을 조사하는 것은 결과물과 상관관계에 있는 현장에서 사용된 입력물을 비교 · 검토하는 것을 포함한다.

예를 들어, 겨울에 시내 지하철 노숙자들에게 의류를 제공하는 사회적 기업을 가정해 보자. 사회적 영향이론에 따르면, 기업은 먼저 기업의 예상 운용 범위와 기간을 감안하여 조직의 크기, 예상 의복 구입량과 노숙자에게 제공할 의복의 양을 계획하고, 전체 노숙자 중 접촉대상 노숙자와 서비스를 제공할 노숙자의 수를 계획하여야 할 것이다. 이러한 결과물을 얻으려면, 대상 사회적 기업은 다음의 입력물이 필요하다.

1. 노숙자에게 제공할 의복을 구할 수 있는 아웃렛
2. 시내 거주하는 전체 노숙자 수
3. 의복을 구입하는 데 필요한 금액과 기업의 기본 운영 자금
4. 이러한 사업을 위한 법적인 요구사항
5. 기업의 운영을 방해하는 요인들

사회적 영향이론은 먼저 예상되는 성과의 근거가 되는 입력사항을 조사하여 분석하며, 예상 결과는 위의 입력사항을 기반으로 계획할 수 있을 것이다. 사회적 영향이론은 일반적으로 사회적 기업을 설립하기 전에 조사하는 것이 바람직하다. 의도하는 결과를 달성하지 못한 경우에는 변수를 다시 조사하거나 조정하여 다시 시도해야 할 것이다. 이러한 과정을 통하여 사회적 기업가는 한때 실현 가능한 아이디어가 기대하던 사회적 영향을 끼치지 못할 수도 있으며, 사회적 기업을 지속적으로 운영할 필요성이 없음을 깨달을 수도 있

을 것이다.

2. Root Cause 성과 측정방법

Root Cause(www.rootcause.org)는 사회적 성과 측정법에 관한 가이드북을 발행하고 사회적 성과 측정, 사회적 기업 경영 컨설팅을 주업무로 하는 비영리 사회적 기업이다. 이들의 성과 측정은 순환 사이클 시스템으로, 기업의 사회적 사명감부터 시작하여, 성공에 대한 비전, 활동, 운영으로 이어진다. Root Cause의 성과 측정 시스템은 사회적 영향이론에 근거한 시스템으로 다음의 5단계의 프로세스를 통해 이루어진다. Root Cause의 시스템은 주로 미국 사회적 기업의 성과 측정에 자주 사용된다. 이들의 5단계 평가 시스템은 다음과 같다.

1) 측정계획

(1) 성과 측정 팀의 구성

기존 시스템의 문제점 인식하고 있는 조직 내부의 구성원과 외부의 전문가로 구성한다.

(2) 기존 측정 시스템의 조사

① 이미 분석하고 있는 지표들을 파악하고, ② 그 지표가 어떻게 그리고 언제 분석되는지를 조사하며, ③ 데이터가 어떻게 저장되고, ④ 저장된 데이터

가 어떤 형태로 누구에게 보고되는지를 파악하고, ⑤ 보고된 데이터가 어떻게 검토되고 사용되는지를 조사한다.

2) 측정 대상 선택

기업은 지표(indicator)를 선택하여 사명을 수행하는 동안 지표의 변화를 점검한다. Root Cause는 세 가지 형태의 지표를 선택하고 있다. 첫째, 조직건전성 지표(organizational health indicators)는 현금흐름표, 예산, 종업원 수, 기업의 목표 달성률 등의 통계적 지표이다. 둘째, 프로그램 성과지표(program performance indicators)는 특정 사업을 위한 기업의 활동을 측정하고, 활동의 단기적 성과, 이러한 기업활동의 비용과 품질에 대해 조사한다. 셋째, 사회경제적 영향지표(social and economic impact indicators)는 기업의 장기적 목표의 달성 및 의도한 사회적 영향의 완성도를 조사한다.

먼저 기업이 어떤 지표를 트래킹하면서 조사하기로 결정했으면, 관련 지표들의 총괄지표(master lists)를 작성하고 지표들 간의 관계를 파악하고, 지표를 결정하는 기업의 주된 활동이 무엇인지를 인지하고, 조직의 누구에게 보고되는지를 결정한다.

3) 측정방법

사회적 기업은 다양한 방법을 사용하여 성과를 측정하지만 어려운 작업이다. 특히, 사회적 영향평가와 관련된 데이터는 수혜자가 사회적 취약자인 경우가 많기 때문에 구하기가 쉽지 않다. 사회 영향지표 같은 정량적인 지표는 설문지를 이용하여 조사하는 경우도 있고, 프로그램에 참여한 수혜자들의 연소득을 조사하는 것도 쉬운 일은 아니다. 이러한 경우는 대상자에게 직접 구하기보다는 지역사회 인구 센서스 데이터를 활용할 수도 있다. 이렇게 구한 데이터는 데이터베이스에 입력하여 관리할 수 있도록 해야 할 것이다.

4) 데이터의 활용

수집된 자료를 검토하고 결과를 도출하기 위해 대시보드가 필요하다. 대시보드는 하나의 화면에서 다양한 정보를 중앙 집중적으로 관리하고 찾을 수 있도록 하는 사용자 인터페이스로서, 총괄 지표에서 검토된 핵심지표의 요약과 특이사항이 표시되어야 할 것이다. 개별 지표에 대해서는 현재의 지표와 목표 지표를 표기하고 현재 지표가 나타내는 상황이 설명되어야 한다.

5) 성과 평가시스템의 활용

시스템이 모든 지표를 측정할 수는 없다. 그러나 현재 가능한 지표는 측정 평가하고, 지속적으로 평가에 필요한 지표를 측정할 수 있도록 시스템을 확장해 나가야 한다. 시스템은 지속적으로 기준선(baseline)을 최적화해야 하고, 필요 없는 지표는 시스템에서 제거하고 필요한 지표는 더해야 명확한 평가가 가능하다. 그러나 일관성 있는 평가를 위해 지표를 제하거나 더할 때는 객관적이고 정밀한 분석이 필요하다. 이러한 과정을 통하여 사회적 성과 시스템은 최적화에 이를 것이다.

3. IRIS

사회적 기업의 재무적 성과는 수익, 비용, 자산, 부채 등 화폐 단위로 표기할 수 있지만 사회적 성과는 정성적 평가 항목이 많기 때문에 직관적이지는 않지만 기업평가에 새로운 시도로 도전적인 분야라 할 수 있다. Impact Reporting and Investment Standards(IRIS) (http://iris.thegiin.org)는 2008년에 Deloitte, Hitachi, Pricewaterhouse & Coopers 세 개의 컨설팅회사가 공동 개발한 사회적 성과 평가방법으로, 이후 록펠러 재단, Acumen 펀드, B Lab에 의해 관리되다가 2009년부터 GIIN(Global Impact Investing Network)이 주도적으로 관리해 왔다.

IRIS는 투자된 자본의 성과를 정의하고, 자금의 용처를 추적하여 보고하는 표준화된 사회적 · 환경적 그리고 재무적 성과를 나타내는 지표라 할 수 있다. IRIS 라이브러리에 있는 지표들을 활용하여 전통적인 재무제표와 같은 보고서를 만들 수 있으나, 보다 효과적인 보고서를 위해서는 더 많은 사회적 · 환경적 정보가 필요하다.

IRIS의 목적은 기업의 이해당사자, 즉 투자자, 채권자, 정부, 고객, 중간지원 단체 등에게 어느 사회적 기업이 가장 큰 변화를 가져왔으며, 사회적 성과를 달성했는가를 알 수 있게 해주는 것이다. IRIS는 다양한 분야에서 운영되는 여러 사회적 기업으로부터 정보를 수집하고 분석하여 보고하는 시스템이다.

GIIN(Global Impact Invesment Network)에 의해 운용되는 IRIS 데이터 repository에 데이터를 제공하기로 한 사회적 기업은 필요한 데이터를 보내야 한다. 예를 들면, 교육분야의 사회적 기업은 교육과 관련된 데이터를 보내고, 미소금융분야의 기업은 재무 중심의 데이터를 보내고, 모든 데이터는 사회영향보고서를 작성하는 데 사용된다.

IRIS의 성과 측정 시스템은 다섯 분야의 영향지표로 구성된다. 두 분야는 기업과 그들이 생산하는 제품과 서비스에 관한 부분이며, 나머지 세 분야는 재무적 성과, 운영 영향, 제품 영향지표를 나타낸다.

① 기업에 관한 지표(organizational descriptor indicators): 기업의 사명(mission), 비즈니스 모델, 조직 구조와 분야에 관한 정보

② 제품에 관한 지표(product descriptor indicators): 생산하는 제품, 서비스와 목표 시장에 관한 정보

③ 재무 영향지표(financial impact indicators): 과거, 현재, 미래의 재무적 수익 및 성과와 관련된 정보

④ 운영 영향지표(operational impact indicators): 기업의 임직원, 지배체계, 환경 관련 운영정책을 나타내는 정보

⑤ 제품 영향지표(product impact indicators): 기업의 제품과 서비스의 수혜자와 성능에 관한 정보

IRIS 시스템은 사회적 영향 투자자들이 올바르게 투자할 수 있게 구성되어 있다. 사회적 기업가에게 IRIS의 목적은 IRIS의 결과를 인지하여 사회 변혁을 향한 자신들의 현재 위치를 알 수 있게 한다.

4. SROI

샌프란시스코에 소재한 자선벤처기금인 로버츠기업개발기금(Roberts Enterprise Development Fund: REDF)은 저소득자와 노숙자의 고용 창출을 지

원하는 비영리기관에 후원금을 제공하여 이들의 활동을 지원하는 비영리 자선단체이다(www.redf.org). 이들은 자신들이 제공하는 후원금이 성공적으로 사용되는지 분석하기 위해 1990년대 후반에 사회적 투자수익률(Social Return on Investment: SROI)의 기본 틀을 개발했으며 이를 바탕으로 SROI 리포트와 방법론에 관한 책자를 발간하였다. SROI는 사회적 영향 투자가 창출한 환경과 사회적 가치만을 측정하고, 환경과 사회적 영향을 정성적인 방법과 정량적인 방법을 사용하여 측정한다.

SROI는 Nef를 거쳐 SROI 네트워크에 의하여 국제표준이 되었으며 현재도 측정방법이 개선되고 있다. SROI는 6단계에 걸쳐 분석하며 단계별 분석 내용은 〈표 11-1〉과 같다.

SROI의 또 다른 특징은 사회적 영향 투자에 의해 만들어진 결과물을 화폐단위로 표현할 수 있다. 예를 들어 SROI 값이 1:3 혹은 1/3이면 1000만 원의 사회적 영향 투자가 가져올 수 있는 사회적 가치는 3000만 원이다. 즉, SROI의 비율은 기업의 활동에 의해 창출된 가치(output)와 투입된 투자(input) 간의 비율이다. SROI의 역할은 단순히 사회적 변화 혹은 영향을 수치화하는 데 그치는 것은 아니다. SROI는 창출된 사회적 가치에 영향을 주고자 하는 이해관계자(투자자, 정책입안자)부터 자원을 제공하는 이해관계자(사회적 기업의 직원)까지 다양한 이해관계자들이 활용할 수 있는 도구이다.

표 11-1 SROI 분석의 6단계

단계	주요 내용
1. 범위 설정과 이해관계자 확인	SROI 분석의 수행 범위와 분석 과정에 참여할 이해관계자 범위와 방법에 관한 명확한 경계 설정
2. 결과물 맵핑(mapping)	이해관계자 참여를 통한 투입물(inputs), 산출물(outputs), 결과물(outcomes)의 관계를 보여주는 영향력 지도(impact map)나 변화이론(theory of change) 개발
3. 결과물 증명과 화폐화된 가치부여	결과물에 대한 증거를 확인하고 그 가치를 산정
4. 영향력 산정	사중, 대체효과, 귀인, 드롭오프를 고려한 영향력 확정
5. SROI 산출	모든 편익을 합하고 부정적인 사항들을 공제하고 투자에 대한 결과를 비교, 결과에 대한 민감도 분석도 수행 가능
6. 보고, 활용 및 내재화	이해관계자들과의 결과 공유 및 질의 응답, 모범적인 결과물 처리 과정과 보고서 검증을 통한 내재화

출처: 조영복 · 류정란 (2014)의 요약 재구성.

표 11-2 방과후 학교 프로그램의 SROI

이해관계자	의도된/의도되지 않은 변화	SROI 측정 지표	연간합계 (단위: 원)	산출근거
학생	학업성적 향상	1. 학업성적 향상을 위해 수강해야 하는 평균 사교육비 절감	132,662,534	142명×17.6만원×6개월 – 사중 10%, 귀인 1.7%, 드롭오프 10%
	사회적 관계에서의 심리적 변화	2. 자신감 향상으로 인한 비용 절감	63,000,000	63명×100만원 드롭오프 10%
학부모	자녀(학생)돌봄 시간의 감소	3. 돌봄시간 감소로 인한 보육비 지출 감소	22,198,206	619명×7.25%×9.16만원×6개월 – 귀인 10%
	사교육비 절감	4. 사교육비 절감	140,415,773	619명×43.5%×10.73만원×6개월 대체효과 10%, 귀인 10%
	자녀의 안전성 확보	5. 아동청소년 대상 범죄예방 비용 감소	11,517,150	67건×581만원 – 사중 50%, 대체효과 10%, 귀인 90%

정부	학부모의 일자리 창출에 따른 세수 확대	6. 학부모 근로에 따른 근로소득세 증가	136,960	16명×2,140원×6개월
방과후 학교 강사	소득증대	7. 방과 후 강사 소득 증대	65,772,000	(15명×96만원+1명 ×126만원)×6개월 사중 30%
	사회활동의 증가	8. 방과 후 강사 활동을 통한 우울증등 치료비용 감소	1,349,297	16명×40,536원×주4회×2주 – 사중 25.7%, 대체효과 30%, 귀인 50%, 드롭오프 10%
기존 담당 교사	방과후 학습업무에 대한 스트레스 감소	9. 상담건수 감소로 인한 스트레스 감소에 따른 심리상담 치료비용 감소	294,000	5명×3만원×주1회×4주 – 사중 30%, 귀인 30%, 드롭오프 10%
		A. 사회적 가치 창출	443,345,920	1~9 합계
		B. 프로그램 투자비용	87,680,000	
		C. SROI 비율	5.06	1 : 5.06

*산출금액 = 산출근거×사중×대체효과×귀인×드롭오프를 계산한 금액임.
출처: 조영복 · 류정란 (2014).

〈표 11−2〉는 방과 후 학교 프로그램의 SROI의 사례를 보여주고 있다.

본래 SROI는 재무관리의 중요한 지표 중 하나인 투자수익률(Return on Investment: ROI)을 사회적 기업의 가치 측정 기법으로 변형하여 사용한 것이다. SROI는 활용하기가 쉽고 재무관리에서 자주 사용하던 투자수익률의 변형이란 점에서 활용에 여러 가지 장점이 있다. 유럽 SROI 네트워크는 SROI 기법의 장점을 다음과 같이 설명하고 있다.

첫째, SROI 기법은 사회적 기업에 대해 신뢰할 만한 경제적 가치 정보를 제공하며, 특히 경제적 가치 정보를 이용하여 사회적 투자수익률을 계산할 수 있으므로 주주와 외부 이해관계자들에게 신뢰감을 줄 수 있다. 둘째, SROI 수익률이란 객관적 수치를 이용하여 합리적 투자결정을 할 수 있다. 셋째, 투자 대비 효과가 큰 사업에 집중적으로 자원을 투자하여 사회적 기업의 재무적 · 비재무적 성과를 향상시킬 수 있다. 반면에 투자 대비 효과가 적은 사업은 투자 포트폴리오에서 제거함으로써 조직의 자원을 효율적으로 사용할 수 있다.

넷째, SROI 기법은 사회적 영향 투자라는 새로운 개념을 확고히 했다. 일반적으로 사회적 기업을 비영리기업으로 인식하여 자선재단이나 정부의 보조금을 사회적 변화를 위해 사용했다고 생각했으나, SROI를 통하여 이는 대가 없이 부여되는 보조금이 아니라 수익률을 생각하는 투자라는 개념을 가지기 시작했다. 마지막으로 SROI는 성과가 낮은 무능력한 경영진을 퇴출시키고, 투자수익률이 높은 유능한 기업가를 영입하여 비영리기업의 성향이 강한 사회적 기업의 지배구조를 보다 투명하게 하였다.

5. 균형 성과표(BSC)

BSC(Balanced Scorecard)는 고객만족, 제품 품질 등과 같은 비재무적인 데이터를 기업의 성과 측정에 반영하기 위해 Robert Kaplan과 David Knowlton이 개발한 성과 측정 도구이다. BSC는 재무, 고객, 내부 프로세스, 학습과 성장의 측정치를 추적하여 조사한다. 이는 초기의 BSC가 매출, 이익, 자본 등 재무적 성과에 치우쳤던 시스템을 보완하기 위해 내부 프로세스, 고객관점, 학습 및 성장관점을 추가하여 균형 있는 성과 측정을 통해 기업의 전략과 가치를 실현할 수 있는 평가시스템을 추구하는 것이다. BSC는 단순한 전술적 평가시스템이 아니라 장기적으로 전략을 수행하기 위한 관리시스템으로 정의하였다(Niven, 2002).

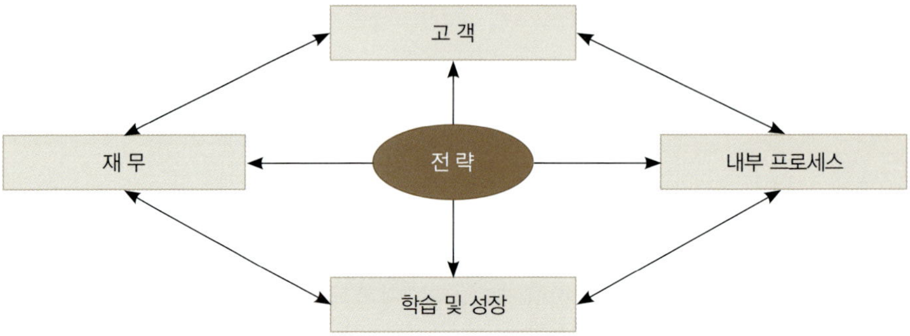

그림 11-1 비영리조직을 위한 BSC 모형

출처: Niven, P. R. (2003).

BSC는 영리기업의 성과 측정을 위해 개발되었으나 정부기관 및 비영리기관에도 도입되어 활용되고 있다. 비영리기관에서 비전과 미션을 달성하기 위해서는 기존의 모델을 적정하게 수정하여 사용해야 할 것이다.

영리기업과 비영리기업의 BSC는 몇 가지 차이가 있을 수 있다. 먼저 영리기업에서 고객은 수익의 원천이고 소비자라 할 수 있지만 비영리기업에서 고객은 수혜자이며 이들을 배려해야 할 것이다. 궁극적으로 고객(수혜자)에게 서비스를 효과적으로 전달하는 것이 비영리조직의 존재 이유(mission)이기 때문에 고객은 BSC의 전략체계도 상단에 자리한다.

또한 재무적 관점이 목표이기보다는 제약조건으로 작용할 수 있다. 비용절감으로 고객이나 이해관계자에게 적절한 서비스를 제공하지 못했다면 조직의 목표는 달성되지 않은 것이다. 내부 프로세스와 학습 및 성장부분은 영리기업과 비영리기업 사이의 차이가 미미하다.

사례 연구

한국사회적기업진흥원의 사회적 가치 측정 모델: SVI (Social Value Index)

한국사회적기업진흥원은 사회적 기업 육성법 제20조에 의거하여 설립된 기관으로 사회적 기업의 육성 및 진흥에 관한 업무를 효율적으로 수행하기 위해 만든 기관이다. 이들의 주요 업무 가운데 하나가 인증된 사회적 기업을 모니터링하고 평가하는 것이다. 여기서는 한국사회적기업진흥원이 개발한 사회적 가치 측정 모델인 SVI에 대해 소개한다.

1. 사회성과 측정이란?

"사회성과 측정은 사회적 목적을 우선적으로 추구하는 조직이 창출한 사회적 · 경제적 성과와 사회적 영향을 측정하는 과정", 즉 "조직이 우선적으로 사회성과를 실현하기 위한 기구나 원리를 설정하고 이를 조직 운영과 본질적인 사업활동에 반영하며, 조직의 효율적인 인적 · 물적 자원 투입, 사회 문제 해결을 위한 혁신적인 해결 방법 등"의 노력과 성과를 측정한다.

2. 사회적 가치 지표(SVI)란?

사회적 가치 지표(SVI)는 "스스로 사회적 성과수준을 측정하는 도구"로서 기업의 자발적인 측정을 통해 사회성과에 대한 이해를 넓히고, 사회성과의 현 수준을 객관적으로 진단할 수 있도록 도와준다. 사회적 가치 지표(SVI)는 사회적 성과, 경제적 성과, 혁신 성과의 3가지 관점에 따라 14개 지표로 구성되어 있다.

한국사회적기업진흥원에서 제시하고 있는 사회적 가치 측정 도구인 SVI(social value index)는 사회적 가치뿐 아니라 경제적 가치와 혁신적 가치도 포함시키는 포괄적인 측정도구라 할 수 있다.

3. 사회적 가치 지표의 세 가지 관점 배점

1. 사회적 성과 관점은 조직 미션, 사업활동, 조직 운영 등에 대해서 평가하고 사회적 미션의 관리, 주 사업활동의 사회적 가치, 사회적 경제 생태계 구축 노력, 이윤의 사회목적 재투자, 운영의 민주성, 근로자 지향성 등을 평가하여 측정한다.
2. 경제적 성과 관점은 재정성과에 대하여 평가하고, 고용창출 및 재정성과, 노동성과 등을 평가하여 측정한다.

3. 혁신성과 관점은 기업활동에서의 혁신성을 평가하는데, 주로 기업활동에서 제품 및 서비스의 혁신성이 제대로 발현되고 있는지 여부를 측정한다.

사회적 가치 지표

관점	범주	영역	측정지표	배점
사회적 성과 (60)	조직미션 (10)	사회적 미션	사회적 가치 추구 여부	5
			사회적 성과 관리체계 구축	5
	사업활동 (30)	주사업활동의 사회적 가치	사업활동의 사회적 가치 지향성	10
		사회적 경제 생태계 구축	사회적 경제 조직과의 협력 수준	5
			지역사회와의 협력 수준	5
		사회목적 재투자	이윤의 사회적 환원 노력도	10
	조직운영 (20)	운영의 민주성	참여적 의사결정 비율	5
		근로자 지향성	근로자 임금수준	10
			근로자 역량 강화 노력	5
경제적 성과 (30)	재정성과 (30)	고용창출 및 재정성과	고용성과	10
			매출성과	10
			영업성과	5
		노동성과	노동생산성	5
혁신성과(10)	기업혁신 (10)	혁신성	기업운영 및 제품의 혁신성	10
계		14개 지표		100

출처: 한국사회적기업진흥원.

참고문헌

조영복, 류정란 (2014). "사회적 기업의 사회적 가치 측정, 그 접근법과 발전방향의 모색: SROI의 우수성을 중심으로". **인적자원관리연구**, 21(3), 475-494.

Kramer, M. (2005). Measuring Innovation: Evaluation in the Field of Social Entrepreneurship. Skoll Foundation and FSG Social Impact Advisor.

Niven, P. R. (2003). "Balanced scorecard Step by Step for Government and Non Profit Agencies." Wiley.

한국사회적기업진흥원 홈페이지 www.socialenterprise.or.kr

IRIS 홈페이지 http://iris.thegiin.org

Social Enterprise : Theory and Practice

CHAPTER

12 사회적 경제의 새로운 모델

- 1. 사회적 경제의 모델
- 2. 협동조합
- 3. 마을기업

Chapter 12

사회적 경제의 새로운 모델

1. 사회적 경제의 모델

최근 빠르게 성장하고 있는 사회적 경제 섹터에는 다양한 조직들이 나타나고 있다. 전통적으로 사회적 경제의 조직이던 협동조합도 새롭게 부각되고 있으며, 지역을 기반으로 한 조직들과 공유경제라는 새로운 경제시스템에 입각한 조직들이 나타나고 있다. 이러한 조직들의 특징은 기존의 사회 목적성을 가지는 조직들과 달리 대규모화되고 있으며 수익지향성을 추구하고 있다는 것이다.

협동조합의 경우도 세계적으로는 사회적 가치뿐만 아니라 경제적 가치를 창출하는 방향으로 진화하고 있으며 이러한 방식은 새로운 기업의 새로운 모델로 부각되고 있다. 그리고 지역의 공동체(커뮤니티)를 기반으로 한 비즈니스들도 이러한 경향을 보이고 있으며 이는 지역의 자원을 활용하고 고용을 창출하며 지역의 문제를 해결하는 새로운 공동체 기반의 비즈니스인 마을기업의 탄생을 가져오기도 하였다.

2. 협동조합

1) 협동조합의 개념 및 배경

(1) 개념

협동조합은 사회 양극화 및 빈부격차 등 자본주의 사회의 부작용을 치유하고 공생의 발전을 도모할 수 있는 새로운 시장경제 대안으로 부각되고 있다. 국제협동조합연맹(International Co-operative Alliance: ICA)에서는 협동조합을 "공동으로 소유되고 민주적으로 운영되는 사업체를 통하여 공동의 경제적 · 사회적 · 문화적 필요와 욕구를 충족시키고자 하는 사람들이 자발적으로 결성한 자율적인 조직"으로 정의[01]하고 있다.

우리나라의 「협동조합기본법」은 협동조합을 협동조합, 사회적 협동조합, 협동조합연합회, 사회적 협동조합연합회로 구분하고 있으며, 협동조합을 "재화 또는 용역의 구매 · 생산 · 판매 · 제공 등을 협동으로 영위함으로써 조합원의 권익을 향상하고 지역사회에 공헌하고자 하는 사업조직"으로 정의하고 있다. 그리고 미국 농무성은 "이용자가 소유하고 통제하며 이용규모를 기준으로 이익을 분배하는 사업체"로 정의하고 있다.

협동조합의 정의에서 나타난 내용을 정리해 보면 다음과 같다. 협동조합의 주체는 자발적으로 결성한 사람들이며, 목적은 그들의 공통의 경제적, 사회적, 문화적 필요와 욕구를 충족시키기 위한 것이다. 소유와 운영은 공동으로 소유하고 민주적으로 운영하며, 수단은 사업(재화 또는 용역의 구매, 생산, 판

01 Cooperatives are people-centred enterprises owned, controlled and run by and for their members to realise their common economic, social, and cultural needs and aspirations. (www.ica.coop)

매, 제공)을 통해서, 성격은 사업체(사업조직)이다. 이러한 정의에 따르면 협동조합은 사업을 하기 위한 조직이며, 목적과 조직을 운영하는 방식이 일반적인 영리를 추구하는 기업과는 다르다는 것을 알 수 있다.

이러한 정의에서 나타난 특징과 다른 우리나라 협동조합기본법에서의 차별적 특징은 '지역사회에 공헌'이 명기된 것이다. 즉, 전통적 목적인 공통의 필요와 욕구, 즉 조합원 권익 향상과 더불어 지역사회에 대한 공헌에 동등한 강조점을 둔 것이다. 이는 협동조합이 저성장 국면의 한국사회에서 조합원의 권익뿐만 아니라 지역사회에도 기여하고 공헌하도록 한 것으로, 협동조합의 정의가 진일보한 측면으로 볼 수 있다.

협동조합에는 정의 못지 않게 중요한 원칙이 있다. 1995년 국제협동조합연맹(International Co-operative Alliance: ICA) 100주년 총회 시에 발표한 '협동조합 정체성에 대한 선언'(Statement on the Co-operative Identity)에서 각기 다른 상황에 놓여 있는 여러 협동조합이 협동조합으로서 지켜야 할 최소한의 기본적인 공통점을 7대 원칙으로 발표하였다. 이러한 원칙들을 살펴보면 다음과 같다.

제1원칙 : 자발적이고 개방적인 조합원 제도

협동조합은 자발적인 조직으로서, 협동조합의 서비스를 이용할 수 있고 조합원으로서 책임을 다할 의지가 있는 모든 사람들에게, 성(性)적 · 사회적 · 인종적 · 정치적 · 종교적 차별 없이 열려 있다.

제2원칙 : 조합원에 의한 민주적 관리

협동조합은 조합원에 의해 관리되는 민주적인 조직으로서, 조합원들은 정책수립과 의사결정에 활발하게 참여한다. 선출된 임원들은 조합원에게 책임을 갖고 봉사해야 한다. 개별협동조합에서는 조합원마다 동등한 투표권(1인 1

표)을 가지며, 연합회에서도 민주적인 방식으로 조직하고 운영된다.

제3원칙 : 조합원의 경제적 참여

조합원은 협동조합에 필요한 자본을 조성하는 데 공정하게 참여하며, 조성된 자본을 민주적으로 통제한다. 일반적으로 자본금의 일부분은 조합의 공동재산이다. 출자배당이 있는 경우에 조합원은 출자액에 따라 제한된 배당금을 받는다. 조합원은 다음과 같은 목적에 따라 잉여금을 배분한다.

- 협동조합의 발전을 위해 잉여금의 일부는 배당하지 않고 유보금으로 적립
- 조합원의 사업 이용 실적에 비례한 편익제공
- 조합원의 동의를 얻은 여타의 활동을 위한 지원

제4원칙 : 자율과 독립

협동조합은 조합원들에 의해 관리되는 자율적인 자조조직이다. 협동조합이 정부 등 다른 조직과 약정을 맺거나 외부에서 자본을 조달하고자 할 때는 조합원에 의한 민주적 관리가 보장되고, 협동조합의 자율성이 유지되어야 한다.

제5원칙 : 교육, 훈련 및 정보 제공

협동조합은 조합원, 선출된 임원, 경영자, 직원들이 협동조합의 발전에 효과적으로 기여하도록 교육과 훈련을 제공한다.

협동조합은 일반대중, 특히 젊은 세대와 여론 지도층에게 협동의 본질과 장점에 대한 정보를 제공한다.

제6원칙 : 협동조합 간의 협동

협동조합은 지방, 전국, 지역 및 국제적으로 함께 협력사업을 전개함으로

써 협동조합운동의 힘을 강화시키고, 조합원에게 가장 효과적으로 봉사한다.

제7원칙 : 지역사회에 대한 기여

협동조합은 조합원의 동의를 얻은 정책을 통해 조합이 속한 지역사회의 지속 가능한 발전을 위해 노력한다.

이러한 협동조합의 원칙은 각기 다른 상황에 놓여 있는 여러 협동조합이 협동조합으로서 지켜야 할 최소한의 기본적인 공통점이라 할 수 있다. 이 원칙은 협동조합의 나침반이고, 방향타이며, 장기적으로 지켜 가야 할 헌법과 같은 것이다. 즉, 협동조합의 원칙은 그 자체가 성공적인 협동조합의 운영원리이기도 하다.

하지만 협동조합의 원칙을 너무 글자 그대로만 해석하고, 모든 구체적인 문제를 해결하는 만병통치약으로 생각하는 것도 경계하여야 한다. 협동조합의 원칙은 많은 협동조합 활동가들이 협동조합을 발전시키기 위해 현장에서 실천하면서 다듬어 나간 것이기 때문에 절대적인 불변의 법칙은 아니다. 스스로 처한 현실을 평가하고 새로운 길을 찾아나가는 협동조합 정신이 있다면, 지금 협동조합의 원칙에 명시되어 있지 않더라도 조합원과 충분한 상의를 통해 추진할 수도 있어야 한다.

국제협동조합연맹에서 1995년 발표한 협동조합의 원칙 서문에는 "원칙이란 계율 이상의 의미를 갖고 있으며, 행동 판단과 의사결정의 기준이 된다. 협동조합들은 원칙을 글자 그대로 따르는 것으로는 충분하지 않고 그 정신을 따라야 하며, 각 원칙이 품고 있는 정신을 전체적으로 협동조합의 일상적인 활동에 적용하는 것이 중요하다. 이런 점에서 보면 협동조합의 원칙은 연례행사에서만 꺼내는 진부한 목록이 아니라 협동조합이 미래를 열어갈 수 있도록 힘을 주는 틀이자 에너지를 제공하는 요인인 것이다."라고 적혀 있다. 즉,

협동조합의 원칙은 한번에 그치는 원칙이 아니라, 항상 생각하고 그 원칙의 적용을 고민해 보아야 할 원칙이다.

(2) 배경

협동조합은 산업혁명이 최초로 진행된 영국에서 탄생되었다. 150년 동안 진행되었던 영국의 산업혁명 시기는 공장주들이나 광산주들에게는 번영과 풍요, 기회의 시간이었지만, 일을 해야만 했던 대다수 노동자들이나 그 가족들에게는 힘든 시간이었다. 이전까지 농사를 짓던 대다수 영국 농민들은 도시로 나와 공장이나 광산에서 일하게 되었다. 그것은 그들이 경작하던 농토가 농산물보다 더 큰 돈이 되는 옷감 재료 생산지, 즉 양털이나 면화 생산지로 바뀌어 더 이상 농사지을 땅이 없어졌기 때문이다.

그 당시 영국의 노동자들은 하루 18시간 이상 일을 했다. 잠자는 시간과 화장실 가는 시간을 제외하면 식사도 일을 하면서 해결할 수 밖에 없는 상황이었다. 그리고 대부분 노동자들은 합숙소에서 생활하여 노동자 가족은 가정생활조차 영위할 수 없었다. 아동 노동도 만연하였는데 아동은 만 7세부터 일을 시켰다. 만 7세부터 12세까지의 아동인 유아 노동자를 고용하는 건 매우 일반적인 현상이었다. 산업혁명의 이면에 존재하는 이러한 어려움 속에서 자신들의 권리를 찾고자 하는 협동조합이 자발적으로 탄생하게 되었다.

협동조합은 Robert Owen의 생각과 그가 설립한 뉴라나크 방적공작과 그 탄생을 같이한다. Robert Owen은 1771년 영국 웨일즈 지방에서 태어났다. 이때는 산업혁명이 진행되던 중반부였다. 그는 청소년기와 청년기에 산업혁명 과정의 어두운 그림자를 지적하는 글을 읽고 동감했었다. 노동자들의 비참한 현실, 유아 노동자들의 고난에 분노했다. 장사도 하고 제법 큰 방적공장 월급쟁이 지배인 노릇도 하면서 이들의 현실을 누구보다 잘 알고 있던 Owen

은 하나의 유토피아를 꿈꾸게 된다. 그는 공장주가 되어 노동자들을 혹사시키지 않고 인간적으로 대우하면서도 사업이 잘될 수 있다는 걸 보여주고 싶었다. Owen은 장인에게 방적공장을 싼 값에 인수하게 되는데, 이것이 그 유명한 '뉴라나크 방적공장'이다.

1802년 약 2,000명의 노동자들이 일하는 방적공장의 주인이 된 Owen은 자신이 구상해 오던 것을 바로 실행에 옮겼다. 그 내용은 다음과 같은 2가지이다. 첫째, 7세에서 12세까지의 유아 근로자들은 일을 시키지 않고 공장 옆에 학교를 지어 그곳에서 공부시켰다. 13세에서 18세까지의 청소년 근로자는 하루의 절반만 일을 시키고 절반은 학교에서 공부하도록 했다. 성인의 경우 근로시간이 하루 14시간을 넘지 않도록 했다. 둘째, 노동자들에게 방 두 칸짜리 집을 지어 살게 하고, 노동자 가족들이 생필품을 싼 값에 살 수 있도록 공장 옆에 상점을 만들었다. 결국 뉴라나크 방적공장의 실험은 실패로 끝났지만, ① 휴머니즘에 기반한 사업조직, ② 점진주의, 개량주의 원칙 이 두 가지 사고방식은 협동조합에 영향을 미치게 된다. 공동체적인 공장과 농촌공동체 실험이 지속되었다.

그 후 최초의 협동조합인 로치데일 소비협동조합(로치데일공정선구자조합)이 탄생하게 된다. 영국의 노동자 밀집지구 중 맨체스터에서 약 30킬로미터 떨어진 곳에 로치데일이라는 작은 도시가 있다. 산업혁명 중반부터 영국 노동자들의 생활은 개선되었지만, 가정생활을 하면서 생필품을 조달하여야 했다. 예를 들면 양초, 밀가루, 소금, 버터, 치즈 등과 같은 생활에 필수적 재화를 마을의 가게에서 구입해야 했다. 생필품 조달과 관련하여 당시에는 공급되는 양보다 수요가 높았기 때문에 물품의 가격이 일정치 않고 매우 불안정했다. 가게상인들이 물건을 속여 파는 경우도 다반사였다. 상인들은 가난한 노동자 주부들에게 밀가루를 팔면서 흙을 섞어서 파는 경우가 많았다. 저울의 눈금을 속이는 것은 일상이었다.

그들은 이러한 문제를 해결하기 위하여 28명의 지역 노동자와 주부들이 모여 다음과 같은 대책을 수립하였다. 생필품이 필요한 노동자들이 돈(출자금)을 모아 조그마한 가게를 차린다. 이 가게의 공장에서 직접 떼온 물건을 쌓아놓고 출자금을 낸 사람들(조합원)에게만 약간의 이윤을 붙여서 판매한다. 일년 동안 가게를 운영한 후 운영비를 뺀 나머지 돈(잉여금)으로 물건을 많이 사간 조합원들에게는 많이, 적게 사 간 조합원들에게는 적게 나누어준다(이용실적 배당). 가게 운영을 위해 조합원들이 모여(총회를 열어서) 모두가 동등한 투표권을 가지고(1인 1표) 가게 운영자를 뽑는다.

로치데일 소비협동조합에 대한 소문은 빠른 속도로 영국과 유럽 전역으로 퍼졌고, 20년도 지나지 않아 영국과 유럽의 노동자 밀집지구에는 수천 개의 소비자협동조합이 생겨났다.

이러한 협동조합은 신용협동조합으로 발전하게 된다. Raiffeisen은 1860년대 지금의 독일, 당시 프로이센의 작은 시골마을에서 일하던 공무원의 이름이다. 프로이센 지역은 유럽의 다른 농촌지역보다 토지개혁이 빨리 이루어져서 소작농보다 자영농의 비중이 훨씬 큰 지역이었다. 그는 몇 년간 그곳에서 일하면서 농민들의 삶을 유심히 관찰하였다. 그는 자기 토지를 경작하는 자영농민들이 봄부터 가을까지 매우 열심히 일함에도 불구하고 왜 가난에서 벗어나지 못할까라는 의문을 가졌다. 몇 년에 걸쳐 농민들을 관찰하면서 그 원인을 찾기 위해 노력한 결과 그 원인을 파악하게 되었다. 그가 알아낸 바로는 농민들은 봄부터 가을까지 농사짓고 생활하는 데 필요한 돈을 봄에 고리대금업자에게 빌려 쓴 후 가을에 수확한 농산물 대부분을 원금과 이자로 갚았다. 그 다음해 봄, 농민들은 다시 고리대금업자에게 돈을 빌렸다. 이것이 해마다 반복되어 그 결과 고리대금업자는 배를 불리고 농민의 가난은 지속되었다. 여기에 대해 Raiffeisen은 다음과 같이 제안하게 된다. “현재 여러분 집안에 보관하고 있는 돈, 액수가 크던 작던 그 돈들을 모읍시다. 동전 한 닢까지 모읍시다. 그 돈을 내년 봄 가난한 농민들부터 순서를 정해 놓고 빌려줍시다." 그렇게 돈을 빌려준 후 고리대금업자들이 받는 이자의 절반만 받았다. 이렇게 몇 년이 지나자 농민들의 생활은 훨씬 나아졌다. 이 방식이 라이파이젠 신용협동조합의 출발이 되었다.

그리고 이어 1860년에 독일과 덴마크를 중심으로 농업협동조합, 축산업협동조합, 수산업협동조합, 주택협동조합 등이 시작되었다. 그 당시 농민들은 가을에 수확한 농산물을 처리하는 과정에서 어려움을 겪고 있었다. 농산물 중 일부는 가족의 식량으로 사용되고, 농민이 직접 시장에 내다 팔 수 있는 양은 많지 않았다. 농민들은 대부분 농산물을 헐값에 중간유통상인들에게 넘겨야 했다. 농민들은 해결책을 마련하기 위해 돈을 모아 유통회사와 구판장을 만들어 직접 도매와 소매 유통을 시작하였고, 중간유통상인들에게 돌아가던 이윤은 출자한 농민조합원에게 돌아왔다. 이것이 바로 농업협동조합의 출발이었다.

그리고 소, 돼지, 닭을 키우는 축산농민들도 참여하였는데 이것이 축산업협동조합이 되었고 어촌에서 시작된 수산업협동조합 또한 비슷한 원리이다. 어민들은 돈을 모아 협동조합 구판장을 만들고 물고기들을 직접 팔았다. 경매를 통한 도매 유통과 소매 유통이 구판장에서 진행되었는데, 이전까지 유통상인들에게 돌아가던 이윤은 어민들의 몫이 되었다.

1800년대 후반 유럽의 도시지역에서 값비싼 주택을 장만하기 힘든 노동자와 가족은 똑같은 처지에 있던 동료와 친지, 마을주민들과 함께 돈을 모아 땅을 구입하고 집을 지어 주택 문제를 해결했다. 이것이 주택협동조합의 출발이 되었다.

로치데일 소비협동조합은 가난한 노동자 가족들이 필요로 하던 생필품을 안정적으로 조달할 수 있는 방법을 제시했다. 독일의 라이파이젠 신용협동조합은 고리대금업자들에게 고통받던 농민들을 구출하는 해법을 제시했다. 중간유통상인들에게 돌아가던 이윤을 되찾기 위해 농민, 축산민, 어민들이 힘을 모아 농업협동조합, 축산업협동조합, 수산업협동조합을 만들었다. 도시지역의 노동자와 서민들은 주택협동조합을 만들어 조금 더 싸게 주택을 마련하게 되었다. 이러한 일들이 1800년대 중반부터 후반까지 유럽 전역에서 시작된 다양한 협동조합의 출발이며, 곧 전 세계로 퍼져나갔다.

이와 같이 협동조합은 영국에서 비롯되었으나 비슷한 환경에 처한 유럽 전역과 북미를 중심으로 다양한 형태로 발전하였으며, 최근 2008년 글로벌 금융위기를 맞아 구조조정의 최소화, 빠른 경영 정상화 등으로 경제안정에 기여하게 됨에 따라 새로운 경제사회 발전의 대안모델로 주목을 받게 되었다. UN에서도 협동조합의 경제안정 효과 및 사회통합 기능에 주목하여 2009년 UN '136호 결의문(Resolution 64/136. Cooperatives in Social Development)'에서 2012년을 '세계협동조합의 해'로 선포하고 각국에 관련 법제도의 정비를 권고하였다.

우리나라는 1957년 「농업협동조합법」 제정 이후 1차 산업 위주로 협동조합 활동이 시작되었으나, 민간 주도의 자생적이고 자율적인 다양한 단체들을 수용할 만한 법률적 근거로는 불충분하였다. 때문에 협동조합에 대한 일반법이 없어 협동조합을 지향하고 협동조합적 사업 운영을 희망하나 법인격이 없어 애로를 겪고 있는 약 4천여 개의 협동조합 지향 단체들의 대표들이 모여 '협동조합기본법 제정연대회의'를 발족하여 입법 청원(2011년 10월)을 하였다. 이에 따라, 기존 8개의 개별법[02]에 의해 제한되던 협동조합의 설립분야 및 규모에 대한 규제가 2012년 12월 1일 「협동조합기본법」의 시행으로 해제되고, 협동조합의 성격에 부합하는 법인격을 창설함으로써 우리 사회에 필요한 다

02 8개의 개별법은 소비자생활협동조합, 농업협동조합, 수산업협동조합, 엽연초생산협동조합, 산림조합, 중소기업협동조합, 신용협동조합, 새마을금고 등으로 나뉜다.

양한 협동조합 설립이 활성화되기 시작하였다. 즉, 협동조합기본법은 기존 협동조합과 관련한 8개의 개별법 및 상법에서 포괄하지 못하는 생산자 · 소비자 중심의 협동조합에 독립된 법인격을 부여함으로써 경제적 활동을 가능하게 하였다.

2) 협동조합 현황

(1) 해외 협동조합 현황

1844년 로치데일 협동조합이 설립된 이후 유럽과 북미를 시작으로 소비자 협동조합, 농업협동조합, 신용협동조합 등이 발전되어 왔으며, 20세기 중반부터는 나머지 국가들에서 전국적인 조직체를 형성하며 발전하였다. 앞서 설명한 것과 같이 2008년 글로벌 금융위기 이후 다양한 협동조합들이 보여준 위기대응 능력과 회복 능력은 전 세계가 협동조합에 주목하는 계기가 되었다. UN은 2009년 제64차 총회에서 협동조합 성장의 결과가 사회 전체에 공유되고 빈곤 해소와 소득분배 개선에 기여하는 동시에 새로운 경제성장의 동력이 된다고 인식하고, 2012년을 '세계협동조합의 해'로 지정하였다. 현재 협동조합은 자본주의의 한계를 극복한 하나의 새로운 경제 주체로 인식되고 있다.

그리고 성장에서 지속 가능성으로의 패러다임 전환으로 지금까지 이익 확대를 위해서는 투자자 소유의 주식회사 구조가 가장 효율적이라는 지배적인 신념이 변화되었다. 경제성장의 둔화와 정체가 이루어지면서 지속 가능한 대안경제 모델에 관심을 갖게 됨과 동시에 전 세계적인 경제위기와 기업경영의 불확실성이 고조됨에 따라 협동조합 특유의 위험 회피적인 성격이 조직 및 경제 안정성에 기여하는 긍정적인 측면이 부각되었다.

미국과 유럽 등에서 여러 상업은행이 파산하는 중에서도 협동조합은행들은 오히려 성장하는 모습을 보였다. 경제위기 상황에서 다른 기업들이 구조조정을 통해 기업의 규모를 줄이는 상황에서 협동조합들은 오히려 신규 고용을 창출하며 성장세를 유지하였다. 이익극대화를 추구하며 무리한 투자를 진행하는 다른 기업들과 달리, 협동조합은 조합원을 위한 최상의 상품과 서비스에 집중하는 전략을 취함으로써 경제위기에서도 지속적으로 성장하는 모습을 보였다. 성공적인 협동조합은 윤리경영과 사회적 가치를 토대로 지역사회에 뿌리 내리는 것을 중시하고 지역사회에 대한 기여 및 지역공동체와 함께 발전하는 방향으로 사업을 전개하였다. Charles Gould 세계협동조합연맹 사무총장은 “경제적 가치를 추구하면서도 동시에 지역과 사람에게 기여할 수 있는 협동조합방식이 최상의 기업모델로 부각된다.”고 언급했다.

2014년 국제협동정상회의에서 발표된 세계협동조합 모니터 제3판(2014년 10월)에서는 최근 3년 동안 보고서에서 현재 전 세계적으로 등록된 협동조합에 근무하는 사람들은 약 250,000,000명, 2조 2천억 달러(2,205,700,000,000원)에 도달하여 11.6% 증가했다고 밝혔다. 세계협동조합 모니터는 국제협동조합연맹이 유럽협동조합 · 사회적 기업연구소(Euricse)의 체계적인 지원을 받아 2012년부터 시행한 프로젝트이며, ICA가 시행한 글로벌 300(Global300) 프로젝트의 연장선상에서 연구의 목표를 확대하고 조사방법을 지속적으로 검토하고 있다.

(2) 국내 협동조합 현황

2012년에 시행한 협동조합기본법 기반의 협동조합은 괄목할 만한 양적 성장을 달성했다. 2018년 12월 말 기준으로 전국에 설립된 협동조합 등의 수는 14,549개로 괄목할 만한 양적 성장을 이루었다. 구체적으로 보면, 일반협동조합의 수는 13,289개, 사회적 협동조합의 수는 1,186개, 일반협동조합연합회의 수는 63개, 사회적 협동조합연합회의 수는 11개로 설립이 용이한 일반협동조합의 비중이 월등히 높다.

2017년 협동조합 업무지침에 따르면, 2013년 3,197개, 2014년 6,010개(87.99%), 2015년 8,467개(40.88%), 2016년 10,640개(25.66%)로 증가율은 점차 줄어들고 있으나 꾸준히 설립이 이루어지고 있다. 특히, 일반협동조합설립 수의 증가율은 낮아지고 있지만, 사회적 협동조합의 설립 수는 꾸준히 증가 추세에 있다.

2017년에 실시된 협동조합 실태조사를 보면, 2016년 말 기준으로 법인 등기된 9,547개의 협동조합 중 약 53.4%인 5,100개만이 사업 운영 중인 것으로 파악되었다. 2015년 6,211억 원이던 총 매출액은 2017년 1조 3,873억 원으로 증가했지만, 당기순이익은 2015년 572억 원에서 2017년 190억으로 감소하였다. 자산은 2015년 1,665억 원에서 2017년 7,133억 원으로 증가하였지만 부채가 2015년 480억원에서 2017년 4,790억 원으로 약 10배 증가하였다. 협동조합에 고용된 총 취업자는 2015년 11,605명에서 2017년 27,129명으로 2.3배, 피고용인도 2015년 8,584명에서 2017년 22,093명으로 2.6배 증가하였다.

3. 마을기업

1) 개념

마을기업의 개념에 대한 정의는 명확히 하나로 정립되어 있지 않으며, 시대와 지역에 따라 다양하게 정의되고 있다. 우리나라의 경우는 행정자치부의 사업으로 마을기업을 "마을주민이 주도적으로 지역의 각종 자원을 활용한 수익사업을 통해 지역공동체를 활성화하고 지역주민에게 소득 및 일자리를 제공하여 지역발전에 기여하는 마을단위의 기업"으로 정의하고 있다. 여기서 마을이란 지리적으로 타 지역과 구분되는 경계를 가지면서 지역 내부에 상호 이해관계나 정서적 공감대가 형성되어 있는 곳을 말한다. 그리고 주도적이란 것은 마을주민 출자가 총 사업비의 10% 이상이며, 출자한 주민이 참여하는 의사결정 구조를 이루는 것을 의미한다. 그리고 지역의 각종 자원이란 지역의 특성화된 자연자원, 인적자원, 가공제품, 축제 등 유무형의 자원을 뜻한다.

이러한 마을기업은 지역 자체가 가지고 있는 능력, 즉 자원의 범위 안에서의 운영에 초점을 두며, 지역 환경을 파괴하지 않는 비즈니스를 추구하며, 궁극적으로 지역공동체 활성화에 목표가 있고, 이를 위한 수단으로 경제적 수단인 이윤을 추구한다. 마을기업은 지역 커뮤니티별로 가진 자원에 따라 다양한 사업을 전개할 수 있으며, 단순히 커뮤니티 활동만으로는 자생할 수 없으며, 마을기업을 통해 지역 커뮤니티 문제 해결, 경제활동, 인간성 회복 등이 복합적으로 이루어지고 있다.

원래 마을기업이란 용어는 영국의 커뮤니티 비즈니스에서 유래된 말이다. 커뮤니티 비즈니스는 1969년부터 영국정부의 '지방정부교부금 지원법'(Local Government Grant Act)으로 시작된 도시개발 프로그램(Scottish Urban Programme)의 일환으로 실시된 지역주도의 경제발전 사업들이라고 할 수 있다(Hayton, 1996; 1997; 2000). 영국의 커뮤니티 비즈니스는 1980년대 대처 정부하에서 신자유주의적인 시장개방정책에 대한 대안으로서 나타났다. 즉, 당시 대처정부가 신자유주의 이념에 기반을 두어 중앙정부 주도의 경제정책과 지역개발정책을 시행하고 있었던 것에 반해, 노동당이 장악하고 있었던 지방에서는 다소 진보적인 성격의 지역 커뮤니티 중심의 지역경제 개발방식을 채택했던 것이다(Leeming, 2002).

이러한 커뮤니티 비즈니스에 대한 지원정책을 처음으로 실시한 것은 1975년에 스코틀랜드의 지방행정구역 개편에 따라서 새롭게 신설된 행정구역인 스트래스클라이드(Strathclyde)의 지방행정기관이 지역의 실업 문제를 해결하기 위한 방안으로 커뮤니티 비즈니스를 지원하면서 시작되었다. 1984년에 지역의 각종 공공기관이 파트너십을 이루어 '스트래스클라이드 커뮤니티 비즈니스회사(Strathclyde Community Business Ltd: SCB)'를 설립하였다. SCB는 공식적으로 지역의 커뮤니티 비즈니스 조직에 대해 직접적인 정책지원을 실시하기 위해 설립된 기관이며, 당시에는 스코틀랜드뿐만 아니라 영국 전체에서 가장 큰 지원기관이었다(Buchanan, 1986).

이와 같이 영국의 커뮤니티 비즈니스는 지역의 커뮤니티가 주체(설립 · 운영 · 소유)가 되어 지역주민의 고용과 지역의 발전에 초점을 두고 운영하는 사업조직을 의미한다(Hayton, 1984). 즉, 커뮤니티 비즈니스는 "지역 공동체가 소유하고 운영하는 상업적 활동 기관으로 그 목적은 궁극적으로 지역주민들에게 자립적이고 지속될 수 있는 일자리를 제공함으로써 혜택을 주고, 또 이런 상업적 활동을 통해 얻은 이익은 좀 더 많은 일자리 창출과 지역 공공서비스 제공, 그리고 지역 봉사활동 지원 등에 사용되어야 한다"(Calouste Gulbenkian Foundation, 1982).

Buchanan(1986)은 이러한 커뮤니티 비즈니스를 지속적인 쇠퇴 과정에 놓여 있는 지역경제를 커뮤니티 중심의 관점을 적용하여 극복하기 위한 방법으로 논의하면서 "경제적인 목적과 함께 지역주민을 위한 일자리 창출 및 교육훈련 등과 같은 커뮤니티에 혜택을 주는 목표를 설정하고 있다"는 커뮤니티 비즈니스의 특징을 제시하였다. Hayton(1997)은 커뮤니티 비즈니스 특징으로 특정 지역에서 상업적 거래활동을 하면서 동시에 특정 소외 또는 장애인

계층의 주민들에게 일자리를 제공하는 것을 목표로 한다고 하였다. 이렇게 볼 때 커뮤니티 비즈니스는 주민들이 지역의 자원을 활용하여 지역의 사회적, 경제적, 환경적 과제를 해결하기 위해 비즈니스 원리를 도입하고 창출된 수익을 지역으로 환원하는 지역순환 경제활동을 말하며, 철저하게 현장 중심의 활동이고 현장 적용이 핵심적인 요소이다.

영국의 커뮤니티 비즈니스는 지역의 커뮤니티가 주체(설립 · 운영 · 소유)가 되어 지역주민의 고용과 지역의 발전에 초점을 두고 운영하는 사업조직을 의미한다(Hayton, 1984). 그리고 일본의 경우는 지역 자원에 초첨을 두고 있는데, Community Business Network(CBN)(2009)는 커뮤니티 비즈니스를 지역이 안고 있는 문제에 대해, 그 지역 주민들이 주체가 되어, 지역의 자원을 활용하여 비즈니스 형태로 해결해 나가는 것으로 정의하였다. 호소우치 노부타카(細內信孝, 1999)는 커뮤니티 비즈니스를 지역사회를 중심으로 주민이 친밀한 유대 관계 속에서 주체적으로 사업을 운영하는 것으로, 지역에서 잠자고 있던 원자재, 노동력, 노하우, 기술 등의 자원을 활용하여 자발적으로 지역 문제를 해결하고, 비즈니스를 성립시키며, 커뮤니티를 활성화하는 것을 목적으로 한다고 하였다.

오늘날 커뮤니티 비즈니스는 무너져가는 지역 경제를 발전시키고, 개인에게는 삶의 질을 향상시키는 공익을 추구하는 활동으로 인식되면서 지속 가능한 대안형 경제모델로 간주될 만큼 성장하고 있다. 이는 여러 가지 지역사회의 문제와 갈등을 그 지역사회의 주민 스스로가 비즈니스 활동을 통해서 해결하는 것으로 지역사회, 즉 '커뮤니티' 자체가 비즈니스 사업체가 될 수 있음을 보여준다.

이상의 논의에서 마을기업은 커뮤니티 비즈니스의 또 다른 이름으로 볼 수 있으며, 지역의 경제 활성화의 효과적인 대안으로 추진되어왔고 우리나라에서도 고령화와 분권화의 해결방안 중 하나로 주목을 받고 있다. 이러한 마을

기업은 지역이 직면하고 있는 다양한 사회 · 경제적인 문제점을 커뮤니티의 활성화와 비즈니스 방식을 도입하여 해결하는 것으로, 그 과정을 통해 지역 주민들의 유대감과 자긍심이 높아질 수 있다. 뿐만 아니라 지역 커뮤니티 스스로가 커뮤니티 솔루션 방식으로 문제 해결에 노력함으로써 행정비용을 절감할 수 있으며, 마을기업을 형성하는 과정에서 생성된 다양한 커뮤니케이션은 지역주민 상호간의 신뢰와 협력을 높일 수 있다. 그리고 마을기업은 지역의 새로운 경제순환체계를 만들어 내며, 지역 고용을 통해 일자리 창출이 이루어지고 이를 통해 지역민의 삶의 질이 증진될 수 있다.

결론적으로 마을기업을 통해 지역경제의 순환체계가 활성화됨으로써 지역의 잠재적 자원을 적극적으로 활용할 수 있으며, 새로운 시장가치의 창출도 가능하다.

2) 배경

마을기업은 위에서 살펴본 바와 같이 커뮤니티 비즈니스와 유사하다. 이러한 커뮤니티 비즈니스는 해외에서는 30~40년 전부터 본격적으로 추진되었지만 우리나라의 경우는 2010년경에 시작된 것으로 그 역사가 짧다. 마을기업의 배경은 그 개념이 유사한 해외 커뮤니티 비즈니스의 유래와 배경을 살펴보면 이해하기 쉽다.

영국은 1970년대의 경제 약화로 신자유주의 통치이념에 입각해 자유시장경제를 강조하여 완전고용을 포기하고 복지에 대한 국가의 역할이 축소되었다. 개인의 책임을 강조하면서 복지 지출을 급격히 감소시키려 했던 시기였기에 실업, 빈곤 등으로 양산된 사회 문제가 심각하였고, 고용 및 임금보호 철폐와 노동유연화 정책으로 실업, 빈곤 문제가 확대되었다. 이러한 배경에서 커뮤니티 비즈니스는 사회 문제를 국가가 아닌 사회 연대에 의해 해결하고자 1970년대 말 등장하였다(라영재, 2010).

그리고 일본은 인구가 노령화되고 지역경제의 지속적인 악화로 인해서 나타난 지역의 침체가 1980년대 후반부터 1990년대 중반 버블경제 붕괴로 이어지고, 젊은이들이 도시에서 빠져나가는 이른바 도시 유출로 지역경제 기반이 약화되는 등의 문제가 발생하기 시작하였다. 이러한 일본형 이너시티(inner city)[03]가 발생하기 시작하자 슬럼화된 지역을 활성화시키기 위한 방안을 찾기 위하여 몰두하기 시작했다. 이러한 일본의 커뮤니티 비즈니스는 1994년 호소우치 노부타카에 의해 주장되었으며, 그 후 중앙정부 및 지방정부에서 관심을 갖고 각종 지원사업을 실시하고 있다. 이와 같이 커뮤니티 비즈니스는 고령사회의 진전, 소비자 기호의 다양화, 경제의 글로벌화, 중앙정부 및 지방정부의 재정 악화, 고용형태의 변화 등의 다양한 요인이 배경이 되어 등장하였다(일본 광역관동권산업활성화센터, 2003).

이와 같이 영국에서는 낙후 및 침체지역에 대한 집중 지원을 통해 지역공동체 회복(지역재생)을 달성하기 위해 국가 및 지방자치단체 차원에서 추진하였으며, 일본의 경우는 2000년 이후 지역활성화를 위한 마을 만들기 사업의 일환으로 본격적으로 활용하여 영국은 약 5만 5천개, 일본은 약 8천개의 커뮤니티 비즈니스가 설립되었다. 시장규모는 영국의 경우 약 50조 원, 일본의 경우 3.1조 원에 달하는 것으로 나타났다(ソーシャル・ビジネス研究会, 2008).

한국에서의 마을기업은 지역공동체 회복과 취약계층의 실업률을 감소시키고자 하는 정책의 일환으로 지역주민에게 일자리를 제공하여 마을 만들기 사업과의 유기적인 연계를 통해 마을기업을 육성하여 지역의 리더와 인적자원을 육성하고자 하는 방향에서 시작하였다. 즉 외환위기 이후 계속된 고용 없

03 인구의 급격한 유출로 인하여 퇴화, 슬럼화된 대도시 중심부를 말한다.

는 성장의 구조화, 재정건전화 기조 속에서 새로운 대안 및 블루오션의 전략적 발굴 · 육성을 위하여 전략적으로 마을기업 사업을 추진하고자 하였다. 2011년 이전까지 마을 만들기 사업 등은 관 주도 지원방식으로 추진되어 불요불급한 사업추진 및 서비스 과잉공급 등을 초래하여 왔기에 이를 극복하기 위하여 행정에서는 간접적으로만 지원하고 주민 주도로 내실 있는 경영을 통해 지역 문제와 과제 해결을 유도하고자 하였다. 지역 실정을 잘 인식하고 있는 자치단체를 중심으로 지역 거버넌스를 통해 지역 특성에 맞는 사업을 육성할 수 있도록 사업 패러다임을 전환하고자 안정적 일자리 대책의 일환으로 본격 추진되기 시작하였다(행정안전부, 2011).

마을기업 육성사업의 전신인 '자립형 지역공동체 사업'은 2010년 행정안전부 공모사업으로 시작되었고 당초에는 '커뮤니티 비즈니스' 사업이라는 명칭으로 추진되었으나 서민을 위한 일자리 사업의 명칭으로 영문은 부적절하다는 의견을 반영하고, 기존의 취약계층을 위한 직접 일자리 사업인 '지역공동체 일자리사업'과의 차별화를 위하여 마을공동체 단위의 소규모 단체를 비즈니스 중심의 기업으로 육성하기 위한 사업으로 개선하고자 자립형이라는 명칭을 붙여 사용하였다. 이후 2011년부터 현재까지 마을기업이라는 명칭으로 변경되었다.

자립형 지역공동체사업은 2010년 9월부터 2011년 2월까지 약 6개월의 시범사업으로 지역 인재와 자원을 활용하여 안정적인 소득 및 장기 일자리를 창출하려는 목적으로 진행되었고 초기에는 생활지원 복지형의 마을기업이 많이 있어 사회적 기업과 사업 유형이 중복되는 사례가 많았다. 이후 2013년부터는 사회적 기업과의 차별성을 적극적으로 모색하여 현재의 마을기업 형태로 자리잡게 되었다(양세훈, 2017).

이와 같이 마을기업과 커뮤니티 비즈니스의 등장 배경은 국가마다 다양하다. 우리나라의 경우, 마을기업은 다른 나라들과는 상이한 등장배경을 가지고 있으며 정리해 보면 다음과 같다. 첫째, 자본의 지역 편중 심화를 들 수 있다. 자본이 특정 지역에 편중되면서 상대적으로 배제가 되는 지역은 산업 공동화와 고용 악화 현상이 갈수록 심화되고, 이는 실업의 증가 등 지역의 발전을 저해하는 주요 요인이 되어 이에 따른 막대한 사회적 비용의 지출이 불가피하게 된 것이다. 둘째, 인구 감소 및 고령화 사회의 진입이다. 수도권을 제외한 전 국토의 인구의 감소는 보다 급격히 진행되고 있으며, 고령 인구의 비율 역시 급증하여 초고령화 사회로 진입할 것으로 전망되는 가운데 인구 감소와 고령화는 생산 가능 연령 인구의 감소로 이어져 지역 경제에 치명적인 영향을 주었다. 셋째, 지방자치단체의 재정 악화이다. 지방분권이 가속화됨에 따라 대부분의 지자체는 재정자립의 약화가 불가피해지고, 인구의 고령화 및 실업의 증가, 그리고 원도심의 쇠퇴 등으로 인하여 재정수요가 늘어나게 되었다. 넷째, 지역의 문제 해결 및 활성화이다. 지역 커뮤니티의 부활은 지역의 문제 해결 및 활성화를 위한 전제조건이며, 이에 따라 마을기업이 이러한 문제를 해결할 수단으로 주목을 받게 되었다.

3) 지원제도

우리나라에서는 마을기업의 기대효과에 따라 행정자치부가 마을기업에 대한 제도적인 지원에 나서고 있다.

(1) 사업비 지원

현재 우리나라에서 마을기업 지원제도 중 가장 큰 비중을 차지하는 부분은 사업 초기 인프라 구축에 큰 도움이 되는 사업비 지원이다. 마을기업의 사업기간은 1년 단위로 이루어진다. 2015년을 기준으로 보면, 사업기간은 2015

년 1월~12월까지이다. 지원기간은 사업개시일(약정서에 정한 날)부터 해당 연도 12월 31일까지이며, 최장 2년간(1+1) 지원을 한다. 당해 마을기업의 지속적인 수익 및 일자리 창출 가능성 등을 종합적으로 감안하여 1차년도 사업종료 후 1차년도 사업성과 및 2차년도 사업을 재심사하여 선정한다. 지원내용은 1차년도에 50백만원, 2차년도에 30백만원으로 총 80백만원 한도 내에서 사업비를 지원한다. 총 사업비의 10% 이상을 공동출자하여 자부담한다. 매년 우수마을기업을 선정하여, 순위에 따라 최대 5,000만원의 사업비를 지원한다.

(2) 자립 지원

사업비 지원 외에 자립 지원을 위하여 교육, 경영컨설팅, 판로지원 등 다양한 부문에서 지원이 이루어지고 있다.

① 마을기업 종사자, 창업희망자, 일반인에 대한 교육 실시
② 마을기업 경영 상황을 파악하여 일상적 경영자문서비스 제공
③ 연 1회 이상 전국단위 마을기업 박람회 참여
④ 백화점, 지역 유통점, 온라인 판매처 등과 연계하여 판로 개척 · 확대
⑤ 우수기업과 신규기업을 멘토-멘티로 연결하여 경영노하우 전수

이와 더불어 마을기업의 설립 및 운영에 필요한 경영 · 기술 · 세무 · 노무 · 회계 등의 분야에 대한 전문적인 자문 및 정보제공을 지원하기 위하여 전국 16개 지역에 권역별 마을기업지원기관을 선정하여 업무를 위탁하고 있다. 그리고 마을의 지역성과 공동체성을 살린 창의적인 아이디어를 발굴하고, 비즈니스 모델로 발전시키기 위해 육성을 하고 있다.

사례 연구 1

해외 협동조합의 사례: 스페인 몬드라곤

1. 개요 및 현황

스페인 몬드라곤 협동조합의 역사는 1940년대 스페인 바스크 지역의 몬드라곤 마을에서 José Maria Arizmendiarrieta 신부로부터 시작되었다. 1943년 지역 발전에 교육을 우선시하여 소년들에게 산업기술을 가르치는 직업기술 과정을 개설하였고, 1956년 직업기술 학교 졸업생 5명이 힘을 모아 '울고르(ULGOR)'라는 석유난로를 생산하는 협동조합을 설립하였다. 1962년 직업학교가 기술전문대학으로 발전하였고, 1974년 '이켈란 연구소'를 설립하였으며, 1977년 조직을 통합하여 '몬드라곤 대학교'를 설립하였다.

몬드라곤 그룹은 260개의 기업 및 조직체를 보유하고 있으며, 이 중 120개가 협동조합 형태로 운영되고 있다. 몬드라곤 그룹의 종사자는 8만 3,000여 명으로, 이 중 39.7%가 바스크에 근무하고 있으며, 약 3만 5,000명이 몬드라곤 전체 출자 지분을 나눠가진 조합원이다. 몬드라곤 그룹의 매출 규모는 연 140억 유로(20조원 대)에 이르며, 스페인 매출 9위, 종업원 수로는 3위인 세계 최대의 노동자 협동조합이라고 할 수 있다.

José Maria Arizmendiarrieta 신부는 추진력과 미래에 대한 거대한 비전을 가지고, 자본에 대한 사람의 우위, 자본 및 경영에의 직접적인 참여를 통한 회사에 대한 높은 헌신성을 형성하였다. 그리하여 노동자협동조합을 금융과 창업컨설팅, 연구, 개발, 사회복지사업을 담당하는 전문협동조합과의 접착제로 활용함으로써 크게 발전하였다. 몬드라곤 협동조합은 협동조합 관점의 적극적인 사업 접근방식으로 창출된 모든 자본 및 자원을 조합으로 실질적인 재투자를 하고 있다. 또한 환경변화(국내외 정세 등)에 대응하여 지속적인 확산, 효율적인 내부 협동수단의 창조, 지속적인 교육과 훈련을 활발히 하고 있다.

2. José Maria Arizmendiarrieta의 철학과 사상

몬드라곤 그룹을 창립한 José Maria Arizmendiarrieta 신부의 삶은 젊은이의 교육훈련에 대한 열정, 종교, 협도의 형태를 띤 연대 그리고 사회 정치적 환경에 대한 균형적인 시각으로 요약될 수 있다. 그는 제2차 세계대전 이후 공산주의와 전체주의의 가운데서 열린 마음, 진화적인 사고를 갖고 개인적인 이해와 집단적인 이해의 조화를 찾이 협동조합주의를 구현하였다. 그렇기 때문에 자본 중심이 아닌 사람 중심의 기업을 구현하고자 하였고 모든 것은 사람을 위주로 진행되어야 된다고 믿었다. 하지만 그의 협동조합 설립의지와 노력은 기업의 설립에만 그치지 않고 새로운 공동체와 인류를 겨냥한 것이라고 할 수 있다. 그렇기 때문에 현재 지배적인 자유 자본주의를 대체할 수 있는 새로운 대안 사상이 있다면 바로 인간 중심의 기업, 지역사회를 중심으로 배태되는 협동조합주의라고 할 수 있다.

3. 주요 특징

몬드라곤 그룹은 출자금과 가입금으로 운영되며 주식은 존재하지 않는다. 각 조합원은 회사에 자기의 자본구좌를 갖고 있으며 1960~1965년까지 일한 시간과 임금 수준에 비례하여 이익금이 지급되었다. 이익금(비용을 공제한 잉여분)의 최소 10%는 교육, 문화, 자선사업을 위해 매년 따로 떼어 놓으며, 이사회가 결정한 몇 퍼센트의 이익금은 회사의 적립금으로 적립된다. 1966년 이후 사업 확장을 위한 자금 투자와 지원을 위해 자본을 축적할 필요성을 느낀 José Maria Arizmendiarrieta와 울로, 울라르코의 지도자들을 조합원들에게 설득하여 현금지불을 없애기로 하였다. 그 결과 1959년에는 1969년까지 적립금 비율을 35%에서 52.6%로 증가시키고, 1970년대에는 10.8~29%를 유지하였다. 1980년 경기침체기에 울라르코는 50%의 적립금 비율을 유지하였다.

협동조합의 유대와 확장을 위해서 조합을 떠나는 조합원에게는 다음과 같은 조건을 적용하였다. 즉, 정년퇴직 전 스스로 회사를 떠나고자 하는 사람들은 이사회에서 그 이유가 합당하다고 판단되면 자본구좌의 돈을 모두 가져갈 수 있으나 협동조합의 경쟁사에 들어가기 위해 떠난다면 협동조합에서는 그 조합원의 자본구좌에서 20%를 공제할 수 있다.

협동조합이 발전하는 과정 중 다음과 같은 필요에 의하여 여러 가지 협동조합이 설립되었다. 노동인민금고는 노동자 생산협동조합 및 기타 협동조합을 창설하고 확장하는 데 필요한 자금을 지원한다. 기술적인 지원과 대부, 기타 지원은 노동인민금고의 영향력과 힘의 기초가 되었다.

노동인민금고와 개별 협동조합 간의 협정은 당사자뿐만 아니라 연합한 협동조합의 주요한 내부 정책과 구조까지도 규정한다. 각 회원 협동조합은 노동인민금고에 분담금을 내고 모든 은행 거래를 노동인민금고와 해야만 하며, 4년에 한 번 사회적 및 기업적 관점에서 회계감사를 받아야 한다. 원칙상 실습기간이 끝난 노동자는 조합원이 되어야 하며, 비조합원은 전체의 10%를 넘을 수 없다. 협동조합에 가입하기 위해서는 조합원은 출자금을 내고 가입금을 내야 하며, 가입금은 출자의무금의 25%를 초과할 수 없다. 모든 회원 협동조합의 목적은 각 협동조합의 재정 능력의 범위 내에서 최대의 일자리를 만드는 것이다. 협동조합은 추가생산을 통해 시장에서 이익을 남길 수 있다면 신규투자를 해서라도 고용을 증대시켜야 한다.

몬드라곤의 설립자들은 기업가적인 재능과 추진력으로 협동조합운동을 시작하였으나 그들을 이끈 것은 개인주의적인 경쟁의식이 아닌 사회적 전망, 즉 사회적 기업가정신에 입각한 제도를 창조하였다. 노동인민금고는 개발은행의 성격을 띠고 있어 기업가를 확보하기 위한 적극적인 프로그램을 개발하였으며 이러한 필요에 부응하여 기업국을 만들어 협동조합의 재생산을 유도하였다.

4. 성공 요인

스페인 바스크 지방에서 몬드라곤 그룹이라 불리는 경제사회현상이 출현한 성공적 요인으로 다음의 5가지를 들 수 있다. 첫 번째 몬드라곤에는 도제학교 및 후에 설립된 전문대학의 후원으로 개발된 제조업의 전통과 산업의 역사가 있었다. 둘째, 미래에 대한 비전을 가지고, 창의력과 끊임없는 추진력을 가진 José Maria Arizmendiarrieta의 영감과 열정이 있었다. 셋째, 최초의 협동조합을 설립한 기술이 있고 동적이며 열정 있는 젊은이들이 있었다. 넷째, 젊은 설립자들과 더불어 폭넓은 그룹의 개척자, 협력자, 블루칼라 노동자들로서 언론이나 뉴스에는 나오지 않으나 몬드라곤 그룹의 성공에 반드시 필요했던 '알려지지 않은 협동조합 멤버'가 있었다. 다섯째, 국가 통제와 자금이란 경제적 환경으로서 몬드라곤의 출현과 일치하며 1960년대 스페인의 경제 성장과 맥을 같이 하여 GDP 성장률이 연평균 8%를 기록하였다. 이러한 환경이 몬드라곤의 초기 도약에 추진력을 제공하였다.

사례 연구 2

일본 가와바 마을 사례[04]

마을기업의 해외 사례는 그간 다양한 측면에서 소개되었으나 최근 일본의 가와바 마을 사례가 혁신성 및 지역성 차원에서 많이 언급되고 있다. 가와바 마을은 일본 군마현 북부지역에 위치하고 있는데 총 면적 85.25km^2 중 83%가 숲으로 이루어져 있으며, 이 중 55%가 국유림이고 평지가 7%에 불과한 자연이 풍부한 산촌마을이다. 2015년 기준 인구는 3,647명으로 젊은 층은 지속적으로 감소하는 반면 고령자가 증가하여 고령화율이 40.7%인 일본의 전형적인 초고령사회로 소멸 가능성이 있는 인구과소 지역으로 평가되고 있다.

산촌마을로 기간산업은 곤약, 쌀, 사과 등을 재배하는 농업으로 별도의 산업이 형성되기 어려운 상황으로 1965년 이후 인구감소 추세를 완화하기 위하여 관광 및 교류의 증가를 통해 농가소득을 향상하고자 1975년 농업 플러스 관광이라는 융합마을 프로젝트를 행정차원에서 진행하였다. 관광시설 정

04 국가균형발전위원회에서 지난 5월 11일에 진행한 한일 마을기업 성공사례 및 정책과제 발표자료의 내용을 발췌 정리함

비를 시작하고 1977년 SL기차 호텔 완공, 1989년 가와바 스키장 완공, 1998년 '길의역' 전원플라자 가와바(주) 오픈, 2014년 라이스 센터 건설 등 지속적으로 관광 활성화를 위한 정비를 진행하였다. 이와 연계하여 1980년부터 2000년 상반기까지 기반시설인 하수도 정비, 1982년 신칸센 개통, 1985년 칸에츠 고속도로 개통 등 도로교통망 정비, 지역버스 운행 개시, 문화회관 및 자료관 정비, 토지개량 사업 등을 추진하여 공공시설을 정비를 병행함으로써 관광 활성화를 위한 기반시설을 완비하여 본격적인 관광 활성화 사업을 진행하게 되었다.

이러한 과정에서 1979년 동경도 세타가야구의 '제2의 고향 프로젝트'가 진행되면서 1981년 가와바 마을과 동경 세타가야구 간 구민건강 마을 상호 협력 협정을 체결하였다. 이를 통해 세타가야구 고향공사(주)를 설립, 1985년 동경 세타가야 구민 이용시설을 건설하여 도농교류 확대를 동시에 추진함으로써 관광 및 도농교류를 기반으로 한 가와바 마을의 활성화 사업이 본격적으로 진행되기 시작하였다.

다양한 관광 및 도농교류의 전기를 마련한 이 사업은 1992년부터 1998년까지 연면적 약 60,000m2의 부지에 조성한 전원플라자 가와바 사업이었다. 일본은 전통적으로 '길의역'이라 불리는 휴게소가 지역의 주요한 관광 거점으로 운영되고 있다. 가와바는 이러한 길의역을 지역특산품 직판장으로 활용하여 소비 확대, 주민상호 및 주민(가와바) · 구민(세타가야구)의 정보교환 및 교류장소, 방문객에 대한 구매 수요에 부응하여 마을소비로의 전환 · 확대, 마을교통의 기점 및 터미널로의 기능, 지역 청년층을 대상으로 한 취업기회 제공, 특산품의 고부가가치화 달성을 위한 목적으로 적극적으로 운영하도록 하였다.

이를 위하여 (주)전원플라자 가와바를 지방채, 국고보조금, 군마현의 지방보조금뿐만 아니라 마을주민들의 출자금, 지역상공회 · 산림조합 · 낙농조합 등 유관단체, 군마은행 등 금융기관, 도농교류를 위한 고향공사 등 공동출자방식을 통해 설립하여 지역주민 중심으로 운영하기 시작하였다. 특히 이러한 지역주민 중심의 사업추진과 병행하여 전문 경영인을 선임하여 사업운영의 효율성도 동시에 달성하고자 노력한 결과, 연간 150만 여명이 방문하는 주요한 관광도시로 발전하게 되었다.

현재는 길의역 외에도 동경도 긴자에 군마현 종합정보센터를 조성 운영하여 군마현 관광객 유치를 위해 노력하고 있으며, 해외에 가와바 마을을 알리기 위하여 전원 플라자 가와바(주)가 출자한 KAWABA KOREA(주)를 설립하여 지역의 물적 · 인적 교류, 해외판매 확대를 통한 수익창출, 주민과 지역을 위한 해외 교두보를 마련하기도 하였다. 또한 우드 빌리지 가와바(주)를 설립하여 미이용 목재를 활용하여 목재 바이오매스 발전을 추진하고 이를 통하여 폐열활용 농업지원, 동경도 세타가야구에 전기판매 등을 통해 도농교류 기반 사업을 추가적으로 확대하고 있다. 아울러 6차 산업으로의 확대를 위하여 가와바 지역 쌀의 브랜드화를 통해 '유키호타카'라는 브랜드를 만들고 (주)유키호타카라는 법인을 설립하여 농가 중심의 생산조합으로 생산 · 가공 · 유통 및 네트워크화를 통한 추가적인 관광 활성화를 도모하고 있다.

이러한 가와바 마을의 사례는 인구과소지역이라는 지역의 문제와 농업 중심의 산업구조와 산림 등 자연자원이 풍부한 지역자원에 기반을 둔 비즈니스를 지역주민과 행정이 출자라는 방법으로 연계하여 법인을 설립하고 주민들이 주도적으로 사업을 추진한다는 점에서 그 의의가 있다고 할 수 있다. 특히 추가적인 사업화를 통해 지속 가능성도 동시에 확보하기 위해 노력하는 한편, 얻어지는 수익으로 지역 내 청년 일자리 제공, 지역사회 공헌 등을 통해 순환경제를 달성하려 노력하고 있다는 점에서 시사점이 있다고 하겠다.

참고문헌

기획재정부 (2013). 아름다운 협동조합 만들기. 기획재정부.

기획재정부 (2017). 협동조합 업무지침. 기획재정부.

김병규 외 (2017). 부산광역시 제2차 협동조합 활성화 기본계획, 부산광역시 · 사회적 기업연구원.

김성오 외 (2013). 우리, 협동조합 만들자. 겨울나무.

김창규 (2010). 지역사회를 비즈니스하다. 아르케.

아이쿱 (2018). 아이쿱넷 2017년 연차보고서. 아이쿱생협사업연합회.

양세훈 (2012). 마을기업과 사회적기업의 거버넌스. 이담북스.

양세훈 (2017). 지역공동체 회복 정책수단 마을기업. 이담북스.

이진백 (2017). 아이쿱생협 경영 20년사. 좌담회에 대한 현장 기록. www.lifein.news

이철선 외 (2017). 2017년 협동조합 실태조사. 기획재정부 · 한국보건사회연구원.

조은상 (2009). 사람중심기업, 몬드라곤 협동조합의 사례. 한국인사관리학회 2009 춘계학술대회 발표 논문집.

최우일 (2014). 정부의 정책 및 내외환경이 마을기업의 성과와 지속 가능성에 미치는 영향에 관한 연구: 마을기업의 지정요인을 중심으로. 인하대학교 박사학위논문.

토야마 교타로 (2018). 가와바 마을 만들기. 한일 마을기업 성공사례 및 정책과제 발표 자료(5.11). 국가균형발전위원회.

행정안전부 (2011). 마을기업 육성사업 시행지침.

행정안전부 (2018). 2018년 마을기업 육성사업 시행지침.

호소우치 노부타카 편저 (2007) 지역사회를 건강하게 만드는 커뮤니티비즈니스: 인간성 회복과 자율적인 사역사회 만들기. 아르케.

호소우치 노부타카 편저 (2008). 우리 모두 주인공인 커뮤니티 비즈니스. 이매진.

후지이 아쓰시 (2017). 지진피해지역 고베의 커뮤니티 형성과 커뮤니티 비지니스.

2017 사회적 경제 한일교류 세미나 발표자료 (8.23). 서울사회적경제지원센터.

Calouste Gulbenkian Foundation (1982). Comunnity Business Works.

Hayton, K. (1995). Community involvement in economic regeneration lessons from North East England. *Community Development Journal*, *30*(2), 169-179.

Hayton, K. (1996). A critical examination of role of community business in urban regeneration. *Town Planning Review*, *67*(1), 1.

McArthur, A. A. (1986). An unconvenrional approach to economic development: the role of community business. *Town Planning Review*, *57*(1), 87.

한국사회적기업진흥원 홈페이지 www.coop.go.kr

CHAPTER

13 사회적 기업의 미래와 전망

- 1. 사회적 기업의 미래
- 2. 미래 사회적 기업가정신의 핵심 과제
- 3. 미래 사회 변화를 위한 촉매적 혁신

Chapter 13

사회적 기업의 미래와 전망

낙관론자들은 사회적 기업의 미래는 사회적 문제를 해결할 수 있는 혁신과 가능성으로 가득 차 있다고 말한다. 또한 지역사회와 공동체를 배려하지 않고 시장 중심의 경쟁과 이윤의 극대화를 목표로 하는 영리기업들은 소비자들과 공감대를 형성하기가 점차 어려워질 것이라고도 한다. 진보 사상을 가진 사람들은 우리 사회가 북유럽의 국가들처럼 복지 중심의 국가로 가는 것이 옳은 길이라고 주장하기도 한다.

사회적 가치를 추구하면서 지속 가능한 경영을 근간으로 하는 사회적 기업이 과연 국가 경제의 한 축이 될 수 있을까?

마지막 장에서는 사회적 기업의 미래와 전망에 대해 생각하기로 한다. 사회적 기업의 미래가 될 수 있는 기회로서 새로운 분야, 조직 형태, 그리고 특성에 대해 알아보기로 한다.

1. 사회적 기업의 미래

사회적 기업의 미래에 대해서 연구자나 사회적 기업가는 다양한 의견을 제시하고 있다. 먼저 개인이나 재단 등에서 제시한 사회적 기업의 미래에 관한 대표적 주장을 몇 가지 소개한다.

> 사회적 기업의 모델은 실패하면 도태되는 시스템에서 실패해도 한 걸음 더 진보할 수 있는 시스템(fail-safe model to safe-fail model)으로 변화하고 있는 중이다. 성공적인 사회적 기업의 미래를 위해 우리는 더 많은 시도를 해야만 한다.
>
> Shrashtant, vice President, DA Group.

> 많은 기업들이 제한된 자원을 가지고 경쟁함에 따라 사회적 기업이 합병이 시작될 것이다. 인수와 합병을 통해 사회적 기업은 더욱 투명해지고 보다 효율적인 경영관리가 이루어질 것이다.
>
> Yashveer Singh, National SE Network

> 사회적 기업에서 실패는 없다. 다만 아이디어의 실행이 일시적으로 지연될 뿐이다. 우리는 초기의 어려움을 겪는 사회적 기업가들이 어려운 시절을 버틸 수 있고 기회를 잡아 비약할 수 있도록 지원하는 시스템을 필요로 한다.
>
> Joe Madiath, Founder & CEO, Gram Vikas

> 많은 사람들의 도전을 받는 이러운 사회적 문제에 대한 도전이 평범한 사회적 기업과 변화를 주도하는 사회적 기업을 구분하게 할 것이다.
>
> Bindu Ananth, President, IFMR Trust

특히 지속적으로 진화하는 사회적 변화에 대한 attention curve의 본질에 대해서 주의 깊게 생각할 필요가 있다. attention curve는 Mark Beam에 의해 최근에 사회과학에 등장한 용어로 '사회적 선에 대한 투자(capita for good)에 대한 수용과 거부의 순환'을 의미한다.

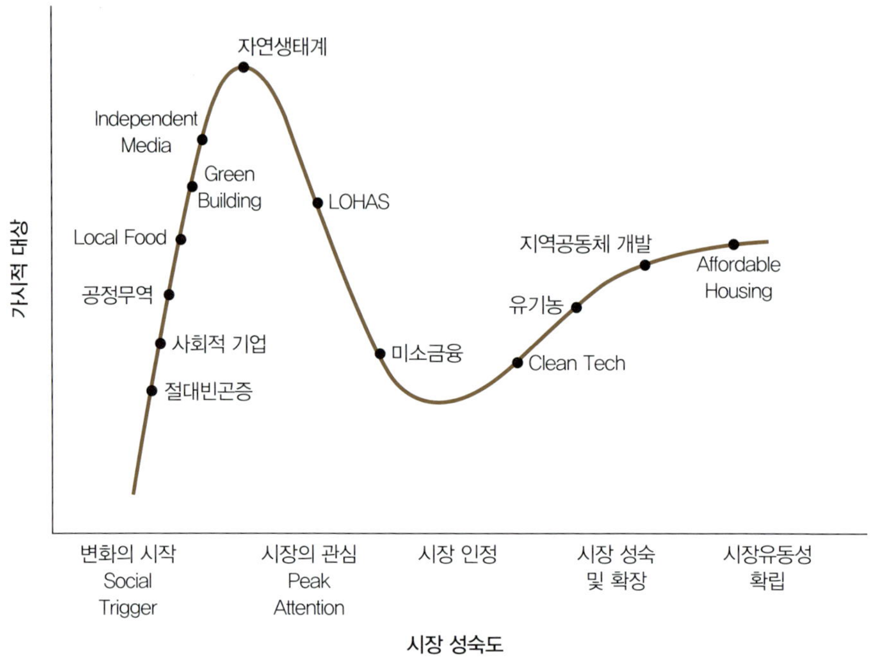

그림 13-1 Attention Curve: The Capital Market for Good

출처: Impact assets Issue Brief No. 2.

이는 사회적 기업가정신, 공정무역, 그 밖의 사회적 가치가 어떻게 소비자에게 수용되는가를 보여주는 그래프이다. 'social trigger'는 사회적 가치와 경제적 가치를 창출할 수 있는 새로운 방법이 개발되어 확장될 때 발생한다. 새로운 사회적 기업이 설립되면, 그 기업의 아이디어가 사람들에 의해 어느 정도 수용되기 시작한다. 초기의 성공은 기술적인 것과 관련될 수도 있으나, 미소금융 · 공정무역같이 대부분의 경우 새로운 거래방법이 개발되거나 새로운 시각에서 과거에 대한 프로세스 혁신(process innovation)에 의해 이루어진다. 어떤 경우든 이러한 'social trigger'는 다른 사람들로 하여금 기존의 고정관념에서 탈피하여 새로운 시도로 새로운 가치를 창출한다. 그리고 새로운 관심을 불러일으키고 새로운 시장이 형성되기 시작한다. 전형적으로 이러한 관심은 최고점에 다다를 때까지 지속적으로 고조된다. 최근의 환경보호가 이러한 관심의 순환을 보여주는 전형적인 사례이다. 물론 최고점에 도달한 순간부터는 사람들의 관심은 감소하기 시작하겠지만 이때가 그 분야의 정점을 보여주는 시기라 할 수 있다. 시장에서의 높은 관심은 자금의 흐름을 원활히 하고 이윤을 창출하지만, 어떤 것들은 시장에서 서서히 도태되고 만다. 이러한 시기를 'period 1'이라 하고 '시장 인정(market acceptance)'이라 한다.

아이디어가 지속적인 효력을 나타낼지 혹은 시장에서 도태될지 결정되는 시기라 할 수 있다. 시장에서 아이디어가 인정을 받으면 자금과 이윤에 의해 시장은 확장되고 발전하며 새로운 사업자가 참여하는 성숙한 시장이 한동안 지속된다. 마지막으로 시장에 의한 아이디어의 인정은 시장 유동성으로 이어지고, 결과적으로 실현 가능하고 자연스러운 투자 기회를 제공한다. 여기서 시장유동성이란 개인이나 기업이 자산을 가격의 큰 변동 없이 사거나 팔 수 있는 시장의 안정성을 의미한다.

참고로 [그림 13-1]의 표기된 LOHAS(lifestyle of health and sustainability)는 공동체의 보다 나은 삶을 위해 건강과 환경, 사회의 지속적인 발전 등을 생각하는 소비자들의 생활패턴을 이르는 말이다.

2. 미래 사회적 기업가정신의 핵심 과제

Tracy와 Phillips(2007)는 사회적 기업가정신에 도전하는 세 가지 핵심 문제점을 지적하였다. 그들은 경영에 대한 책임(managing accountability), DBL의 관리(managing double bottom line), 경영의 정체성(managing identity)이

사회적 기업가가 직면하는 가장 중요한 도전이라 주장하였다. 〈표 13-1〉은 조직 형태에 따라 사회적 가치와 경제적 가치 창출의 방법을 나타내고 있다. 표의 왼쪽은 순수비영리기관이고 오른쪽으로 갈수록 영리기업의 성격이 강해진다. 오른쪽의 영리기업은 이윤 창출의 동기를 가지고 주주의 가치를 최대화하는 것을 주요 목적으로 하는 주식회사가 대표적인 조직 형태이다.

표 13-1 조직 형태에 따른 사회적 가치와 경제적 가치 창출

조직 형태	순수비영리기관 (traditional non-profit)	수익활동 비영리기관 (non-profit with income genetating)	사회적 기업 (social enterprise)	사회적 책임 기업 (socially responsible business)	사회적 책임 수행기업 (corporation practicing social reponsibilit)	전통적 영리기업 (traditional for-profit)
가치 창조 활동	• 정부보조(grant) • 기금 모금 • 자원봉사 • 기부	• 정부보조 (grant) • 기금모금 • 자원봉사 • 기부+수익활동	• 정부보조 (grant) • 영리활동	• 장기자금 (patient capital) • 영리기업	• 영리기업	• 영리기업
사례 기업	• 고아원 • food bank	• 아름다운 가게 • habitat for humanity • 구세군(thrift store)	• TOMS shoes • TFA	• B corp • *better world books	• carpbell soup • SK group	• 삼성증권 • 우리은행 • 동부화재

순수 비영리기관 ⟷ 영리기업

출처: Alter (2007).

"우리의 목표는 지식을 갈망하는 사람들에게 지식을 공유하고 나누는 사람들을 돕는 것입니다. 이것이 우리의 모든 행동과 여러분의 책 구매가 이 목표를 위해 자금을 대는 것을 돕는 이유입니다."

Better World Books 사이트 발췌, 중고 대학 서적 판매업 중간에 위치한 사회적 기업은 영리기업과 공통점이 많지만 사업의 아이디어(기회)와 추구하는 가치 측면에서 중요한 차이가 있다. 사회적 기업은 기아와 빈곤 같은 사회적 문제를 해결을 위해 노력하고 성과 측정을 사회적 가치의 실현에 중점을 둔다. 궁극적으로 사회적 기업가의 목적은 삶의 질을 향상시키는 것이며, 지속적 경영을 위해 경제적 가치를 추구하는 것이다. 경제적 가치는 목표를 위한 수단이지 결코 사회적 기업가의 목표가 될 수 없고 되어서도 안 될 것이다. 사회적 기업가는 사회적 기업가정신의 혁신을 바탕으로 개인의 욕구보다 공동의 선을 추구하는 기업의 경영자라 할 수 있다.

사회적 기업보다 스펙트럼의 우측에 위치한 사회적 책임기업(socially responsible business)은 사회적 기업보다 영리추구 경향이 강하다. 대표적인 사회적 책임기업으로 중고 대학서적을 대학생에게서 구매하여 수선 후에 저렴하게 판매하는 Better World Books를 들 수 있다. 사회적 책임 수행기업(corporation practicing social responsibility)은 이들보다 스펙트럼의 우측에 위치하는 기업으로 Labels for education 프로그램을 통해 수많은 학생들에게 학교에서 필요한 악기, 책, 운동기구 등을 제공하는 Campbell Soup 등이 좋은 사례라 할 수 있다.

3. 미래 사회 변화를 위한 촉매적 혁신

효과적인 사회적 변화와 장기간에 걸친 긍정적 영향은 새로운 사회 문제에 대한 새로운 방법에 달려 있다. Christensen(2006)은 "사회적 조직은 확장할 수 있고, 지속 가능한 그리고 사회적 문제를 해결할 수 있는 근본적으로 새로운 방법을 개발해야 한다."고 주장한다. 이러한 혁신방법은 기업을 통해 사회적 변화를 강조하는 의미에서 촉매적 혁신(catalytic innovation)이라 알려져 있고, Christensen의 파괴적 혁신(disruptive innovation)에서 파생된 개념이다.

혁신은 지속성 혁신(sustaining innovation)과 파괴적 혁신(disruptive innovation)으로 분류할 수 있다. 지속성 혁신은 제품과 서비스의 모든 영역을 포함한 개념으로 점진적 변화 혹은 급격한 변화를 통한 혁신을 모두 포함하며 향상된 품질, 보다 나은 기능이나 특성을 고객에게 제공할 수 있어야 한다. 파괴적 혁신은 지속적 혁신과 달리 현재의 고객을 만족시키는 데는 그다지 효율적이지 못하다. 그들은 단순하고 저렴한 제품이나 서비스로 시장의 밑바닥을 공략한 후 빠르게 시장 전체를 장악하는 방식의 혁신을 말한다. Christensen 교수가 처음 사용한 용어로 『혁신 기업의 딜레마』를 통해 처음이 개념을 소개했다. 이러한 형태의 혁신은 현재의 제품과 서비스에 만족 못하는 고객들로 구성된 시장에서 성공할 가능성이 높다.

파괴적 혁신의 부분인 촉매적 혁신은 전통적 방법으로는 해결하기 어려운 사회적 문제에 대한 충분한 해결책을 제시한다. 사회적 변화를 우선으로 하는 촉매적 혁신은 다음의 다섯 가지 공통점을 가진다.

1. 확대 혹은 모방을 통하여 사회적 변화를 달성한다. 주로 새로운 시장 참여자들에 의해 대상 지역이 넓어지고 거래량의 증가로 시장이 확장된다.
2. 새로운 시장 참여자는 낮은 가격과 기능을 단순화한 제품과 서비스를 고객에게 공급한다(disruptive innovation).
3. 기존의 제품이나 서비스보다 낮은 가격으로 공급하지만 고객들은 충분하다는 생각을 갖는다.
4. 기부금, 보조금, 자원봉사자, 혹은 지적 재산 등의 필요한 자원을 기존의 경쟁자와는 다른 새로운 방법으로 취득한다.

5. 일반적으로 시장의 주도적인 공급자는 새로운 시장 참여자들과 달리 고수익의 시장에 집중하게 되고, 촉매적 혁신가(catalytic innovator)는 그가 원하는 시장에 진입하려 한다.

사회적 기업가가 촉매적 혁신에 참여할 수 있는 것은 그의 임기응변적으로 실천할 수 있는 능력(bricolage behavior)에 달려 있다. bricolage 행위는 기업이 보유하고 있는 자원을 활용하여 시장에 영향을 끼칠 수 있는 새롭고 흥미 있는 해법을 제시할 수 있는 순발력 있는 행위들을 의미한다. 본래 이 용어는 '손으로 하는 수리'를 뜻하는 프랑스어로서, 프랑스의 구조주의 인류학자인 Claude Levi Strauss가 여러 자료를 이용해 조각과 단편을 짜 맞추는 작업이라고 정의하였다. 즉, 미래사회의 창의 인재는 알고 있는 지식을 변용하거나 조합하고 발전시켜 제2, 제3의 새로운 것을 만들어내는 능력을 가진 사람이라는 뜻이다.

사회적 기업가의 bricolage 행위와 사회적 영향의 확대를 가져올 수 있는 촉매적 혁신을 통하여 우리는 미래의 발전과 성장 그리고 지속 가능한 경영을 위해 사회적 기업가가 자원을 도입하고 활용하는 과정을 보다 깊이 이해할 수 있을 것이다.

자원이 부족하고 새로운 환경의 어려움에 처하는 대부분의 사회적 기업가는 bricolage 행위를 하는 경우가 많다. 사회적 기업가는 그들의 성공과 영향을 조직의 크기, 성장, 수익률, 혹은 그 과정을 통해 평가하지 말고 사회적 영향, 혁신, 그리고 이들의 결과로 평가해야 할 것이다.

Bricolage는 혁신적인 방법을 개발하는 데 필수적이고, 이를 통해 더 큰 사회적 변화를 가져올 수 있다.

사회적 기업은 자원이 제한적인 환경에서 운영되고 있지만, 사회적 영향력은 확산되기를 원하고 있기 때문에 bricolage가 사회적 기업의 발전에 적용할 수 있는 중요한 개념으로 인식되고 있다(Desa, 2007). bricolage를 사용하는 이유는 사회적 기업가정신과도 밀접한 관계가 있는데, 이는 bricolage를 통하여 열악한 환경이나 제한된 지식으로도 창의적 행동이 가능하기 때문이다.

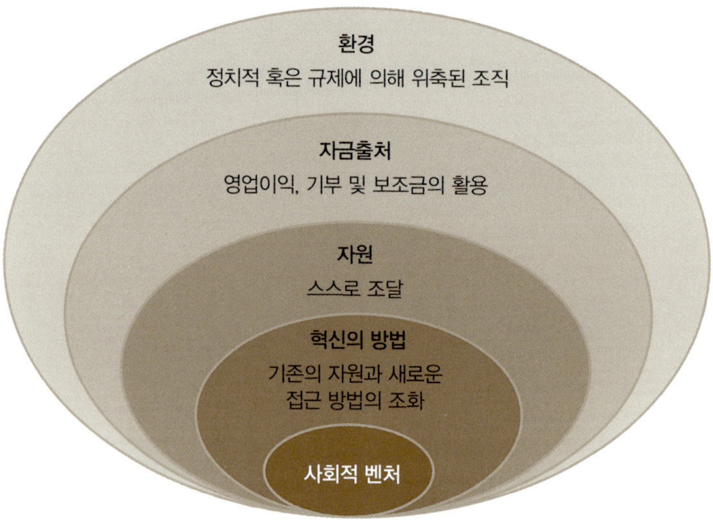

그림 13-2 열악한 자원 환경과 Bricolage

출처: Desa (2007).

[그림13-2]는 부족한 자원 환경하의 bricolage를 나타내고 있다. 사회적 기업은 bricolage 행위에 어느 정도 관심을 갖느냐에 따라 시장에서의 촉매적 혁신의 성공이 달려 있다. bricolage에 따라 행동하고 활용하는 것은 사회적 변화에 필수적인 지속 가능하고 현명한 프로젝트를 위한 시도와 관계있다. bricolage에 의한 소비 중심에서 보존 중심으로 업무처리방법의 변화는 기존의 자원에 대한 이해를 높여서 고객 취향과 욕구에 맞는 제품이나 서비스를 개발하는 보다 창의적이고 현명한 수단이 된다.

bricolage는 기업가에게 창의적으로 자원을 수집하고 분배할 수 있는 수단을 제공하고, 아직 개척되지 않은 시장을 파악할 수 있게 하며, 보다 단순하고 저렴한 가격의 제품을 제공할 수 있게 하여 촉매적 혁신을 이룰 수 있게 한다(Christensen, 2006).

사례 연구

Teach For America (TFA), 빈민 지역의 페스탈로치

Lead students to success!

Teach, Lead, Change the World.

Wendy Kopp의 TFA는 왜 빈민지역의 아이들은 충분히 질 높은 교육을 받지 못하는가에 대한 의문에서 시작되었다. TFA는 교육의 불평등이라는 사회 문제를 해결하기 위한 사회적 기업이다. 1989년 프리스턴 대학 졸업반이었던 Wendy Kopp은 대학생활을 하면서 미국의 공립교육의 실패와 교육의 불평등을 목격하고 이를 해결하기 위해 교사들로 구성된 봉사단을 만들기로 친구들과 의기투합하였다. 그들은 대학 졸업생들을 훈련시켜 빈민지역 공립학교에 가서 아이들을 가르치도록 하는 교육 프로그램을 구상하였다.

예상과 달리, 많은 기업들이 TFA에 후원을 하였고 처음으로 확보한 기금은 250만 달러였다. TFA는 1990년 첫 교사 선발시기를 가을로 잡았고 첫 해에 약 2,500여 명의 대학생들이 지원했으며, 그 중 500명을 선발하여 TFA가 시작되었다. 이렇게 출발한 Teach for America는 17년이 지난 현재 미국 명문대 졸업생들의 가장 인기 있는 첫 번째 직장으로 평가받고 있다.

단기 집중훈련을 마친 후 2년간 빈민지역에 일선 교사로 배치되어 빈민지역 교육의 불평등을 해소하려는 대학생들의 작은 헌신은 미국 사회에 큰 변화를 만들어 가고 있다. 가난한 아이들에게 학업 의욕을 불어넣고 밝은 미래에 대한 희망을 심어주었다. TFA를 거쳐 간 교사들은 2015년 기준으로 42,000명에 달하고, 52개주에 교사를 파견하고 있다. 또 2년간의 TFA 프로그램을 마친 후에도 약 65%가 교육계에 남아 계속 교사로 근무하고 있다. 미국 워싱턴 DC의 교육감이 된 한인 2세 Michelle Lee도 TFA 출신이다.

출처 : http://rtidea.tistory.com/28

1. TFA에 투자하는 기업: 코네티컷 TFA 사례

코네티컷에서 TFA가 창립된 지 5년 후, Bridgeport, Hartford, New Haven 및 Stanford의 공립학교에서 TFA 소속의 175명의 교사가 근무하고 있었다. 교사는 전국의 대학에서 모집되며 TFA 소속 교사가 되면 기본 훈련을 마친 후 2년 동안 빈민 지역의 학교에 배속되어 학생들을 가르치게 된다. 2011년 TFA에 지원된 기록은 48,000명이며, 이들 중 14%가 합격했다.

2010년 코네티컷주에서만 TFA 교사 모집, 교육 및 지원을 위해 약 5백만 달러가 기부되었으며, 코네티컷주 최대의 공헌자인 The Hartford는 5년 동안 1백만 달러를 이 프로그램에 투자할 것을 약속했다. The Hartford의 부사장이자 Connecticut TFA의 자문위원이기도 한 Eileen Whelley는 다음과 같이 얘기했다.

"TFA는 우리 도시의 교육성과의 격차를 줄이기 위한 최고의 프로그램이다. TFA는 2007년 우리와 협력한 이후부터 현재까지 가장 매력적인 사회적 교육 프로그램이다."

The Hartford의 기금 덕분에 이 프로그램은 첫 해에 30명의 교사를 데려올 수 있었고, 현재도 65명의 TFA 소속 교사가 근무하고 있다.

데이터에 의하면 Teach For America 구성원이 학교에서 임무를 더 잘 수행하고 있음을 보여준다. TFA의 Snow 대변인은 특정 이슈에 대해 자문을 제공하고 다른 커뮤니티 조직과 협력하여 일하는 방식에 대해 생각하고 있다. 지난 5년간 The Hartford에서 청소년을 가르치기 위해 200,000달러 이상을 기부한 Lincoln Financial에서는 한 걸음 더 나아가 직원들이 모일런 학교(Moylan School)에서 직접 교육에 참여하고, 교사와 협력하여 새로운 스타일의 교육을 시도하기도 하였다.

Teach For America와 자원봉사를 하고 있는 Lincoln Financial의 직원은 학교 용품 및 서적도 기증하고 서면으로 학생과의 관계를 발전시키는 '펜팔 프로그램'에 참여하기도 한다. 이들은 비즈니스 커뮤니티와 교육 시스템 간의 파트너십은 자연스러운 것이라고 생각한다. The Hartford의 Whelley 부사장은 "지역사회에 투자하고 지역사회를 교육하면 지역공동체는 더욱 강해진다."라고 주장한다.

출처: http://www.hartfordbusiness.com/article/20120326/PRINTEDITION/303269992/businesses-investing-in-teach-for-america

2. TFA의 운영

1990년 합격자 500명을 대상으로 8주간 교사 양성캠프를 실행하고부터 문제는 교사들에게 지급할 임금과 운영비를 충당할 자금이었다. TFA는 로스 페로를 면담하여 조건부로 50만 달러를 기부받고, 모금활동으로 계획했던 200만 달러의 자금을 얻을 수 있었다. 결국 사업을 시작한 지 1년하고도 10일이나 지난 후에야 500명의 TFA 교사들이 뉴욕, LA, 뉴올리언스 지역에 있는 학교로 파견될 수 있었다. 다음에 해결해야 할 문제는 TFA 교사 수 늘리기와 효율적인 운영을 위한 교사 선발 방식의 개선, 여름교사 양성캠프의 강화, 현장에 파견된 TFA 교사들을 지속적으로 도와주는 지원시스템을 만드는 일이었다.

Wendy Kopp은 역할을 분담하여 TFA는 대학을 졸업한 인재들을 모집하는 일에 집중하고, 'TEACH'를 통해서는 교사들을 교육시키고 이들을 지속적으로 관리할 수 있는 시스템을 만들 계획을 세웠다. 그리고 'Learning Project'를 시작하여 포터를 TFA의 대표로, 리처드를 'TEACH'의 대표, 다니엘을 'Learning Project'의 대표로 삼고, 자신은 이 3개의 파트를 총괄하는 TFA 코퍼레이션의 대표를 맡았다.

하지만 일이 진행될수록 자금은 고갈되어갔다. 모금의 한계에 부딪치면서 모금방법을 새롭게 모색할 필요를 느꼈다. 모금을 전담할 전문가의 고용, 연방정부로부터 지속적인 지원을 받을 수 있는지의 여부, TFA 교사를 파견하는 조건으로 해당 지역교육위원회로부터 지원을 받는 것 등의 방법을 찾았다. 각 지역별로 기금을 모금하는 방법도 추가되었다.

Wendy Kopp이 쓴 TFA의 설립과 운영에 대한 이야기인 『열혈교사 도전기(One day, All Children)』에는 자금의 확보와 리더십, 이 두 가지가 리더가 갖추어야 할 최소한의 요건임을 강조한다.

그가 재단을 설립하고 안정적인 단계에 오기까지는 말로 할 수 없는 어려운 난관들이 많았다. 약관 23세의 나이에 엄청난 일을 벌려 놓고, 그 일을 진행한다는 것은 웬만한 의지와 용기가 없으면 불가능한 일이었다. 그의 성공 요인은 우선 높은 목표를 세웠다는 것과 그 목표를 향해 학생들과 교사들 그리고 학부모들에게 동기를 부여했다는 것이다. 학생들을 가르치는 방식을 목표에 맞추어 전략적으로 접근했으며, 자신의 교수법에 대한 스스로의 평가도 열심히 했다는 점도 꼽을 수 있다. 조직을 안정되게 이끌면서 그는 교육 불균형이 불가피한 것이 아니라는 점을 알았다. 원대한 꿈을 이루기 위해서는 더 많은 투자가 필요하며, 오랜 기간에 걸친 교육 시스템의 변화가 필요하다는 것 역시 절감했다. 하지만 TFA 본부 복도에 걸려 있는 비전 선언문 "언젠가 이 나라의 모든 아이들은 훌륭한 교육을 받게 될 것입니다.(One day, all children in this nation will have the opportunity to attain an excellent education)"는 그가 지금껏 꿈꿔온 일이며, 미래에도 지속할 꿈임을 예고한다.

1. http://rtidea.tistory.com/28
2. https://en.wikipedia.org/wiki/Teach_For_America
3. http://dajung0106.blog.me/120174353161
4. http://rtidea.tistory.com/28
5. https://en.wikipedia.org/wiki/Teach_For_All
6. http://www.hartfordbusiness.com/article/20120326/PRINTEDITION/303269992/businesses-investing-in-teach-for-america
7. http://blog.naver.com/monamitie/87459913

참고문헌

Alter, K. (2007). *Social Enterprise typology*. Virtue Ventures LLC.

Christensen, C. M., Baumann, H., Ruggles, R. & Sadtler, T. M. (2006). "Disruptive innovation for Social Change." *Harvard Business Review*, Dec. 39–55.

Desa, G. (2007). Social entrepreneurship: Snapshots of researchfield in emergence, papers presented at the 2007 International SE research Conference(ISERC), Copenhagen, June 18–19.

Matten, M. & Vrane, A. (2005). Corporate Citizenship: Toward an extended theoretical conceptualization. *Academy of Management Review*, *30*, 166–179.

Tracy, P., & Phillips, N. (2007). The Distinctive Challenge of Educating Social Entrepreneurs; A Post–Script and Rejoinder to the special Issue on Entrepreneurship education. *Academy of Management Learning and Education*, *6*(2), 264–271.

찾아보기

이재정

이웃에 대한 배려, 신뢰, 공감을 신봉하고 더불어 함께하는 사회적 기업의 역할에 무한 기대를 가진 경영학자이다. 자유경쟁시장 체제에서 강한 사회적 기업을 소망하고, 이를 위해 효과적인 사회적 기업 운영기법과 건강한 사례를 소개하고 있으며, 청년들에게 사회적 기업가정신의 교육에 전념하고 있다. 사회적 기업과 협동조합을 통한 사회적 변화를 확신하며 이를 위해 노력하고 있다.

부경대학교 경영대학 교수
사회적 기업가정신 연구회 회장
부산시 사회적 기업 육성위원

조영복

사회적 기업에 관심을 가져 2006년 (사)사회적기업연구원을 설립하고 우리나라 사회적 기업 육성정책 방안을 연구한 경영학자이다. 사회적 기업 육성을 통해 국가 사회 발전에 기여한 공로로 2012년 국민포장을 수상하였으며, 사회적 가치 측정과 사회적 금융 등 사회적 경제의 지속 가능성에 관심을 가지고 있다. 그리고 K-MOOC으로 '사회적 기업 아름다운 경영 이야기' 강의를 진행하고 있다.

부산대학교 경영대학 교수
(사)사회적기업연구원 이사장
부산대 경영대학장, 경영대학원장(역임)
(주)부산롯데호텔 사외이사

사회적 기업의 이론과 실제

초판발행 2019년 4월 10일 **1판 1쇄 발행** | 2020년 3월 10일 **1판 2쇄 발행**

지은이 이재정 조영복
펴낸이 최용구 | 펴낸곳 도서출판 **이프레스**
주소 (04316) 서울시 용산구 원효로 89길 19 (원효로1가)
전화 02) 537-1720(영업부), 537-1721(편집부), 537-1711(팩스)
이메일 epress01@naver.com | **홈페이지** www.epress1.com
등록 2009년 12월 10일 제16-2710호
기획마케팅 최용구 장만동 송대용 최충구 | **책임편집** 석기은 황가연
표지디자인 이규영

ISBN 979-11-87570-44-8 93320
정가 18,000원